王陽明哲學

蔡龍九◎著

五南圖書出版股份有限公司

推薦序一

　　蔡龍九教授是臺灣大學哲學博士，目前在文化大學哲學系任教，主攻中國哲學儒家領域。蔡教授目前還是青年學者，但是對學術研究的熱情與專注，已經是青年學者中的翹楚。蔡龍九博士論文題目：《朱子晚年定論之相關探究》，文中已經處理了不少王陽明對朱熹的檢討意見，之後又出版《孟軻與《孟子》》專書，把王陽明的學思根源做了良好的廓清，本書《王陽明哲學》就在前二書的基礎上，順利產生。

　　本書之作，分為基礎篇與進階篇，在基礎篇中，作者將王陽明哲學的幾個重要理論，做了清晰明白的介紹。包括致良知、知行合一、心即理等等理論，尤其是其中對於陽明是否為禪的討論，說之甚詳。把陽明生平中對於學禪佛的過程，以及去佛向儒的心路歷程，和他對於禪師的開示論辯的內容，以及教育弟子的訓勉，都做了詳細的呈現，對於王陽明作為儒者的氣象風範，有一番深刻的頗析，十分成功。

　　在進階篇中，則收錄了蔡龍九教授近期在國內十分重要的學術期刊上發表的學術論文三篇，顯示蔡教授的學術研究實力，已經廣獲學界肯定。其中對於陽明談的知行合一意旨以及陽明對朱熹知行觀的批評之討論，廣泛且深入地與當代學者的意見做對談比較，既入乎朱王之辯中，又出乎朱王之辯外，將哲學史上朱王的差異、對立適度地予以解消，顯現了學術研究的高度。另一篇心即理適用範圍的討論，則以清晰的筆法，將陽明重要的議題，做了新穎的闡釋，閱讀之際，完全可以體會蔡教授清晰理性的學思深度。

　　本書之寫作，可謂在文筆的流暢、意旨的清晰、以及討論的完整上呈現了充分的優點，這是本書最值得推薦的地方。

　　當代對於王陽明的研究，有幾個重要的問題。例如王陽明與朱熹的

形上學是否相同？還是明確有別？這一點在朱王知行論中蔡教授亦適度地處理了，但學界尚有王陽明出於朱熹的討論，以及陽明完全超越朱熹的說法，這個問題就有待作者未來再繼續釐清了。還有就是王陽明的禪儒之辯，蔡教授亦站在陽明的立場做了清楚的陳述，重點在指出陽明非禪，至於陽明對佛教的消化吸收以及批評，若是站在佛教的立場，應如何看待？這是本書未來可以處理的議題。此外，王陽明的唯心論立場問題，更是另一個王陽明哲學有待澄清的問題，是形上學的唯心論？還是知識論的主意說？有否可能如陽明話語中的豪氣，把道佛的本體都收進儒家的良知心體中？這幾個問題都是本書進階之後的下一個挑戰。

　　寄望蔡教授繼續本著研究的熱情對儒學的熱愛，追問到底，為當代儒學研究再推進一大步。

　　本人忝為蔡教授的指導老師，看著他的積極向學的精神，十分欣慰，在他出書之際，與有榮焉，特撰文推薦，邀請各界讀者一起欣賞。

臺大哲學系教授

杜保瑞

推薦序二

　　近世言宋明理學者，多謂宋明儒學爲「希聖之學」。希，嚮慕之意。周濂溪曰：「聖希天，賢希聖，士希賢。」自從周濂溪啓發，少年二程「孔顏之樂，所樂何事？」以之爲入道門徑。二程終生服膺之，並秉持「學爲聖賢」啓導後學，六百年宋明理學無不奉爲圭臬，迄至王陽明自幼即以「人生第一等事爲聖賢」自評。如何成聖、成賢，所謂「爲學之方」即開啓了南宋理學中之朱陸異同之辯；從「尊德性」與「道問學」之輕重，本末、先後諸問題，擴延至本體、心性與工夫等之種種論諍，至於終極歸宿處則一也。學爲「希聖之學」，而教則爲「成德之教」，這就要追溯到整個儒學傳統了。

　　自古聖賢教人，無不本之天命天德、率性修道，以仁義禮樂來豐沛人生，以孝悌忠恕來涵養內在的人格世界，進而下學上達，以臻於「升中於天」、「對越上帝」的天人合一的精神境界。在整個的儒家經典系統中，無不恪遵此義理而繼述、光大之。宋明新儒家雖不免於參稽旁通於道佛，然而在道德人格自我完善的價值向度上，任何新儒學派皆是百慮一致，殊途同歸。較顯著的差異，乃進德工夫的方式與進程而已。

　　是以近世學者又常言宋明儒學爲「內聖成德之教」（或「之學」），並用以與先秦儒學的內聖外王之學相區別。在儒家的經典系統上，他們特別重視程朱所編定的「四書」，從「四書」中所顯示的思想特點：「爲己之學」與「自得之學」（恕不贅述），從而達到道德人格自我完善的「內在超越」的境界。這種理論的歷史進程從「周程學統」沿著洛學源流的發展，循「上蔡之傳」、「道南之傳」至朱熹而「集大成」。朱熹建立了「性即理」、「理一分殊」、「天理流行」的宇宙本體論，「心統性情」和理欲二元的心性說。最重要的是他歸宗程門，以

「涵養需用敬，進學在致知」的入聖工夫，認爲爲聖之學的精進在「即物窮理」，並輔以「主一之敬」，所謂「敬義夾持」、「明誠兩進」。他最卓越的成就在〈大學補傳〉，從心體的靈明說到知識的累積，從理性的啓迪說到天理的會通，而臻於「衆物之表裡精粗無不到，吾心之全體大用無不明。」這種「豁然貫通」、「物格知至」的理境，「以心合理」，實際上即開了「心與理一」的先河。雖然朱熹的「理」包括了自然物理的「必然之理」與人倫之理的「當然之理」；但這種知識取向的思想進路不符合陸九淵之價值取向的思想進路。固之被批判爲「支離」、「心與理離」。於是陸九淵撇開〈大學〉直承《孟子》，以「四端」爲本源心體而「先立乎其大者」。存心、養心、收放心，另立所謂「易簡工夫」，並在鵝湖之會以詩譏刺朱熹爲「易簡工夫終久大，支離事業竟浮沉。」又在生命情調上傾向於自然灑落，與朱熹之敬謹讀書，適成鮮明的對照。於是日後的「尊德性」、「道問學」之辨，朱陸異同之爭，從「爲學之方」到成德工夫，從心性本體到聖賢氣象，寖久而日形歧異了。

我認爲，「以心合理」的「心與理一」與「即心即理」的「心與理一」，「灑落」與「謹敬」的人生情調，乃是「內聖成德工夫」的二向發展，無礙於「希聖之學」，也無礙於「成德之教」；「尊德性」與「道問學」可以互補也可以成全。事實上在宋明理學史上，「朱陸異同」與「朱陸會通」，從南宋末年經元代到明初的曹月川、吳康齋而陳白沙是一條明顯的溝通橋樑，不僅溝通了從周程學統、洛學源流到朱熹、王陽明「內聖成德之教」的一貫進程。同時也逐步彌縫了諸多理論上的歧異而圓成了「內聖成德之教」的實理。王陽明的姚江心學就是宋明理學之「圓成實」的終極理論。

王陽明早歲「遍讀考亭之書」、「循序格物」但是「顧物理與吾心終判爲二，無所得入。」他三十七歲「龍場悟道」即是「悟格物致知之理，聖人之道吾性自足，不假外求。」他在「心外無善」的德性本源上

立根基，論述「心外無物」、「心外無理」的「心即理」思想，以「格物」為格（正）心，「致知」為「致良知」，以「格物致知」為誠意（純粹的道德意志）的工夫，即本體即工夫，即工夫即本體，從而建立了他最卓越的「知行合一」說──「知行是兩個字說一個工夫，正是要復那本體」、「知行本體即是良知良能」。

「知行本體」橫空出世，是宋明理學嶄新創設的概念，使知行關係從道德知識與道德實踐的關係，轉而為哲學上的「自我實現」、「自我完成」。是地地道道的「本體工夫」，它重要的意義全然在一個「行」字上──全神貫注、生生創造、踐仁成聖；它的終極設題就是「致良知」。

「致良知」的「致」字，有「擴充至極」、「徹底盡源」之意。講究「事上磨練」，與朱熹的「去人欲，明天理」異辭同工，與大乘佛學的「如來藏心體說」密切攸關。但是，此詞多發在晚年居越期間，未能暢盡其說。陽明歿後，其後學各派多有歧說，時至今日，世之說陽明學者，仍常有揣測附會也。

蔡君龍九為臺大哲學系博士，在文化大學講授中國哲學多年，專治宋明儒學，於「心學」一系之研究尤有專精，近數年來常有專文發表於學術會議與重要學術刊物。其為學也，強探力索既久，頗見深造自得之功，受到學界深切之注目，在許為傑出之青年學人。今前撰著《王陽明哲學》一書，此書特重方法論之運用，略採西方現象學方法之意，特設「意義領域」之詮釋標準。其為文也，於邏輯分析，十分精當；於文體考查，出入於王學著作之間。雖一字一語之微，皆明出處，多方參考相關王學之論述，皆有所商榷，態度客觀而平允。揆諸當世士林，是為楷模也。

全書分「基礎」與「進階」兩篇。前者設定意義領域，並析論陽明思想的形式與特點，並從道德價值的主體性之體用動靜以闡明其工夫意涵，又從良知的當下現成以明其實功，並從意義界域之詮釋標準──縷述「心即理」、「知行合一」、「致良知」、「儒禪之辨」諸義。後者更進

而申論「知行合一」的傳統價值與現代意義，闡發朱熹與王陽明知行觀的同異及其可融通處，並引述當代明儒牟宗三、唐君毅、勞思光等之言論，批評而證成之。全書著作態度嚴謹而富創見，足可為來學之所資，故樂而為之序云。

民國一○三年十二月於臺北溫州街自宅

張永儁

自序

　　宋代學術思想昌明而廣泛，雖多與先秦思維相扣，但內容之多元與成熟度，可謂中國思想史上之最高峰。趙宋王朝雖屬「重文輕武」，卻也在這樣的氣氛下孕育出許多著名思想人物。例如「北宋五子」，引先秦儒家思維爲經，對應其他學術爲緯，在批判與體驗反思中自然鋪陳出一「新儒學」之概念網路與學術新氣象。而更早的范仲淹、歐陽修……乃至韓愈、李翺等，也一定程度的「對峙於佛老」以回歸孔孟心性要旨，闡發儒家成德之學。至南宋時期，朱熹集前人思想之大成，持續對「性理問題」談論出儒者之「成聖賢」之路，兼陳「孔顏樂處」之境界，且發展「天人相契合」之體認與相關理論建構，把他認爲的整個儒學體系建立起。與朱熹遙望一時，倡提「心即理」的陸象山，針對儒者關切的內涵亦有自身堅持；他幾乎以「此心」收攝一切的論說模式，一定程度的迥異於朱熹之論。至明一代，此「心即理」教法同樣出現於王陽明思維中。然則，陽明展現出不同於象山的風采；其「致良知」、「心即理」、「知行合一」三大教法，宏觀且細膩，對峙性地批判色彩頗多，卻始終貫通於自身之思維系統，且分殊談論各議題卻總是收納回儒家的核心論說。他兼容了先秦孔、孟思維與宋明儒以來之「心理」二學要旨，熔煉出自身之詮釋與創見，可謂明代思想家中最重要之人物。

　　當代著名前輩學者中，錢穆先生、牟宗三先生、唐君毅先生、徐復觀先生、勞思光先生……等，對宋明哲學無不熟稔，且各有獨到之分析與詮釋。此外，筆者的老師輩、學長姐、研究同好們，在宋明哲學領域中亦有豐富研究成果。而這領域之關鍵人物——王陽明，在已出版的專書、期刊、論文中的相關談論如汗牛充棟，於此書中實無法一一回顧；因此，筆者將選擇另一個方式來談論陽明。

　　筆者將此書分爲兩篇：一是「基礎篇」，主要陳述「如何理解陽明」以及陳述「筆者對陽明的介紹與理解內容」。所涉及的內容較爲基礎且簡單，對於剛接觸陽明學說之讀者應可輕鬆暢讀，且此「基礎篇」中，筆者亦不多談當代眾多學者們對陽明論述與詮釋，以及爭議問題中的精細討論，僅欲求一個對王陽明思想的基本理解即可。而在「進階篇」中，則包含末學的一次國科會計畫研究成果所發表之期刊，以及另外兩篇期刊論文；共計3篇。此3篇內容涉及的主題較爲複雜，且處理的較爲細膩，內容穿插些許當代著名學者對該議題的談論，並有筆者個人的分析與反思。由於這些內涵並非基礎性質的談論，故置於「進階篇」中。「進階篇」實爲筆者探討陽明思想的幾個細部問題所做的談論嘗試與淺見，並非必然爲眞，於此書一併呈顯給讀者們，望請不吝指教。

　　此書撰寫過程，曾在研討會、讀書會與其他場合請益過多位專家學者，令筆者受益良多；於此由衷感謝求學以來一路給予我指導的張永儁先生、曾春海先生、杜保瑞先生，以及其他眾多師友們的指教與鼓勵。此外，筆者近年來多次學術論文的投稿過程中，學習到許多匿名評審前輩們的精闢意見以及具體的指導內容，於此由衷感謝。最後，感謝五南出版社陳姿穎、邱紫綾編輯，以及中國文化大學哲學系學士康哲銘同學的協助校對；承蒙其諸多協助而得以順利出版此書。

二〇一四年　序於新北市

蔡龍九

目錄

推薦序一　杜保瑞 ……………………………………… 3

推薦序二　張永儁 ……………………………………… 5

自序 …………………………………………………… 9

第一篇　基礎篇

第一章　初步理解王陽明　　　　　15

第一節　陽明生平概略與思想淵源 ………………… 17

第二節　對陽明思想的理解模式 …………………… 38

第二章　陽明的「良知」教法與
　　　　　「知行合一」　　　　　57

第一節　陽明的「良知體用」論述 ………………… 59

第二節　陽明認同的「知行」及其深意 ……… 83

第三章　「心即理」的相關談論　　101

第一節　「心」與「理」之問題 …………………… 103

第二節　陽明「心即理」的談論範圍 ……… 115

第四章　陽明學說的爭議處
　　　　　──是否為「禪」的釐清　133

第一節　陽明似佛的儒學內涵 ………………… 136

第二節　陽明之儒家本位與闢佛 …………… 150

第二篇　進階篇

第一章　陽明「知行合一」的再研議　　　　　　　　165

第一節　問題意識 ……………………………………… 166

第二節　問題的談論 …………………………………… 174

第三節　結　論 ………………………………………… 197

第二章　朱熹與陽明論述「知行」之對比及其可融通處 199

第一節　問題意識 ……………………………………… 200

第二節　問題的談論 …………………………………… 202

第三節　結　論 ………………………………………… 237

第三章　陽明「心即理」的適用範圍　　　　　　　　239

第一節　問題意識 ……………………………………… 240

第二節　問題的談論 …………………………………… 242

第三節　結　論 ………………………………………… 261

參考文獻　　　　　　　　　　　　　　　　　　　　263

第一篇　基礎篇

　　此「基礎篇」的談論，聚焦於王陽明思想之基礎層面做出陳述，包含
三大教法：「致良知」、「知行合一」與「心即理」。此三大教法要充分
理解頗不容易；其中原因是宋明哲學家的談論內容，實涉及整個儒學傳統
的豐富思維，且在某一字或某一詞的概念使用上，又有「多義」與「多層
面」的談論。此外，這些談論在各思想家有著自身的體認或預設之切入
點，而且又可能涉及自先秦以來非儒家自身的思想內涵的內化過程。據
此，筆者將於初章中稍微談論「陽明思想的理解模式」，除了方便讀者理
解陽明的述說脈絡，而且可以避免許多不必要的誤解。於此基礎之下，談
論陽明的正式教法時，便較能輕易入手，且較客觀的理解陽明所要對峙的
內涵。最後，將針對陽明思想類似於佛、老的內涵做出簡要釐清，自然賦
予陽明實爲純正儒家思想的重要代表人物。

第一章　初步理解王陽明

　　王陽明思想在儒學史內部極其重要，代表從先秦以來孔、孟思想內
涵的一項延續。儒學經過漢代的轉化、魏晉玄學的影響、隋唐佛學的涉入
等，已漸失本來面目。宋代初期的儒者，以回復孔孟思想要旨爲依歸而後
集大成於朱熹，此「性理之學」至明代王陽明時期，已蓬勃發展四百餘
年。王陽明雖以「心學」著稱，然其學說並非直承於心學陸象山，反而
是透過程朱理學的批判反思，兼取孔、孟心性論述要旨，而開啓自身的
「致良知」之教與「知行合一」，而可總收攝回「心即理」一詞。

　　在上述的簡單形述之下可知，要理解陽明的思想，至少得熟稔於先秦
儒學以及宋代儒學，方可知陽明的承繼與反思是否精準；然而，陽明思想
的談論內涵頗多，談論的方法也有他的自身考量與特點。據此，首章將分
兩節；第一節以敘述其生平思想及其淵源爲主。第二節，則介紹如何較清
楚理解陽明思想的主要方法，並依此略微帶出他的論說特色。

第一節 陽明生平概略與思想淵源

一、生平概略[1]

王守仁（1472-1529），字伯安，明憲宗成化八年九月生，曾築「陽明洞」於越城東南二十里處，故稱「陽明先生」。其祖父王添敘，號竹軒，乃文人雅士，有〈竹軒稿〉、〈江湖雜稿〉行於世。其父王華，字聽輝，乃明朝成化年間進士及第第一人；據此來說，陽明有其家學淵源。其幼時聰穎，十一歲時即云：「登第恐未為第一等事，或讀書學聖賢耳。」[2]於此可見其志向與使命感。陽明生平事蹟頗多，茲與分兩類簡述如下。

（一）學術方面

陽明十八歲時，至廣信進謁婁一齋（婁諒），初步接觸宋儒格物之學。二十一歲舉江浙鄉試，同年針對考亭（朱熹）之學鑽研，著名之「格竹之疾」發生於此年。而後於二十七歲時，再次體會晦庵（朱熹）之學，雖略有所得，然仍有「物理吾心中若判而為二也」之感。據此，對儒學無法有所得之餘，陽明偶聞道士談養生之學，遂有遺世之意。[3]

次年二十八歲時，陽明舉進士；三十歲時，曾奉命審錄江北，與道士多有接觸。三十一歲告病歸越，築「陽明洞」且頗有所得，可先知諸事，然對於道術之屬未能親世，感受此學離自身愛親本性甚遠，遂於此年漸悟二氏之非。

　　三十四歲時，陽明於京師，門人始進；此年陽明對學者溺於詞章記誦頗為反感，且不知自身內心之學，此年專志授徒講學，且結交湛若水（湛甘泉）共倡聖學。而次年三十五歲時，劉瑾竊柄掌權，陽明抗疏而被謫龍場驛驛丞，可見其為官操守。[4] 兩年後三十七歲時，於貴陽龍場「始悟格物致知」，而「始知聖人之道，吾性自足，向之求理於事物者誤也。」[5] 隔年三十八歲時，於貴陽書院始論「知行合一」，且對「朱陸異同」表達「各有得失，無事辯詰，求之吾性本自明也。」[6] 之評論。此後講學力求本體，以去「支離」之病，對朱子思想的反動尤其明顯。四十歲時於京師時，曾針對王興安、徐成之論「朱陸」之學又做出評論，且論述之後聲援了象山之學而云：「晦庵之學既已章明於天下，而象山猶蒙無實之誣，于今且四百年，莫有為之一洗者。使晦庵有知，將亦不能一日安享於廟廡之間矣。」[7]

　　至於陽明晚年的重要事蹟與思想之總結，則如同錢穆先生所云，於〈拔本塞源〉（此為陽明〈答顧東橋書〉之部分內容）[8] 之論以及〈大學問〉中來收攝歸結。筆者認為，〈拔本塞源〉一文涉及陽明對天道、天理的闡述，以及如何達成、時局如何因應、自我如何修養等諸多議題，內容屬於較廣泛性論說，且抒發自身思想之大方向與價值觀。而〈大學問〉則是細部地闡發此「心」或「良知」為道德實踐主體的再次強調。至於去世前一年的「天泉證道」之「四句教」（將於第四章詳述），則顯露陽明思想的無礙與圓通之處，而不限於儒者內部的語言使用習慣，且帶有類似禪學風貌的儒者境界意。

4　《王陽明全集》〈年譜一〉，卷三十二，頁1232-1233。
5　《王陽明全集》〈年譜一〉，卷三十二，頁1234。
6　《王陽明全集》〈年譜一〉，卷三十二，頁1235。
7　《王陽明全集》〈年譜一〉，卷三十二，頁1239。
8　此書可見《王陽明全集》〈語錄二〉，卷二，頁57-62。

（二）仕途與功績

陽明十五歲時，即有經略四方之志，當年石英、王勇盜起，石和尚、劉千斤作亂，屢次爲書獻於朝。[9]二十六歲時，於京師學習兵法，記載：「先生念武舉之設，僅得騎射搏擊之士，而不能收韜略統馭之才。於是留情武事，凡兵家密書，莫不精究。」[10]此過程奠定一定程度的軍事學基礎。二十八歲時舉進士第七人，此年上「邊務八事」，[11]亦可知其軍政思想之大要。此數年於京師爲官，至三十五歲得罪宦官劉瑾，遭謫貴州龍場驛驛丞，至三十八歲均於貴陽。直至三十九歲陞廬陵知縣，同年十一月入覲，十二月陞南京刑部四川清吏司主事。

上述可知，陽明仕途雖曾順遂，但因儒者之使命感，不畏權貴而得罪於劉瑾遭貶。但於龍場時期，陽明卻在此逆境中體悟著名的「格物致知」之要義，可謂符合孟子所言的「動心忍性」了。

此外值得一提的是，陽明仕途中最顯著功績，分別平定了賊寇與寧王之亂。在四十六歲時於贛，陽明就曾掃平漳寇，記載：

三省奇兵從間鼓噪突登，乃驚潰奔走。遂乘勝追剿。已而福建兵攻破長富村等巢三十餘所，廣東兵攻破水竹、大重坑等巢一十三所，斬首從賊詹師富、溫火燒等七千有奇，俘獲賊屬、輜重無算，而諸洞蕩滅。是役僅三月，漳南數十年逋寇悉平。是月奏捷……。[12]

---

[9] 《王陽明全集》〈年譜一〉，卷三十二，頁1227。
[10] 《王陽明全集》〈年譜一〉，卷三十二，頁1229。
[11] 《王陽明全集》〈年譜一〉，卷三十二，頁1230。而〈補錄一〉，卷三十九，頁1547記載：「先生初登第時，上〈邊務八事〉，世艷稱之。晚年有以爲問者，先生曰：『此吾少時事，有許多抗厲氣。此氣不除，欲以身任天下，其何能濟？』或又問平寧藩。先生曰：『只合如此做，但覺來尚有揮霍意。使今日處之，更別也。』」此〈邊務八事〉即〈別錄一·奏疏一·陳言邊務疏〉，頁304之：「一曰蓄材以備急；二曰捨短以用長；三曰簡師以省費；四曰屯田以足食；五曰行法以振威；六曰敷恩以激怒；七曰捐小以全大；八曰嚴守以乘弊。」至於陽明對傳統兵法的談論亦有，較精簡的佐證可參考〈補錄一·武經七書評〉，頁1563-1570之簡短評述。
[12] 《王陽明全集》〈年譜一〉，卷三十二，頁1247。

陽明平定寇亂頗多，[13]可謂文武雙全；而著名的「寧王之亂」發生於陽明
四十八歲時，記載有云：

　　十四年六月，命勘福建叛軍。行至豐城而寧王宸濠反，知縣顧必以
告。守仁急趨吉安，與伍文定徵調兵食，治器械舟楫，傳檄暴宸濠罪，俾
守令各率吏士勤王……。[14]

　　六月，奉敕勘處福建叛軍，十五日丙子，至豐城，聞宸濠反，遂返
吉安，起義兵。時福州三衛軍人進貴等脅眾謀叛，奉敕往勘。以六月初九
日啟行，十五日午，至豐城，知縣顧似迎，告濠反。先生遂返舟……。
十九日，疏上變……。甲辰，義兵發吉安。丙午，大會於樟樹。己酉，誓
師。庚戌，次市汊。辛亥，拔南昌……遂促兵追濠。甲寅，始接戰。乙
卯，戰於黃家渡。丙辰，戰於八字腦。丁巳，獲濠檻捨，江西平。[15]

上述乃陽明平定「寧王之亂」的大要，於此可見其功業斐然；其中細節如
武宗被勸「御駕親征」等相關內容，[16]於此便不再贅述。

　　此外筆者欲點出，陽明的軍政思想不僅是上述的平亂之作為而已，更
有著具體落實儒家式考量（例如仁政）的內涵。最後筆者以陽明在南、贛

---

[13] 《王陽明全集》〈年譜一〉，卷三十二，頁1253記載：「平橫水、桶岡諸寇……。」同上，頁1255：「十有三年戊寅，先生四十七歲，在贛。正月，征三浰……。三月……襲平大帽、浰頭諸寇。」據此之功，同上，頁1260記載：「陽明陞督察院右副都御史，蔭子錦衣衛，世襲百戶。請辭，不允……。」

[14] 《明史》〈列傳八十三‧王守仁列傳〉（臺北：鼎文書局，民國64年6月臺一版），頁5162。

[15] 《王陽明全集》〈年譜二〉，卷三十三，頁1265-1272。

[16] 此段內涵可參考《王陽明全集》〈年譜二〉，卷三十三，頁1276。主要乃敘述武宗被群小建議「親征」，過程乃「議將縱之鄱湖，俟武宗親與遇戰，而後奏凱論功。連遣人追至廣信。」但陽明認為不可而對張永說：「江西之民，久遭濠毒，今經大亂，繼以旱災，又供京邊軍餉，困苦既極，必逃聚山谷為亂。昔助濠為脅從，今為窮迫所激，奸黨群起，天下遂成土崩之勢。至是興兵定亂，不亦難乎？」幸好張永為人正直實屬無奈而為，解釋云：「吾之此出，為群小在君側，欲調護左右，以默輔聖躬，非為掩功來也。但皇上順其意而行，猶可挽回，萬一若逆其意，徒激群小之怒，無救於天下大計矣。」最後則「於是先生信其無他，以濠付之，稱病西湖淨慈寺。」實也是陽明權衡後的作為。

時期，曾因民間疾苦而考量軍政、財務等需求再請疏通鹽法的實例爲總
結。記載有云：

　　據戶部覆疏，所允南、贛暫行鹽稅例止三年。先生念連年兵餉，不
及小民，而止取鹽稅，所謂：「不加賦而財足，所助不少。且廣鹽止行於
南、贛，其利小，而淮鹽必行於袁、臨、吉，以灘高也。故三府之民，長
苦乏鹽。而私販者水發，舟多蔽河而下，寡不敵眾，勢莫能過。乃上議
以爲廣鹽行，則商稅集，而用資於軍餉，賦省於貧民。廣鹽止，則私販
興，而弊滋於奸宄，利歸於豪右。況南、贛巢穴雖平，殘黨未盡，方圖保
安之策，未有撤兵之期。若鹽稅一革，軍餉之費，苟非科取於貧民，必須
仰給於內帑。夫民已貧而斂不休，是驅之從盜也；外已竭而殫其內，是復
殘其本也。臣竊以爲宜開復廣鹽，著爲定例。」朝廷從之，至今軍民受其
利。[17]

上述記載可知陽明爲官過程之種種，可說是兼顧自我修養與理想抱負上的
「模範君子儒」。這類事蹟，若面對陽明被批評是偶有類似禪風的說教模
式，但事實上卻是以儒家內涵爲依歸的「純儒」，或可說是另一項有利證
據了。

二、陽明思想之淵源

　　陽明思想的主要核心，可從三個相互關聯的立教來概括：「心即

理」、「致良知」、「知行合一」。這三方面內涵在陽明的思維脈絡下相互補足，內容相互涵涉而不應任意切割之。在此書的「基礎篇」主要探討這三方面的內容；筆者之所以暫時分為三個方向來談，實因此三主張各有其強調處與特色，雖然根源內涵是一貫且難以分割的。此根源內涵則來自傳統儒家「內聖外王」之道德修養、現世關懷等面向之強調，並一定程度的落實在所有實踐中。

　　就一儒者而言，若簡化概括的說，實以上述的「內聖外王」作為理想目標，若從細部操作上來說，則是「如何達成」這一問題。在各種不同的切入視角來論說「如何達成」時，便有不同側重方向之陳述。例如，若從「修養論」來說，則可能涉及更細微的「內在修養」諸問題，牽涉的相關概念也相當多，例如：「心」、「仁」、「敬」、「誠」、「操持」、「志」……等多種關鍵字詞，且該一字辭更可能涉及不同層次的論說。若從「方法」與「學習路線」上來說，則可能去探究學習的過程與學習次第、節奏、標準，甚至是相關聯的「知識」。若涉及「價值理想層面」來說，則可能談論更廣大的關懷以及此關懷的可實踐性與使命。若涉及「形上層面」來說，則可能涉及「性論」、「天道」或「天人關係」……等論述。而這些領域分別在千年儒學傳統中逐漸發展成熟；討論多元，且時常「不分層次」的混在一起談，眾多議論雖有分歧，但總是一定程度的回到儒家關懷上。

　　就陽明思想內容來說，上述的諸多問題都被他談論到，且有自身的論述風格與切入點。此外，上述所有的「問題」都是複雜的，此「複雜」的意義並非僅是一種「多方面」的說法，而且是「多層次」的，而且是「多人談論過」的。筆者的意思是，就單一被談論到的概念或是觀念，例如「仁」這個字，非僅僅是「多方面」的意義而已，甚至是被「多層次」的討論與體會之。例如「仁」可說是被孔子談論出「他的意義」，充滿德行義與德行完滿之深義，且點出內心層面的重要性。但到了宋代儒

者，如程顥所論之「仁者渾然與物同體」，此「仁」可說又兼含了孟子「萬物皆備於我」之論，[18]此乃程顥自身的體驗與開展，談論的層次也有不同。又如陽明論「仁」時，亦曾言：「仁者以萬物爲體，不能一體，只是己私未忘。全得仁體，則天下皆歸於吾。」[19]種種顯示，「仁」不但是「多方面」涉及德行或德性意義，更可能涉及形上與形下的「多層次」觀念或概念討論，並帶出儒者的關懷層面。此「多方面」與「多層次」，在宋明儒者們時常混著談，也一定程度的表現出宋明儒者們思想上的通貫性質。

　　在談論陽明的思想淵源之前，筆者必須先陳述上述諸現象；此目的乃因，某概念或是觀念，在宋明儒者的談論中是複雜的，必須進入他們的思維系統中來了解，才可避免一些不必要的問題。[20]另一方面，陽明在同屬「宋明儒者」角色中，實爲一具特色思維的學者，進入他的思想世界中必須先釐清些許的「可能的爭議」，才能全面地理解他的思想，此部份將在此章的第二節談論。首節中，筆者先陳述他的思想淵源，並一定程度的說明他所囊括吸收的精要之處。

（一）前儒的談論

　　陽明思想淵源或說觸發點，若方法上分爲兩類的話；其一，陽明受於

---

[18] 《河南程氏遺書》《二程集》，卷第二上，（北京：中華書局，2011年1月第6刷），頁16-17。

[19] 《王陽明全集》〈語錄三〉，卷三，頁121。

[20] 此問題相當多元，例如，一個「仁」字，可從形上層面或道德形上關懷來說其「仁體」、「仁者渾然與物同體」；亦可以單純從實踐意義來說明「仁」是一種「德行」或「德行」的具足，也可從「體」的內涵來說「德性」；涵義層面相當複雜，且被宋明儒者們混著談，得視上下文義來理解。又如「中」一字，可用來表示「喜怒哀樂未發」的狀態，也可表示「性之體段」，也可用來談論「時中」……等多項含意。同樣的，陽明的「良知」一詞亦屬這種複雜涵義，得回到陽明的思維脈絡來一一探詢方可清楚呈顯。針對儒家談論內容的複雜狀況，當代前輩學者們均留意此點，因此在諸多「哲學史」或是專著上，都留意到如何精準地談論「各個脈絡」下的「思想或字詞」本身所要表達的意思。又如杜保瑞教授於其《北宋儒學》〈緒論〉（臺北：臺灣商務，2005年4月初版1刷），頁5曾以「本體論」、「宇宙論」、「功夫論」、「境界論」等「四個哲學問題」的談論述整個儒學傳統，除了提供一系統化論述，也可解消許多不必要的爭議。

前儒談論的啓發與刺激，在順說中帶有自身的體悟與開展，對應於「同樣的議題」（例如格物、良知）往往展現自身的篩選與對應策略。另一類是，陽明直接從前儒的談論中批判、反省出自身的思維重點，此反省對象則以朱熹（程朱理學）爲主。然則，上述兩類事實上都同根於陽明自身而有，因此本文中不刻意採取這樣的分類；即便分類，也不是代表兩方向之淵源是斷裂的。

　　陽明面對的儒學內容頗複雜，多屬宋代儒者的諸多談論的議題及其延伸。此因宋（明）儒者的談論內容，可說是中國哲學史上最複雜且難以清楚理解的區段。談論內涵關乎先秦以來的儒學、漢代經學、隋唐佛學以及自先秦以來的道家與道教思想、陰陽五行……等內容，且這些思維傳統一定程度的影響了宋代學說。在宋代儒者的努力之下，先有周敦頤的〈太極圖說〉、《通書》之義理闡發；〈太極圖說〉雖有豐富的道教思想，兼談萬物生成、陰陽五行，然又論及儒家「中正仁義」之「人極」且帶出君子之修養論。[21]而《通書》兼雜《易傳》、《禮記》〈中庸〉之思想精要，[22]除有豐富形上思維之外，亦涉及儒家最關心的修養論。[23]至二程兄弟論「性」與「天理」之時，更將「天理」這一形上思維扣緊「性善」來兼融論述；如此，把孟子以來的「道德內存」這一概念立一鮮明的形上基礎，除兼論這種「道德存有」，更豐富談論工夫理論。這也從二程兄弟重視《禮記》〈大學〉提供的道德與政治合一的強調，並重視其中修養進路

---

[21] 〈太極圖說〉談論的無極太極、陰陽、五行等形上思維與宇宙生成之論頗爲鮮明，然其中亦有導回儒家本位的修養性論述。詳見《周敦頤集》〈太極圖說〉（北京：中華書局，2010年第3刷），頁2有云：「……聖人定之以中正仁義而主靜，立人極焉。君子修之吉，小人悖之凶……。」

[22] 《通書》一文中以「誠」貫通天人之談論，一方面以「誠」爲聖人之本，另面又以此「誠」形述天道運行，承繼《中庸》思維頗明顯。如《通書》《周敦頤集》，頁13：「誠者，聖人之本。」而《通書》形述天道之運行除採取《中庸》之論述外，亦用《易傳》內涵來兼述之。同上，頁13云：「『大哉乾元，萬物資始。』誠之源也。『乾道變化，各正性命』，誠斯立焉。」

[23] 有關修養論述者，周除形述「誠」的修養義與境界義之外，在《通書》〈愼動〉、〈志學〉、〈聖學〉、〈富貴〉……等多篇，均直接涉及儒家修養內涵的相關論述。

可見端倪。這樣的重視之下，程頤將此進路視為「為學次第」而影響朱熹甚深。

　　另方面，張載「氣學」談論，除有豐富的形上思維之外，將萬物生成的論述給予一完整的「氣化」論述，且導回、兼容於「太虛」與「太和」之「抽象理」這一層面，兼取了《易》之精要而建立出與佛、老不同的闡釋方向。[24]雖然張載之論有著道家思想之影，但其說不限於有無、不限於空虛，並提出影響後儒甚鉅的「天命之性」與「氣質之性」之說，[25]一定程度的解釋「惡之根源」問題，也依此延伸至儒家最關心的修養論了。

　　在豐富的「性論」、「天理天道」、「氣論」……等相關論述之後，此階段的儒者，針對這些內涵不僅帶出形上層面之論說，更結合形下之器物之層，試圖兼融地帶入身為儒者最關切的修養論述，以建構一項完整的儒學體系；朱熹可為代表。而陽明面對這些議題時，也時而論述「天性命」、「理氣」、「道」、「良知」、「心」……之儒學深意。從這些談論的考究中，可得知陽明對於「前儒們」的談論之對應為何，而他由此所展現的思想特色又是如何。

　　當代學者們對上述諸方向的談論盛豐；不論是談論整個宋明儒學，或是單一的學派或是人物，皆有豐碩的研究成果，故筆者茲不一一列舉。暫

---

[24] 詳見《張載集》〈正蒙・太和第一〉，（臺北縣：頂淵，2004年3月初版1刷），頁7：「太和所謂道，中涵浮沉、升降、動靜、相感之性，是生絪縕、相盪、勝負、屈伸之始……。」頁8：「知虛空即氣，則有無、隱顯、神化、性命通一無二，故聚散、出入、形不形，能推本所從來，則深於《易》也。若謂虛能生氣，則虛無窮，氣有限，體用殊絕，入老氏『有生於無』自然之論，不識所謂有無混一之常。若謂萬象為太虛中所見之物，則物與虛不相資，形自形，性自性；形性天人不相待而有，陷於浮屠以山河大地為見病之說……。」

[25] 詳見《張載集》〈正蒙・誠明篇第六〉，頁23：「形而後有氣質之性，善反之則天地之性存焉，故氣質之性，君子有弗性者焉。」除了主張「氣質之性」這一可成為「惡」的根源乃是「形而後有」之外，並且點出重要的「變化氣質」以回歸儒者之「學」與「修養」路線。同書〈經學理窟・氣質〉，頁265：「變化氣質……。大抵有諸中者必形諸外，故君子心和則氣和，心正則氣正……。」而頁266：「人之氣質美惡與貴賤天壽之理，皆是所受定分。如氣質惡者學即能移，今人所以多為氣所使而不得為賢者，蓋為不知學……。」而同書，〈經學理窟・義理〉頁274：「學者需先變化氣質，變化氣質與虛心相表裡。」

時先簡潔引用牟宗三先生之語做一導引：

> 新儒學的新在那裡，即是宋明的新儒家，怎樣提煉與昭彰先秦儒家成德的教義，以抵抗一時的佛教。我們可以綜起來說：成德之教最高目標是聖、仁者或大人……。[26]

上述可知宋明儒者的論述主軸有兩方面，一是恢復「先秦儒學」所重視的成德之學；另一是對峙「非儒學」的內涵，尤其是佛學思想。在這樣的路線中雖然有不同的論說偏好與重視點，但問題意識是頗明確的。勞思光先生的觀察下亦云：

> 宋明儒學中雖有不同理論出現，但合而觀之，其基本方向或目的，皆是欲重新宣說先秦孔孟之學，故仍可視為一整體。[27]

上述為勞先生對宋明儒學所面對之哲學難題，述要整理之「第一點」，闡明了宋明儒者們的問題意識；其中「第五點」又說：

> 若就宋明儒者之整體觀之，則其發展歷程卻又有步步逼近孔孟學說之趨勢，此可以周張、程朱及陸王之學說比觀而顯出。[28]

因此，在這樣的複雜思想脈絡中，實有一重要回歸路線；即重新找回先秦孔、孟的思想要旨，扣緊成德成聖之路線。然而，此種回歸過程並非快

---

[26] 牟宗三：《宋明儒學的問題與發展》（臺北：聯經出版社，2009年10月出版第三刷），頁26。
[27] 勞思光：《新編中國哲學史（三上）》（臺北：三民書局，1997年8月八版），頁76。
[28] 勞思光：《新編中國哲學史（三上）》，頁77。

速達成且直指核心；一開始的周敦頤、張載與二程兄弟，對此方面的談論時而延伸至非孔、孟本身的思想內涵，而夾雜著豐富形上關切與其他思維。而至南宋朱熹的「集大成」，更從這些豐富談論中衍伸出自身的完整建構，所談論的內涵幾乎無所不包了。²⁹然而，與朱熹相輝映之陸象山，則選擇了較單純易簡的修養路線、直取孟子心學樞要，對朱熹的複雜談論或「道問學」有著一定的反省與反動。至於王陽明，也有類同於陸象山的問題意識，道出當時「記誦詞章之習」之流弊，他與好友湛甘泉臨別贈文時曾說：

顏子沒而聖人之學亡，曾子唯一貫之旨傳之孟軻，終又二千餘年而周、程續。<u>自是而後，言益詳，道益晦；析理益精，學益支離無本，而事於外者益繁以難。</u>蓋孟氏患楊、墨；周、程之際，釋、老大行。今世學者，皆知宗孔、孟，賤楊、墨，擯釋、老，聖人之道，若大明於世。然吾從而求之，聖人不得而見之矣。其能有若墨氏之兼愛者乎？其能有若楊氏之為我者乎？其能有若老氏之清淨自守、釋氏之究心性命者乎？吾何以楊、墨、老、釋之思哉？<u>彼於聖人之道異，然猶有自得也。而世之學者，章繪句琢以誇俗，詭心色取，相飾以偽，謂聖人之道勞苦無功，非復人之所可為，而徒取辯於言詞之間。</u>古之人有終身不能究者，今吾皆能言其略，自以為若是亦足矣，而聖人之學遂廢。<u>則今之所大患者，豈非記誦</u>

---

²⁹ 朱熹繼承前儒的諸多談論，以建構自身的更個儒學系統，若就回歸孔孟思想要旨來說，實「多出」許多。然則，在整個思想發展來說，儒者本身（例如朱熹）援引《周易》、《易傳》、《中庸》、《大學》……等書，建構出自身認定的儒家系統則可，然若定位為「孔孟思想」則有待商榷。此問題的複雜程度自不待言；而勞思光先生採取的態度亦是強烈，其《新編中國哲學史（三上）》，頁318有云：「朱氏治學之規模固大，但結果是通過一系統性之曲解，而勾畫一與歷史絕不相應之『道統』面目。此點通過近百餘年考證工作來看，可說已無疑義。然則朱氏之『集大成』，實亦是構成儒學內部最大之『混亂』也。」勞先生之說不無道理，直接分殊出「孔孟原義」與「後儒之發展」，此方向觀察不可不著重之。筆者認為，若以孔、孟之學來說，雖可被後學「體驗」或「詮釋」而賦予更多深意，然其中的思想，的確發展出許多「新意」；而此「新意」或可兼容於儒家關懷是一回事，是否為孔、孟真正思想原型，則是另一回事。

詞章之習？而弊之所從來，無亦言之太詳、析之太精者之過歟？夫楊、墨、老、釋，學仁義，求性命，不得其道而偏焉，固非若今之學者以仁義為不可學，性命之為無益也。居今之時而有學仁義，求性命，外記誦辭章而不為者，雖其陷於楊、墨、老、釋之偏，吾獨且以為賢，彼其心猶求以自得也。夫求以自得，而後可與之言學聖人之道。某幼不問學，陷溺於邪僻者二十年，而始究心於老、釋。賴天之靈，因有所覺，始乃沿周、程之說求之，而若有得焉。顧一二同志之外，莫予翼也，岌岌乎僕而後興……。[30]

上述陽明的說法充滿「對峙性」（下節將詳談），除了感嘆當時多記誦、辯言詞之外，更點出學聖賢之人，若無扎實之學與力行，尚不如學楊、墨之學者。也就是說，即便言談中崇尚儒家聖賢卻無成聖賢之心、無進步自我之正向期許與實踐，則簡直不如楊、墨之「真學者」了。

從上述陽明感慨性文章來看，實重視「儒者之所以為儒者」的「關鍵處」，此即「夫求以自得，而後可與之言學聖人之道。」據此，即便面對龐大的儒家經典與相關思想，就陽明來說，易簡的導回孔、孟思想要旨，而收歸所謂「心學」一語來對應即可。首先看他針對諸多文獻（或說儒學傳統）的態度所說的：

天下之大亂，由虛文勝而實行衰也。使道明於天下，則《六經》不必述。刪述《六經》，孔子不得已也。自伏羲畫卦，至於文王、周公，其間言《易》如《連山》、《歸藏》之屬，紛紛籍籍，不知其幾，《易》道大亂。孔子以天下好文之風日盛，知其說之將無紀極，於是取文王、周公之

---

[30] 《王陽明全集》〈別甘泉序〉，卷四，頁246-247。而此贈文發生於甘泉出使安南封國，臨別時書文以贈；時陽明四十歲，可參見《王陽明全集》〈年譜一〉，卷三十二，頁1240-1241。

<u>說而贊之</u>，以爲惟此爲得其宗。於是紛紛之說盡廢，而天下之言《易》者始一。《書》、《詩》、《禮》、《樂》、《春秋》皆然……。[31]

陽明亦承認孔子與《六經》之關係，在不否認甚至是贊同（例如陽明認爲孔子贊《易》）的前提之下，其實陽明已承受傳統以來「孔學之浩大思想」之情境，而且曾經對類似議題轉出自身的形上關懷（例如：以「良知」之體用與感通來談論天道生成、萬物一體）。然則，就陽明最爲關切的要旨來說，仍屬「心」這一修養之樞紐、發動之原初點爲重。任何傳統經典在陽明的思維與詮釋之下，幾乎都轉至「心學」體系之內了，他曾反省說：

《大學》古本乃孔門相傳舊本耳。朱子疑其有所脫誤，而改正補緝之。在某則謂其本無脫誤，悉從其舊而已矣。<u>失在於過信孔子則有之</u>，非故去朱子之分章而削其傳也。<u>夫學貴得之心，求之於心而非也，雖其言之出於孔子，不敢以爲是也，而況其未及孔子者乎？求之於心而是也，雖其言之出於庸常，不敢以爲非也，而況其出於孔子乎？</u>[32]

如何講求得許多？聖人之心如明鏡，只是一個明，則隨感而應，無物不照；未有已往之形尚在，未照之形先具者。若後世所講，卻是如此，是以與聖人之學大背。周公制禮作樂以示天下，皆聖人所能爲，堯、舜何不盡爲之而待於周公？孔子刪述《六經》以詔萬世，亦聖人所能爲，周公何不先爲之而有待於孔子？是知聖人遇此時，方有此事。只怕鏡不明，不怕物來不能照。講求事變，亦是照時事，然學者卻須先有個明的工夫。學者

---

[31] 《王陽明全集》〈語錄一〉，卷一，頁8。
[32] 《王陽明全集》〈語錄二〉，卷二，頁82。

惟患此心之未能明，不患事變之不能盡。**33**

具上述兩引文可知陽明的立場了；他以「心」爲儒家論學樞紐、修養關鍵，眾多經典之生成與演變，實因事變而自然有，均不脫離於原初關鍵──「心」。當然，陽明淬鍊《論》、《孟》內容精要自不待言，若以他的思想基礎來說，實透過「心」與「德」之要義以詮釋所有經典，且又相互詮釋之。《論》、《孟》內涵，在陽明思維中早已內化之，且轉成自己的詮釋並開展自身思想特色。此部分的相關內容將在往後諸章的談論中，自然呈顯陽明的承繼內容與論學風格。此外，《四書》的內涵，對儒者來說當然是可以貫串解釋的，例如陽明也曾說：

　　「親民」猶孟子「親親仁民」之謂，親之即仁之也……。孔子言「修己以安百姓」，「修己」便是「明明德」；「安百姓」便是「親民」。**34**

據此，《禮記》之〈大學〉、〈中庸〉二篇，凡有關於儒家修養之關鍵字詞者，皆被陽明納入他的「心學」系統中，甚至開創陽明思想的特色出來。同樣重要的《論》、《孟》在陽明之前已呈顯的豐碩學術成果，對陽明思想影響不小。至於陽明對《禮記》〈大學〉，則先有對朱熹說法的承襲與反思，後有改造且自創其義，由於牽涉較多，因此將於下小節一併簡介。而陽明談論〈中庸〉，或說〈中庸〉對陽明的影響，也因牽涉較複雜的談論且兼涉形上層面，將於第二章、第三章內容，順著筆者對陽明思想論說之主軸則亦可見之。

---

33 《王陽明全集》〈語錄一〉，卷一，頁13。
34 《王陽明全集》〈語錄一〉，卷一，頁2。

（二）受朱子學說的刺激與其反省

　　陽明在早年時期於京師，曾對答塾師以「學聖賢」爲第一等事，至十八歲於江西見婁諒論宋儒格物之學，始學習聖人之學。二十一歲時，遍求考亭遺書讀之而「格竹」不得。往後多年在儒釋道三家之間徘徊，未能確立自身所學。直至三十五歲被謫，三十七歲至貴州龍場，對之前「朱子之格物」產生自我之新悟。此時之後，陽明論述自身學說多從朱子之學的反省而有所得。當然，陽明與湛甘泉之間的交往亦甚重要，[35]然而，一個很直接反省對象且促發陽明自身思想特色者，應首推朱熹。從《年譜》來看，也可得知陽明對朱子是先崇敬、試圖理解不得而反省之，反省而自悟並改造之，且附上許多評論甚至是批評。其中較重要的內涵，筆者歸結三個方向簡述如下。

1.格物問題

　　陽明針對朱子論述「格物」問題，起於如何解釋《大學》的「格物」內涵而來。《大學》本爲《禮記》一篇，北宋二程子與南宋朱熹重視其中內涵特別獨立出；而朱子更作〈補傳〉以敘述「知本與知之至」之涵義，[36]但也帶來不少爭議。另一方面，「大學」本指貴族、上位者應學之事，實與政治脫不了關係，從要旨爲「治國、平天下」即可見之。在《禮記》〈大學〉尚未被定爲《四書》之一時，漢代鄭玄即說：「名

---

[35] 此方面涉及王陽明與陳白沙的傳承問題，以及白沙門人湛甘泉與陽明較常接觸的事實之下，如何從「白沙心學」而自立起「陽明心學」等諸多問題。簡單的說，白沙之學對陽明不算無有助益，但陽明之學實遠過於白沙，對此「前輩」與其後輩兼學友的湛甘泉，對陽明思想上的刺激雖有，但筆者認爲遠不如朱熹與之前的「性理之學」，以及陽明自身對傳統儒家經典的自悟。至於與白沙及其門人的交流狀況，可參考錢明：《王陽明及其學派論考》，（北京：人民出版社，2009年4月1版1刷），頁308-351。

[36] 朱熹：《四書集注》〈大學・大學章句〉，（臺北縣：頂淵文化，2005年3月初版一刷），頁6-7有云：「右傳之五章，蓋釋格物致知之義，而今亡矣。閒嘗竊取程子之意，以補之曰：『所謂致知在格物者：言欲至吾之知，在即物，而窮其理也，蓋人心之靈，莫不有知，而天下之物，莫不有理。惟於理有未窮，故其知有不盡也。是以大學始教，必使學者即凡天下之物。莫不因其已知之理，而益窮之，以求至乎其極。至於用力之久，而一旦豁然貫通焉，則眾物之表裡精粗無不到，而吾心之全體大用無不明矣。此謂物格。此謂知之至也。』」

曰〈大學〉者，以其記博學<u>而可以爲政也。</u>」[37]可知與政治方面的相連明顯。孔穎達也說：「此〈大學〉之篇，<u>論學成之事，能治其國，章明其德於天下。</u>」[38]透露〈大學〉乃一學習治國之重要篇章。而當代學者勞思光先生把整部《禮記》視爲不早於戰國末年，甚至視爲漢時期作品而說不能代表先秦儒學；[39]然筆者以爲即便如此，實無礙於〈大學〉與儒者思想間的密切關聯。因〈大學〉雖然年代上並非如孔、孟那樣早，卻也是吸取儒家思想精要之後而有自身開創的延伸談論。

　　細部來說，《禮記》〈大學〉之所以受後儒（例如宋明哲學家）重視，在於內涵上取孔子重視德行意義，且兼顧人倫日用、政治關切等實際方面。簡言之，就是闡述「德政」的「如何形成」以及其重要性。而「如何形成德政」此面向則導回自我的「修養」與「責任」等延伸問題，均與孔子關切的問題相連。朱熹編定《大學》且註解之時，於〈大學章句序〉中說：

　　〈大學〉之書，古之「大學」所以教人之法也……。人生八歲，則自王公以下，至於庶人之子弟，皆入「小學」，而教之以灑掃、應對、進退之節，禮樂、射御、書數之文；及其十有五年，則自天子之元子、眾子，以至公、卿、大夫、元士之適子，與凡民之俊秀，皆入大學，<u>而教之以窮理、正心、修己、治人之道</u>。此又學校之教、大小之節所以分也。[40]

上述可知，朱熹把「大學」的內容相對於「小學」之所學；在「小學」

---

[37] 李學勤主編：《禮記正義》〈大學第四十二〉，卷六十，（臺北：臺灣古籍，2001年10月初版一刷），頁1859。

[38] 《禮記正義》〈大學第四十二〉，卷六十，頁1859。

[39] 詳見勞思光：《新編中國哲學史（二）》，頁30-32。

[40] 朱熹：《四書集注》〈大學・大學章句序〉，（臺北縣：頂淵文化，2005年3月初版1刷），頁1。

所習得的基本能力之後，方入「大學」。然朱熹更論到「修身」、「正心」等修正自我的層面，並將「道德」與「政治」緊扣在一起，且原文提及「天子至於庶人」都適用這種「修身」內容，因此各個層面（階層）的人都可適用之。另外，對於《大學》所提供的條目次第，朱熹相當認同，又引程子之語而補充說：

> 　　子程子曰：「〈大學〉，孔氏之遺書，而初學入德之門也。」於今可見古人爲學次第者，獨賴此篇之存，而《論》、《孟》次之。學者必由是而學焉，則庶乎其不差矣。**41**

上述，朱熹引程子說《禮記》〈大學〉爲「孔氏遺書」雖有待商榷，然而後文之「入德之門」乃確解，而且是相當重要的關鍵。而文中的「爲學次第」乃後來所特舉的「八目」，也是朱子最爲重視的學習參考路線。既然有所謂的「學習參考路線」，其中的基礎層面乃「格物」、「致知」，再接續後續六目：

> 　　古之欲明明德於天下者，先治其國；欲治其國者，先齊其家；欲齊其家者，先修其身；欲修其身者，先正其心；欲正其心者，先誠其意；欲誠其意者，先致其知；致知在格物。物格而後知至，知至而後意誠，意誠而後心正，心正而後身修，身修而後家齊，家齊而後國治，國治而後天下平。〈一章〉

然則，《大學》論說此「八目之次第關係」時，「八目」的內涵往往相互涵攝，其中「修身」與「正心」、「誠意」更是無法切割而論，也難以明

---

41 朱熹：《四書集注》〈大學‧大學章句〉，頁3。

確的界定順序，朱熹也注意到此點，故曾兩面皆說：

> 正心是就心上說，修身是就應事接物上說。<u>那事不自心上做出來！如</u>
> <u>修身，如絜矩，都是心做出來</u>。但正心，是萌芽上理會。若修身及絜矩等
> 事，卻是各就地頭上理會。[42]

不論上述朱熹以「萌芽上」、「各就地頭上」來解釋，但根源還是「心
上做出」。若回到「格物」來說，《大學》所論者，是一學習基礎的強
調，以達「平天下」為終極目標。基礎階段之「格物」，《大學》所指
確如朱熹所言之：「致吾之知，在即物而窮其理。」[43]實偏向知識性的強
調。然陽明對這種窮理方向的解讀頗不滿意，而改以自身之詮釋，並奠
定自身思想所有論述之基礎──「心」。於正德十六年（1521，陽明50
歲）之〈大學古本傍釋序〉陽明說：

> 《大學》之要，誠意而已矣。誠意之功，格物而已矣……。是故不務
> 於誠意而徒以格物者，謂之支；不事於格物而徒以誠意者，謂之虛；不本
> 於致知而徒以格物誠意者，謂之妄。支與虛與妄，其於至善也遠矣。<u>合之</u>
> <u>以敬而益綴，補之以傳而益離</u>……。[44]

上述文末所提及的「補傳」，顯明針對朱子而來；而陽明著名之〈大學

---

[42] 《朱子語類》〈大學二‧經下〉，卷十五，（臺北：文津出版社，民國七十五年十二月出版），頁307。

[43] 《四書集注》〈大學章句〉，頁7。

[44] 束景南：《陽明佚文輯考編年（下）》〈定本大學古本傍釋〉（上海：上海古籍出版社，2012年12月1版1刷），頁670。而頁680-681則記載正德十三年時所書之〈初本大學古本傍釋〉。其中內容頗類似，差異在於〈定本大學古本傍釋〉有「本體之知，未嘗不知」等解釋「本體之知」數語以及文後「乃若致知，則存乎心悟」……等。而〈初本大學古本傍釋〉書於較早，未談論「本體之知」等補充內容，然此文末有「罪我者其亦以是矣夫！」可知陽明也意識到他的詮釋路線與朱子不同，側重「心」之內涵來架構整個《大學》文本之可能疑慮。

問〉也明顯依此「心」來貫串整個《大學》文義，並一定程度的弱化
（不強調）所謂的「爲學次第」：

　　蓋其功夫條理雖有先後次序可言，而其體之惟一，實無先後次序之可
分。其條理功夫雖無先後次序可分，而其用之惟精，固有纖毫不可得而缺
爲者。此格致誠正之説，所以闡堯、舜之正傳而爲孔氏之心印也。**45**

上述可知，陽明雖然承認「功夫條理」是可以分先後次序，但更重視
「實踐功夫條理」的「內在核心」，故說「其體之惟一」而「實無先後
次序之可分」。此「內在核心」從儒者的實踐道路來講，例如「格物致
知」乃至「平天下」，當然不離「此心」（良知）之發用。

　　上述諸說可知，陽明對於朱子「格物致知」的相關談論，從他早期
「格竹」失敗，且歷經種種苦難而眞實淬鍊，之後在他詮釋《大學》的內
容中可看出自身反省後之創見了。上述諸文主要簡述陽明對朱子格物之說
的反省與改造，至於詳細的「致良知」與陽明論「心」的內容，將於此基
礎篇的第二章詳談。

2.「知、行」與「心、理」問題

　　從上述談論可知陽明以「心」作爲立論基礎；當以「心」爲基礎、論
及所有實踐、修養等議題時，自然無法離開此「心」。若扣回儒家最重要
的關懷——「道德實踐」之時，亦可被視爲一種「知、行問題」與「心、
理問題」。而如同陽明反省「格物」內涵一樣，他在朱熹思想中也曾針對
「知、行」與「心、理」問題做出反省，並延伸出他自身的強調點；陽明
說：

《王陽明全集》〈續編一・大學問〉，卷二十六，頁1020。

　　朱子所謂「格物」云者，在即物而窮其理也。即物窮理，是就事事物物上求其所謂定理者也。是以吾心而求理於事事物物之中，析「心」與「理」而爲二矣。夫求理於事事物物者，如求孝之理於其親之謂也。求孝之理於其親，則孝之理其果在於吾之心邪？抑果在於親之身邪？假而果在於親之身，則親沒之後，吾心遂無孝之理歟？見孺子之入井，必有惻隱之理，是惻隱之理果在於孺子之身歟？抑在於吾心之良知歟？其或不可以從之於井歟？其或可以手而援之歟？是皆所謂理也，是果在於孺子之身歟？抑果出於吾心之良知歟？以是例之，萬事萬物之理，莫不皆然。是可以知析心與理爲二之非矣。夫析心與理而爲二，此告子「義外」之說，孟子之所深也。務外遺內，博而寡要，吾子既已知之矣。是果何謂而然哉？謂之玩物喪志，尚猶以爲不可歟？若鄙人所謂致知格物者，致吾心之良知於事事物物也。吾心之良知，即所謂天理也。致吾心良知之天理於事事物物，則事事物物皆得其理矣。致吾心之良知者，致知也。事事物物皆得其理者，格物也。是合心與理而爲一者也……。**46**

上述，是陽明「針對朱子『論格物』」的代表性評論，點出「致良知」於「事事物物」才是眞的「格物致知」。因此，「格物」的內涵將與道德實踐緊連，且關鍵位於「致良知」這一「心」上。有此「心」之應物而合於「天理」，就是「心與理」相即、相契的事實，陽明據此脈絡批評朱熹之說將導致「析心與理爲二」。針對此種「心、理問題」，陽明相當重視，又說：

　　或問：「晦庵先生曰：『人之所以爲學者，心與理而已。』此語如

何？曰：『心即性，性即理，下一『與』字，恐未免爲二。此在學者善觀。」**47**

上述可知，陽明除了在細節上談論「心與理」如何爲「一」之外，針對單一論述「心與理」的模式頗不認同。當然，進入陽明的思想脈絡下來說時，亦可體會陽明對峙之用意，且當代學者們也不輕易地以「是非對錯」來論朱、王之思想。持平來說，陽明對朱子的批評某些是合理的，但也有許多過度的。若扣除掉「過度」的部分且進入陽明思想脈絡來說，他對朱子思想的評論內容，確實有著提點或補充效果。此方向內涵，早在陸象山與朱子之間的談論出現過，且朱子自身也曾經認同之。**48**至於陽明對「心、理」或「格物」較詳細的談論，將在後諸章深究之。

47　《王陽明全集》〈語錄一〉，卷一，頁16。
48　《朱子文集》〈答項平父二〉，卷五十五，（臺北：德富文教基金會，民國八十九年二月），頁2550有云：「大抵子思以來，教人之法，惟以『尊德性』、『道問學』兩事爲用力之要。今子靜所說，專是『尊德性』之事，而熹平日所論，卻是問學上多了……今當反身用力，去短集長，庶幾不墮於一邊耳。」關於此方向的談論其實不少，也有些許延伸問題，於此書不處理這些複雜問題，故僅簡要列舉一文佐證即可。

第二節　對陽明思想的理解模式

一、如何理解陽明思想

　　陽明思想較受爭議或難以理解之處則可簡化爲三。一是他的談論模式充滿「對峙性」，因此有時候的批評與宣說或許稍嫌過度。第二，陽明不隱諱的使用佛、道之言語與談論模式，因此容易遭受誤解爲「禪」。[49]第三，陽明在自身儒家系統中開創心學（事實上是「心理合一」之學）之後，對於道德或是天地萬物之存有的談論與體認，均不離「心」之收攝；因此，有些涉及形上層面的談論，或許將較難說得通暢，而此方面的談論，將在此書「進階篇」之第三章呈顯。

　　上述三個方面，除第三問題將在「進階篇」作出進一步討論之外，此小節的談論應可初步解決上述前兩點之疑慮。筆者的論述模式是；第一，若能充分理解陽明的談論，是針對某X內涵「如何有意義」而說，即可理解陽明實因某種考量而產生種種「對峙性」之論說，甚至有著某種過度質疑或過度批評。也就是說，從陽明思想來看，一對象、事物、理論、行爲……等要「有意義」，是在他的思維系統中獲得承認、符合時，才是他所認可的內涵。第二，了解陽明的第一項內涵之後且視爲前提時，則可順勢進入他的「語言使用」之問題。當某X已是在他承認、同意的「意義」之下了，因此陽明對X闡說時的「用語」或「論述模式」則較不受限制了。

---

[49] 批評陽明之學爲「禪」者，甚多；然若要舉出較早，且較極端者，可說是陳建及其著作《學蔀通辨》。雖然此書之作一方面是對陽明《朱子晚年定論》而發，且捍衛朱子之說，然其內容亦有錯誤之處，並定位象山、陽明……等多人爲「禪」，可謂節外生枝。相關內容，或可參考拙著〈論陳建《學蔀通辨》之貢獻與失誤〉《國立臺灣大學哲學論評》，第三十六期，2008年10月，頁149-192。

（一）有意義之X

筆者所謂「有意義之X」，乃針對陽明的「認同」之下意義而說，此散殊在多層面向，例如什麼是陽明認同的「有意義的『理』」、「有意義的『知行』」、「有意義的『實踐』」……等。也就是說，某X是在何種條件下產生「陽明所認可的意義」。此種說法並非突兀，在傳統儒家早有此種陳述模式。例如孟子的「人禽之辨」、談論「人之所以為人」、論述什麼是「君」、什麼是「勇」、什麼是孟子承認的「不動心」……等各方面，均在其「某意義考量下」而自然呈顯出該思想家的立論特色，例如：

孟子曰：「<u>君子所以異於人者，以其存心也。</u>君子以仁存心，以禮存心。仁者愛人，有禮者敬人。愛人者，人恆愛之；敬人，人恆敬之。有人於此，其待我以橫逆，則君子必自反也：我必不仁也，必無禮也；此物奚宜至哉！其自反而仁矣，自反而有禮矣，其橫逆由是也；君子必自反也：我必不忠。自反而忠矣，其橫逆由是也；君子曰：『此亦妄人也已矣！<u>如此則與禽獸奚擇哉！於禽獸又何難焉！</u>』」《孟子》〈離婁下28〉

齊宣王問曰：「湯放桀，武王伐紂，有諸？」孟子對曰：「於傳有之。」曰：「臣弒其君可乎？」曰：「<u>賊仁者謂之賊，賊義者謂之殘；殘賊之人，謂之一夫。聞誅一夫紂矣，未聞弒君也。</u>」《孟子》〈梁惠王下9〉

其實在孔子時期即有此種論說風格，[50]而荀子亦有。[51]據此而言，儒者

---

[50] 例如孔子談論「禮」的內涵時（如何成為有意義的禮？什麼禮是有意義的？），特別點出外在形式中的「內在層面」才是重要以作為提醒：「禮，與其奢也，寧儉；喪，與其易也，寧戚。」（《論語》〈八佾〉）又論述「孝順」的內涵時，也曾從「有內在（心）方有意義」來論說：「今之孝者，是謂能養。至於犬馬，皆能有養；不敬，何以別乎？」（《論語》〈為政〉）

[51] 例如《荀子》〈不苟〉：「君子能亦好，不能亦好；小人能亦醜，不能亦醜。」將德行彰顯作為他認同意義下

並不是在表面的定義上來陳述他重視的價值，而是他在思維模式下所認可、所認為有意義的面向上來陳述、表達他的觀點。觀察陽明的論述模式，他同樣以自身思維脈絡認定的「意義」為首要考量，如此一來，自然產生許多看似獨特、甚至是突兀的論述。許多「可以分開來說的」內涵，例如「知行」，在陽明的思維中被他刻意的「合在一起說」而「不能分開來說」，因為他認為要A：「知行合一」才「有意義」，甚至依此批評「知行分開來說」是有疑慮的，甚至是錯誤的。此可視為陽明的論說特色，雖然他對「非A」（知行分說）批評並非全然穩健，然具有一定的合理成分與其「意義上」之考量，且考量內容也符合儒家對道德實踐的內涵要求。當陽明針對「他要的意義」而採取許多「對峙性」的談論時，將顯得較為刻意甚至是過度了，茲以下數兩例來做為述說導引：

> 「溫故知新」，朱子亦以「溫故」屬之尊德性矣。德性豈可以外求哉？惟夫「知新」必由於「溫故」，而「溫故」乃所以「知新」，則亦可以驗知行之非兩節矣。「博學而詳說之」者，將以反說約也，若無「反約」之云，則「博學詳說」者果何事邪？舜之「好問好察」，惟以用中而致其精一於道心耳。道心者，良知之謂也。君子之學，何嘗離去事為而廢論說？但其從事於事為論說者，要皆知行合一之功，正所以致其本心之良知；而非若世之徒事口耳談說以為知者，分知行為兩事，而果有節目先後之可言也。[52]

> 不是尊德性之外，別有道問學之功；道問學之外，別有尊德性之事也。心之明覺處謂之知，之知存主處謂之心，原非有二物。存心便是致

的「好」與「醜」。也就是說，某種「有意義」或說「有價值」的展現，不在於所謂的「能不能」這種表面認定而已。

52 《王陽明全集》〈語錄二〉，卷二，頁56。

知，致知便是存心，亦非有二事。**53**

上述可知，陽明刻意的把問學、窮理之事結合在「此心」上說而不分割，甚至說「非有二事」，且因此批評了朱熹。而這是他認為「有意義」之考量之下，所提出的對峙之道。若把陽明重視的「有意義」的這一態度，延伸至他對傳統儒學經典的解讀，他將不再侷限於某一字詞的本來意義，轉而談論出「他所重視的意義」，例如針對《禮記》〈大學〉中的「格物」，他曾說：

　問格物。先生曰：「格者，正也。正其不正，以歸於正也。」**54**

　然欲致其良知，亦豈影響恍惚而懸空無實之謂乎？是必實有其事矣。故致知必在於格物。物者，事也，凡意之所發必有其事，意所在之事謂之物。格者，正也，正其不正以歸於正之謂也。正其不正者，去惡之謂也。歸於正者，為善之謂也。夫是之謂格。**55**

上述，陽明把「格」解為「正」，此為端正自我、去惡之意，此說明顯與〈大學〉之原義不同。此外，又在其著名之四句教說：

　為善去惡是格物。**56**

據此，陽明所認同的「有意義之X」，便在他的這種視角之下呈顯其學說特色。當然，陽明的解釋是否「貼近原始文本」則非；若說陽明之立論

53 《王陽明全集》〈補錄一〉，卷三十九，頁1547。
54 《王陽明全集》〈語錄一〉，卷一，頁27。
55 《王陽明全集》〈續編一‧大學問〉，卷二十六，頁1019。
56 《王陽明全集》〈語錄三〉，卷三，頁128。

「是否可行」，卻又可在陽明思想系統中圓通之。筆者認爲陽明的考量
點，應不是標新立異，實因他重視道德內涵而對峙地說、產生自身的見
解。此種道德內涵之深意，自然不是某些既定字詞可以滿足陽明所要表達
的。此外，又如：

> 博愛之說，本與周子之旨無大相遠。樊遲問仁，子曰：「愛人。」愛
> 字何嘗不可謂之仁歟？昔儒看古人言語，亦多有因人重輕之病，正是此等
> 處耳。然愛之本體固可謂之仁，但亦有愛得是與不是者，須愛得是方是愛
> 之本體，方可謂之仁。若只知博愛而不論是與不是，亦便有差處。吾嘗謂
> 博字不若公字爲盡。大抵訓釋字義，亦只是得其大概，若其精微奧蘊，在
> 人思而自得，非言語所能喻。後人多有泥文著相，專在字眼上穿求，卻是
> 心從法華轉也。**57**

上述可知，陽明所要的深意，並非在語言文字上著相，而是人的「思而自
得」這種紮實體認過程所得出的深意。

　　上述諸文若簡化陽明思想的展現模式則是；一方面不是那麼符合於
經文之原義，而採取他認可的意義來解讀、詮釋。當然，陽明思想的表
現模式並非全然如此。另一方面，這種展現風格實與他的「心學」系統
有關，且陽明更把心學系統立於基礎，來檢視其他（儒者）的論說。若
再延伸分析，陽明的談論也顯示另一種論學風格，此即下小節之「對峙
性」。

（二）對峙性

　　關於「對峙性」一詞在此書的使用方向，是一種不複雜也不是非常嚴謹的講法，而是泛指某思想家針對某一情況，因某種用意或考量，而有著刻意「對峙」之狀況，進而有較為突出、突兀、逆向……之類的講法。此種「對峙性」風格強度不一，針對的對象也不一，儒學思想內部間也時常有如此「對峙」之現象，甚至各學派之間的談論與相互批評的情況，也可能源自此「對峙性」考量而有。

　　若以孔子為例，他曾強調「仁」的重要性與崇高性，而幾乎不把任何人評價為「仁」。但是，當弟子責罵管仲時，為了不讓弟子認為管仲一無可取而忽略他曾經有不錯的作為，孔子以「桓公九合諸侯，不以兵車，管仲之力……。」（《論語》〈憲問〉）來稱許管仲此時「如其仁」。又例如，針對葉公所提的「直躬者」證明其父攘羊，孔子進而說出「父子互隱」的行為「也是一種直」，希望葉公思考「直」的內涵時，不僅僅只有「拋棄感情只講法律」的這一種「直」（《論語》〈子路〉）。類似這種「對峙」的思維風格，到了孟子展現的更加多元，除呈顯在他評論楊、墨之說的態度之外，在他論述「權衡」、與告子論辯「性善」的種種說法時，出現此種「對峙性」談論頗為常見。

　　另一方面，若就整體思想來說，道家思想所提之「自然」、「無為」也可說是對峙「（過度）人為」而說；道家對儒者內涵的「仁義禮智」之反對，亦可從這種對峙性想法來理解之。據此而言，某思想家A對於另一思想家B的批評，不一定是全然反對，而可能是一種逆向提醒，或是因為捍衛A的核心價值而說B之缺漏。

　　而宋明儒者「對峙性」的談論亦多，其中最顯著，可從對峙佛、老思想上來觀察。然而，儒家內部之間，也存在著這種對峙性的談論現象。此小節說明這個「對峙性」之用意有三：一是，由於某A是因「對峙性」而

說x，所以x的內涵「不一定」是全然對應於A思想中的每一角落。二是，由於某A是否是因「對峙性」而說x，實難以一一明確證明，或說難以確定某A講出x是否因「對峙」而說。據此，筆者關心的是，正因為我們面對某述說時，「無法『肯定』是否為對峙」，卻也「無法『否定』是因為對峙」，因此在某思想家A的談論中，我們或許可持有著此種「不排除有著對峙性考量」來檢閱A所說之x，此對A來說似乎較為公平。其三，有此想法之後，或許可自然化解思想家A與思想家B之間的表面衝突、不輕易的說A所說的x與B所說之y是矛盾……等說法，轉而用另一種「不輕易下定論」的方式來檢閱各思想家。

而陽明也時常從自身思維基礎或立場下說出許多「對峙性」的談論，進而批評某人或某思想，而且重點是，另一思想家的談論未必是錯誤的。首先談論筆者所謂陽明的「對峙性」實例：

> 許魯齋謂儒者以治生為先之說，亦誤人。[58]

而筆者觀察許衡之說，其實頗算中肯；記載云：

> 為學者治生最為先務，苟生理不足，則於為學之道有所妨。彼旁求妄進，及作官嗜利者，殆亦窘於生理之所致也。士君子當以務農為生，商賈雖為逐末，亦有可為者，果處之不失義理，或以姑濟一時，亦無不可。若以教學與作官規圖生計，恐非古人之意也。[59]

上述許衡之說事實上無大問題，且文中有說「果處之不失義理」、「若以

---

[58] 《王陽明全集》〈語錄一〉，卷一，頁3。

[59] 《許衡集》〈附錄‧通鑑〉，卷十三，（北京：東方出版社，2007年5月第1版1刷），頁303。

教學與作官規圖生計，恐非古人之意」；亦彰顯了儒家考量。此外，這種說法更可說是導源於孟子而有。《孟子》〈滕文公上3〉曾云：「<u>夫仁政必自經界始</u>；經界不正，井地不均，穀祿不平……。」又如：「民之為道也，有恆產者有恆心，無恆產者無恆心；苟無恆心，放辟邪侈，無不為已……。」而〈梁惠王上7〉亦云：「無恆產而有恆心者，惟士為能。若民，則無恆產，因無恆心。苟無恆心，放辟邪侈，無不為已。及陷於罪，然後從而刑之，是罔民也。焉有仁人在位，罔民而可為也！」這些內容都說出人民的基本需求，為政者將以此類事務為主、為先，不可奢求人民無法溫飽時，還期待他們落實道德，否則只是不切實際。因此，陽明弟子有問云：

　　直問：「許魯齋言學者以治生為首務，先生以為誤人，何也？豈士之貧，可坐守不經營耶？」先生曰：「但言<u>學者</u>治生上，儘有工夫則可。若以治生為<u>首務</u>，使學者汲汲營利，斷不可也。且天下首務，孰有急於講學耶？雖治生亦是講學中事，但不可以之為首務，徒啟營利之心。<u>果能於此處調停得心體無累，雖終日做買賣，不害其為聖為賢。</u>何妨於學？學何貳於治生？」**60**

上述關鍵在於，對陽明而言，他認可的「學者」之「首務」是什麼。不諱言者，就陽明的認定（有意義的認定），身為一個「學者」是不能把「治生」當作「首務」的，而要以「修己」之相關內涵當作「首務」，此「首務」對陽明而言並非是「基本生活」，而是「最重要也最基礎」的「價值」方向考量，自然充滿道德內涵了。當所有的行為以「修己」為首要，之後的謀生之務方能穩當、且無害為聖賢。因此，陽明當然不是要

---

60 《王陽明全集》〈補錄一〉，卷三十九，頁1549-1550。

人民餓肚子的時候又刻意的講求道德，而是說，在你學習如何「不餓肚子」之前，應先以道德作為基本價值、視為最重要的價值，如此才能夠有道德地去謀生。除上述外，在書信中亦可見此類說法：

　　「仕非為貧也，而有時乎為貧」，古之人皆用之，吾何為獨不然？然謂舉業與聖人之學相戾者，非也。程子云：「心苟不忘，則雖應接俗事，莫非實學，無非道也。」而況於舉業乎？謂舉業與聖人之學不相度者，亦非也。程子云：「心苟忘之，則雖終身由之，只是俗事。」而況於舉業乎？忘與不忘之間，不能以髮，要在深思默識所指謂不忘者果何事耶，知此則知學矣。賢弟精之熟之，不使有毫釐之差，千里之謬，可也。**61**

據此而言，陽明重視的是「內在思維」這一關鍵處；在現實層面中，不論是「治生」還是「舉業」，陽明重視「內心」這一向度是否合於正道，「外在」之為官與否、治生與否僅是表面問題而已。種種的「表面問題」均被陽明化約在同一「內在價值」來考量評估時，實能清楚點出儒者之著重核心。

　　上述諸引文之導引，應可知稍微曉筆者所謂的「對峙性」了：此即魯齋A所說的x，與陽明B所說的y，兩者之間若以上述的「對峙性」說法來理解，應可較完整的還原雙方的說法與用意，據此就筆者的思維來說，A與B並非必然的衝突，而是B有著考量上的不同。

　　此外，此小節之「對峙性」事實上也能自然連結上小節「有義意之X」之說明。如前述，筆者所舉的「對峙性」，乃指出陽明對某思想家或是某議題提出說法時，出現某種「刻意批評」甚或是「反對」的談論

---

61 《王陽明全集》〈文錄一・寄聞人邦英邦正二〉，卷四，頁183。

頗多。因「對峙性」的談論下,陽明會凸顯某思想家或是某主張的(可能)缺失,或是凸顯陽明自身如此說法的合理層面。正式進入此節的談論之前,上述之例已可看出此種「對峙性」之考量重點。簡單的說,陽明對於某種對象(學說、思想家、主張)所提出的「對峙性」說法之考量為與展現模式是;一是擴大化該思想家論說(可能)產生的流弊,欲加以避免而對峙之。[62]二是,從「對峙性」的談論中,其實透露了陽明自身(認同的)思維,也就是上小節所要談論的「有義意之X」之延續。

當然,陽明對自身認同的理論,實早已內化且自然展露在他的批評與諸多論說上。因此,某說法若對照於陽明「所認同的意義之下」而有不滿全者,陽明則提出質疑。如前述,對陽明而言,他所認可而認為「有意義」的「學者」與「首務」是什麼?又例如,他對於「居敬窮理」,曾對峙地說「分居敬與窮理為二」的可能流弊:

梁日孚問:「居敬窮理是兩事,先生以為一事,何如?」先生曰:「<u>天地間只有此一事,安有兩事</u>?若論萬殊,禮儀三百,威儀三千,又何止兩?公且道居敬是如何?窮理是如何?」曰:「居敬是存養工夫,窮理是窮事物之理。」曰:「存養個甚?」曰:「是存養此心之天理。」。曰:「如此亦只是窮理矣。」曰:「且道如何窮事物之理?」曰:「如事親便要窮孝之理,事君便要窮忠之理。」曰:「忠與孝之理在君親身上,在自己心上?若在自己心上,亦只是窮此心之理矣。且道如何是敬?」曰:「只是主一。」「如何是主一?」曰:「如讀書便一心在讀書上,接事便一心在接事上。」曰:「如此則飲酒便一心在飲酒上,好色便一心在好色上,卻是逐物,成甚居敬功夫?」日孚請問。曰:「一者天

---

[62] 此種批評風格其實早在孟子已經出現,其批評楊墨「無君無父」並非嚴謹,然而此批評之前提乃孟子以「道德仁義」、「愛有差等」……等作為基礎之考量,進而說出的「對峙性」話語。

理，主一是一心在天理上。若只知主一，不知一即是理，有事時便是逐物，無事時便是著空。惟其有事無事，一心皆在天理上用功，所以居敬亦即是窮理。就窮理專一處說，便謂之居敬；就居敬精密處說，便謂之窮理；卻不是居敬了別有個心窮理，窮理時別有個心居敬：名雖不同，功夫只是一事。就如《易》言『敬以直內，義以方外』，敬即是無事時義，義即是有事時敬，兩句合說一件。如孔子言『修己以敬』，即不須言義，孟子言『集義』即不須言敬，會得時橫說豎說工夫總是一般。若泥文逐句，不識本領，即支離決裂，工夫都無下落。」**63**

上述乃陽明就「心」這一基礎來談論所有事。若此「心」得立，純然無私便是「居敬」，細處則自然延伸至「窮理」之事，如此一來，「居敬」與「窮理」本自一貫，何須分之？再從文意來看，可說陽明針對某人把「居敬」與「窮理」的內在連結忽略，進而產生「支離決裂」之可能，故「對峙性」的說「一」；而不是說「居敬的定義」就是「窮理的定義」，也不是說「說一個居敬與說一個窮理」就是絕對錯誤的。此種論說模式頗多，著名的「知行合一」的談論亦是如此：

　　此已被私欲隔斷，不是知行的本體了。未有知而不行者；知而不行，只是未知。聖賢教人知行，正是安復那本體，不是著你只恁的便罷……。；知是行之始，行是知之成。若會得時，只說一個知已自有行在，只說一個行已自有知在。古人所以既說一個知又說一個行者，只為世間有一種人，懵懵懂懂的任意去做，全不解思維省察，也只是個冥行妄作，所以必說個知，方才行得是；又有一種人，茫茫蕩蕩懸空去思索，全不肯著實躬行，也只是個揣摸影響，所以必說一個行，方才知得真。此是

63 《王陽明全集》〈語錄一〉，卷一，頁36-37。

古人不得已補偏救弊的說話……。**64**

上述僅是列舉陽明的述說風格，充滿自身認可的意義性考量與對峙性的論說模式。最後，筆者仍需說的是，陽明「對峙性」說法與自身考量（有意義），並非僅僅是批評的、衝撞的、突兀的標新立異。這種針對性的提醒話語，或許過於強烈，但陽明實針對舊說的可能流弊，故時而宣稱這種說法的必要性。此外，也因前儒亦有此類「對峙性」說法，因此使用「對峙性」的想法來理解陽明的一些述說，應是可行的。有趣的是，這種「對峙性」的想法，其實陽明也曾展露在他對其他人論說的「看似衝突」上來加以調和：

　　問：「伊川謂不當於喜怒哀樂未發之前求中，延平卻教學者看未發之前氣象，何如？」先生曰：「**皆是也**。伊川恐人於未發前討個中，把中做一物看，如吾所謂認氣定時做中，故令只於涵養省察上用功。延平恐人未便有下手處，故令人時時刻刻求未發前氣象，使人正目而視惟此，傾耳而聽惟此：即是戒慎不睹，恐懼不聞的工夫。**皆古人不得已誘人之言也**。」**65**

上述可知，陽明亦持平的說出思想家因某狀況、需要而說的對峙性話語，其主旨是為了導引學習者避免某方面缺漏，可說是某種「因材施教」的權宜、針對性說法，自然有其「對峙性」存在。這種「對峙性」話語，並非以糾正對方錯誤以求凸顯自我，而是回歸一個「大方向」來考量，或隨著聽者之需要而有的。上述引文，某A（伊川）的談論內涵與某

64　《王陽明全集》〈語錄一〉，卷一，頁4。
65　《王陽明全集》〈語錄一〉，卷一，頁5。

B（延平）雖不同，但就陽明的「大方向」來說，事實上都是往聖賢之路邁進，故陽明不會因細節之差距而論其「是非」。陽明認爲，即便思想家之間存有著「異論」，或是因對峙而呈顯出某種差異，此時回歸他所重視的核心價值（大方向）即可，此在回答友人的話語中亦可證明之：

> 君子之學，豈有心於同異？惟其是而已。吾於象山之學有同者，非是苟同；其異者，自不掩其爲異也。吾於晦庵之論有異者，非是求異；其同者，自不害其爲同也。**假使伯夷、柳下惠與孔、孟同處一堂之上，就其所見之偏全，其議論斷亦不能皆合，然要之不害其同爲聖賢也。**若後世論學之士，則全是黨同伐異，私心浮氣所使，將聖賢事業作一場兒戲看了也。**66**

上述可知，即便朱熹、象山思想內涵對比於陽明，不諱言有其同異之事實，但陽明認爲此類現象本屬正常。此外，陽明曾評論、批評朱熹，但最後仍試圖調和之。**67**然而，若終極考量同樣是邁向成聖賢之路，即便有著同異之論，亦屬正常。

　　總括來說，不論是「有意義之X」還是「對峙性」這兩種述說前提，其實是融合爲一的；也就是說，陽明往往爲了闡述「他要的意義」，面對某對象或某學說內容時，採取了「對峙性」的講法。也因爲「有意義之X」作爲理論依歸或考量標準，自然避免「對峙性」述說模式成爲一種沒有原則的、隨時可變的混亂思維。當然，陽明所認同的有意義、所欲回歸的，實爲儒家所強調的道德內涵，並在這條回歸路線上，更細膩地談論「心」與「理」等諸多議題。

---

66 《王陽明全集》〈文錄三〉，卷六，頁223。
67 陽明著名的爭議性著作《朱子晚年定論》及呈顯「朱王同」的可能，然而此書內涵有考據上之爭議、以及貶低朱子之學之疑慮，故受到許多後儒的批評。可參見拙著《《朱子晚年定論》與「朱陸異同」（上）、（下）》。

二、特殊語辭使用

上小節既已理解陽明的述說模式，且將此視爲談論時的「理論前提」，接下來論述他的「語言使用」將更易入手。也就是說，在符合前題P：「陽明認定的儒者基本立場、理論、關懷的內涵」之下，陽明不論使用「何種語辭」來表現他的思維，將不會導致重大問題；轉而可以是一種更加多元、清晰、細膩地形述他的思想內容，且不受文字上的侷限。此小節所談論的「特殊語辭」，乃因此類語辭在「其他家」（例如佛、老）教法中較常出現，而非儒家常使用的字、詞。爲了不與之後諸章的談論過度重疊，此處僅以兩個方向來稍作說明，茲以「無」與「虛」爲例簡述。

（一）「無」

「無」一字，最常聯想的是道家的「有無」之說，以及佛家之「空」（無自性空）意。相較於儒者，「無」這一字的使用實頗爲注意，通常可免則免。然則，在宋明儒者論述「天」時，時常引述《詩經》〈大雅·文王〉：「上天之載，無聲無臭。」之深意來說明天道無私、無意識之自然運行狀態。在丁亥年秋，陽明去世前一年與汝中、德洪所論之著名「天泉證道」之「四句教」，在語言使用上直接涉及「無」這一字。然則，這種「無」並非「虛無」也非「空」，而是描述某種「未分」或說「思慮未起」之前的純然境地，且專對「心」來說。[68]「四句教」詳細內容將在第四章第一節詳述，此處僅稍微列舉陽明對「無」這一字的使用事實。爲求敘述方便，筆者暫把「四句教」條列如下：

---

[68] 陳來先生曾對王陽明這種涉及「境界」與「精神」的教法做出精闢談論，可參見《有無之境：王陽明哲學的精神》（北京：人民出版社，1997年2月3刷），頁193-234。

A：無善無惡心之體。（無善無惡，是心的本然狀態）

B：有善有惡意之動。（善惡，是心的意念發動開始方有）

C：知善知惡是良知。（能夠自然地知道善惡，起源於良知）

D：為善去惡是格物。（為善去惡，就是格物。）

上述的A-D，並非必然地說有其固定之次序，故A-D的內涵，將隨順於道德修養情況中極可能地相互串連之。簡單說，A是對此心的本然狀態做一描述，自然呼應B的狀態實乃A之後續。而C所道出的道德感受與判斷，仍落在「心」上說，且自然連結於D這一項修養與作為。此四句教法，實以A最為受爭議，且造成王龍溪與錢緒山之爭，以及後儒的諸多評論與批評。

　　此外，就宋明儒者而言，對峙於佛、老的內容極為自然，而「類似」於佛、老之「用語」或「行為」者，亦可免則免，卻偶有出現。「用語」如「虛」、「無」、「空」、「幻」、「悟」……之使用；「行為」則如「靜坐」、「克念」……等，陽明都曾經談論且落實之。不論如何，最容易引發爭議的，例如釋教之「無」或是充滿禪學風貌的講述，均曾被陽明使用甚至作為論述之類比；如：

　　「不思善不思惡時認本來面目」，此佛氏為未識本來面目者設此方便。「本來面目」即吾聖門所謂「良知」。今既認得良知明白，即已不消如此說矣……。**69**

　　古先聖人許多好處，也只是無我而已，無我自能謙。謙者眾善之基，傲者眾惡之魁。**70**

69　《王陽明全集》〈語錄二〉，卷二，頁73。

70　《王陽明全集》〈語錄三〉，卷三，頁137。

　　知來本無知，覺來本無覺，然不知則遂淪埋。[71]

　　其實，任何語言或是行爲，本非必然全爲「某家之專利」；同樣的語言用法或行爲，表面上類似，卻可以有著細節上或考量上之差異。上述簡單列舉類同於佛、老的常用語辭，顯示陽明「並不全然排斥」的事實；其中字、詞、句即便相同或相似，然陽明仍可以談論出他要的儒學內涵。至於曾經使用這類語辭的陽明，如何闢佛、老而回歸儒家本位，將於此書第四章第二節釐清之。

（二）「虛」

　　對宋明儒學熟稔者，且暫以「虛其心」這一辭來說，實可呈顯儒家自身向度而非僅有老子所說的「虛其心」之意，且看其論說脈絡與其背後的考慮向度、關懷……等。早在荀子論說「大清明」之時，早已使用「虛」一字來陳述「心」的「融受」、「乘載」等功能義，以及本來存在的狀態義，呈顯荀子自身對「虛」這一字的使用。此外，亦有著不同語辭可呈顯類似「虛其心」之相關意義，例如孟子的「養心莫善於寡欲」。持平來說，「虛」字的使用，或是某字詞使用的涵義類似「虛」時，端看該思想者是「如何使用『虛』」的意義，假設使用「虛」的意義爲有 w（抽象不可測）、x（無私）、y（容受）、z（使澄靜）……等，下次使用時也不一定以「虛這一字」來表達之，而可能直接用 w（抽象不可測）、x（無私）、y（容受）、z（使澄靜）……來直接陳述。重點是，這樣的語言使用模式本來就可以互通互換，而且在陽明思想中，本來就有他的使用方向與脈絡。若以「虛」這一字來說，則如：

---

[71]《王陽明全集》〈語錄三〉，卷三，頁103。

> 虛靈不昧，眾理具而萬事出。心外無理，心外無事。**72**

上述之「虛」，乃表示某種「抽象」之意涵；乃「形述」非具體卻存在狀態之「靈」來說。此「虛靈」，就陽明的思維系統來說，乃指「心」的抽象性感通狀態，以及從這種感通狀態點出此種「虛靈」之「存有」事實；他曾說：

> 心者身之主也，而心之虛靈明覺，即所謂本然之良知也。其虛靈明覺之良知，應感而動者謂之意；有知而後有意，無知則無意矣。知非意之體乎？意之所用，必有其物，物即事也。**73**

上述，陽明先說出「心乃身之主」，此「心」可以有兩方面意義。一是指涉「主宰義」，另一是他重視的「發端義」。主宰者，乃呈顯某種支配與決定；發端者，呈顯良知感通之自發義。上述之語，則明顯偏向後者。也就是說，陽明從「心」之自然感通發用而說心為「主」，更帶出豐富的「根源義」與「本體義」。至於所謂的「虛靈」產生的「明覺」，則是陽明所說的「良知」之「體用」內容。「良知」未開顯而純粹內存之時，則是所謂「虛靈」之存在狀態而未能顯明易見；當其發用時，則屬所謂「明覺」之開顯狀態；開顯之後，方有所謂的「（己）意」且鮮明地呈顯於對應事物。

　　此外，這種「良知」或「虛靈」所帶出的「本體或根源」這一內涵，被陽明用來指涉「此心發露」與「感通於天地」之根源與基礎（此即上述曾說的「根源義」與「本體義」），展現出他較少談論的形上關懷面

72　《王陽明全集》〈語錄一〉，卷一，頁16。
73　《王陽明全集》〈語錄二〉，卷二，頁52。

向。若總和「無」與「虛」二字，雖然被陽明用來形述此類形上範疇，但他仍試圖呈顯儒家特色：

> 先生曰：「仙家說到虛，聖人豈能虛上加得一毫實？佛氏說到無，聖人豈能無上加得一毫有？但仙家說虛，從養生上來；佛氏說無，從出離生死苦海上來，卻於本體上加卻這些子意思在，便不是他虛無的本色了，便於本體有障礙。聖人只是還他良知的本色，更不著些子意在。良知之虛，便是天之太虛；良知之無，便是太虛之無形。日月風雷山川民物，凡有貌象形色，皆在太虛無形中發用流行，未嘗作得天的障礙。聖人只是順其良知之發用，天地萬物，俱在我良知的發用流行中，何嘗又有一物超於良知之外，能作得障礙？」[74]

上述，先不深究陽明對佛、老的批評是否正確，而只觀察他對儒家「本體」的形述時，可發現陽明以「良知」來論述「感通於所有」時，道出一種「順於有無」而不執於、不落於「有無」之論說。此亦點出儒學描述「境界」或是「一體觀」時，雖有「超脫」卻不帶有任何「否定」之感，自然帶出儒者對現實的關懷。

　　上述種種乃暫時列舉出陽明對特殊語辭的使用事實，至於他以儒家本位來使用這類字、詞，造成容易被誤解的情況而被批評……之相關的釐清工作，將在第四章中談論之。

---

[74] 《王陽明全集》〈語錄三〉，卷三，頁117。

第二章　陽明的「良知」教法
　　　　與「知行合一」

　　從上章之論述可知，陽明有「自身對傳統經典、人物、思想解讀」之獨創性與特色。此章要介紹的陽明論「良知」，就實踐層面來說則爲「致良知」三字，內容採取《禮記》〈大學〉之「致知」二字，兼引孟子心學之要，一方面重新解釋「致知」之意，將所有事扣緊在道德關懷上，並強調「良知體用」這一重要觀點。另一方面，「致良知」可說是陽明開啓「心即理」教法的基礎要點，把「良知」之「純然無私」的道德發露連結於「天理」，再一次把陸象山的「心即理」之意，表達得更爲細膩。

　　此外，「致良知」三字以陽明的思維模式來說，「致」可說是「使之開顯」，而「致良知」就是「讓良知開顯發用」；這種發用，儒者將自然帶入所有的「實踐」之中。當以「良知」爲基礎來論述「實踐」或說「行」，陽明自然帶出另一項重要教法，此即「知行合一」的特殊論說。「知行合一」在陽明思維中，乃以「良知之活動」來論說「知行的自然合一」，除了呈顯所謂的「知行本體」之深意，且迥異於以往論「知行」偏向「知曉→行動」的這一涵義。

第一節　陽明的「良知體用」論述

一、「良知」與「性善」等相關內涵之聯繫

　　陽明教法中雖幾乎以「良知」二字來論說，仍偶有論及「良知良能」四字；[1]著名的「良知」之教，實源自孟子之「良知良能」而被陽明簡化爲「良知」二字來談。孟子點出人有著「不學」、「不慮」情境下之道德發露，配合「四端」來談論道德本能與道德發端，除給予「人」定位成一道德主體之外，並將「道德四端」逆推至「心之本源」、「心之所生處」而以「性」稱之，進而「道性善」試圖說明「人皆有之」。另外，宋明儒最常談論孔、孟之心性論要旨，有關於「仁」、「性善」內涵自是首要重視者，然此「仁」與「性」的內涵相當多元，又被各思想家在各種層次上來談論，因此與孔、孟所論之「原義」亦有可能產生差異（此差異並非矛盾或衝突的差異）。針對如此重要的核心概念（例如「性善」、「仁」），宋明儒者們時常以其他的儒家經典來搭配且詮釋，自然建構出相聯繫的觀念群。例如，程顥論「仁」時曾說：

　　學者須先識仁。仁者，渾然與物同體，義、禮、智、信皆仁也。識得此理，以誠敬存之而已，不須防檢，不須窮索。若心懈，則有防；心苟不懈，何防之有！理有未得，故須窮索；存久自明，安待窮索！此道與物無對，「大」不足以明之。天地之用，皆我之用。孟子言「萬物皆備于我」，須「反身而誠」，乃爲大樂。若反身未誠，則猶是二物有對，以

---

[1] 《王陽明全集》〈語錄一〉，卷一，頁34：「後儒不明聖學，不知就自己心地良知良能上體認擴充……。」又〈語錄二〉，卷二，頁54：「良知良能，愚夫愚婦與聖人同。但惟聖人能致其良知，而愚夫愚婦不能致，此聖愚之所由分也。節目時變，聖人夫豈不知？但不專以此爲學。」

己合彼，終未有之，又安得樂！〈訂頑〉意思，乃備言此體，以此意存之，更有何事。「必有事焉而勿正，心勿忘，勿助長」，未嘗致纖毫之力，此其存之之道。若存得，便合有得。蓋良知良能，元不喪失。以昔日習心未除，卻須存習此心，久則可奪舊習。此理至約，惟患不能守。既能體之而樂，亦不患不能守也。[2]

上述，一「仁」字自然扣緊所有德行意涵，若從境界意涵來說，則無需所謂的「防檢」、「窮索」之舉。且程顥把此「仁」之境界義延伸至「理」、「道」、「天地」而展現出「同體」觀，表達出儒家模式的境界與關懷面向，且穿插張載所論之「訂頑」，[3]兼援孟子「萬物皆備於我」、「良知良能」、「必有事焉」加以補述。如此呈顯了「一個仁字」「可兼論多概念」，又可「整體性地表述諸概念」而相互詮釋進而相融為一整體。此種論說模式在宋明儒中時常出現，例如程頤曾說：

> 中也者，所以狀性之體段……。「喜怒哀樂未發謂之中。」赤子之心，發而未遠于中，若便謂之中，是不識大本也……。聖人之學，以中為大本……。中者，無過不及之謂也。何所準則而知過不及乎？求之此心而已。此心之動，出入無時，何從而守之乎？求之於喜怒哀樂未發之際而已。當是時也，此心即赤子之心，即天地之心……。此心所發，純是義理，與天下之所同然……。凡言心者，指已發而言，此固未當。心一也，有指體而言者，有指用而言者，為觀其所見如何爾。大抵論愈精微，言愈易差。所謂傳言者失指，及反覆觀之，雖曰有差，亦不可大

---

[2] 《河南程氏遺書》《二程集》，卷第二上，（北京：中華書局，2011年第6刷），頁16-17。

[3] 〈訂頑〉為〈乾稱篇〉之部分文句；可參見《張載集》〈正蒙·乾稱篇第十七〉，（臺北縣土城市：頂淵，2004年3月初版1刷），頁62。

意。又如前論「中即性也」，已是分爲二，不若謂之性中……。**4**

上述乃著名的伊川與呂大臨談論「中」之涵義，其中涉及前儒多項概念，如兼談「大本」、「赤子之心」、「天地之心」、「義理」、「性」，呈顯出程頤交叉體會之後的論述模式。著名學者如朱熹、陸象山、陽明……等人論述某一重要概念時，基本上都有這種諸概念相疊且相互解釋的現象。就陽明來說，曾以「性善內存」的方式來說「良知」是「心之本體」：

　　良知者，心之本體，即前所謂恆照者也。心之本體，無起無不起，雖妄念之發，而良知未嘗不在，但人不知存，則有時而或放耳；雖昏塞之極，而良知未嘗不明，但人不知察，則有時而或蔽耳，雖有時而或放，其體實未嘗不在也，存之而已耳；雖有時而或蔽，其體實未嘗不明也，察之而已耳。若謂良知亦有起處，則是有時而不在也，非其本體之謂矣。**5**

上述陽明以「良知」來說明「心之本體」之「恆存」，猶如孟子之「性善」義，並補充解釋「妄念發」之時，「良知未嘗不在」只是「人不知存」。此外，若延伸更多相關概念，「良知」除了帶出孟子思想之外，在陽明論說的中又可成為「性善」、「本心」、「性」、「本體」、「中」……之同義詞，例如：

　　性無不善，故知無不良，良知即是未發之中，即是廓然大公，寂然不動之本體，人人之所同具者也。但不能不昏蔽於物欲，故須學以去其昏

4　《河南程氏文集》《二程集》〈與呂大臨論中書〉，卷第九，頁606-609。
5　《王陽明全集》〈語錄二〉，卷二，頁67。

蔽，然於良知之本體，初不能有加損於毫末也。知無不良，而中寂大公未能全者，是昏蔽之未盡去，而存之未純耳。體即良知之體，用即良知之用，寧復有超然於體用之外者乎？[6]

上述的諸多內涵，可明顯發覺陽明動輒提出「體」或是「本體」。這有兩方面意思，一是形述「良知」的「本然狀態」；另一是強調「良知」的「不動之內存」，也就是孟子「性善內存」這一涵義，此回扣孟子曾說的：

　　廣土眾民，君子欲之，所樂不存焉。中天下而立，定四海之民，君子樂之，所性不存焉。君子所性，雖大行不加焉，雖窮居不損焉，分定故也。君子所性，仁義禮智根於心。《孟子》〈盡心上21〉

但宋明儒者對於此種「性善內存」的涵義討論，多不侷限於「孟子自身」的用辭而已，時常聯繫更多元的涵義。在之前引述伊川與呂大臨論「中」即可見之，至於陽明也曾使用較高層次的形述語來論述：

　　人心本體原是明瑩無滯的，原是個未發之中……。[7]

上述可知，陽明不限於僅用孟子的「性善」來論述「心之本體」（良知），他導入《禮記》〈中庸〉的「未發之中」而兼以「明瑩無滯」來形述此本體自身之純然狀態，在此狀態則暫時撤開了「善惡判準」或是「善惡形述」，明顯表達本體自身是不落於有無、善惡之判準。而這種

---

[6]　《王陽明全集》〈語錄二〉，卷二，頁68。
[7]　《王陽明全集》〈語錄三〉，卷三，頁129。

「明瑩無滯」之說，除彰顯「心之本體」的純然光明之外，更顯示其中的無限定之開顯流行義。

　　據上述種種可知，陽明使用「良知」一詞內涵頗多，而相對應的詞語亦多，筆者認爲要充分理解陽明的所論述的「良知」，基本上可以用兩個方向來理解：一是弄清楚在「本源上」他是如何說的，另一是在「發用上」是如何說的。前者往往指涉境界、本然之狀態，且帶出「可以用來詮釋」或「形述」的字詞，例如上述《中庸》之「中」、「未發」，《大學》之「至善」，孟子之「性」、「本心」，孔子之「仁」……等；而後者（發用上）亦有多種形述語辭。此兩面說法甚爲複雜卻各有強調處，因此筆者暫時採取這種方法上的分類。但務必注意的是，此兩方向在陽明內部系統中仍是貫通的。

　　當陽明以一貫內涵述說「良知」時，其「良知」可爲體，可爲用；可分說，可合著說。爲體者，乃形述道德根源以及其不動之狀態，並可帶出形上層面之思維。爲用者，乃形述道德的自然發顯狀態以及自我決定之判斷，並可融入所有的實踐作爲之中。更重要的是，「爲體爲用」都回歸在「良知」這一基礎上。因此，筆者雖於此節「分別地」描述「體用」，對陽明而言是實乃「一體」而且始終是一貫的。

　　須一提的是，對「性」的論述，陽明雖然承繼、尊崇於「性善」之論，但對於「性」這一字的談論是可以接受多角度的說法，曾說：

　　問：「古人論性，各有異同，何者乃爲定論？」先生曰：「**性無定體，論亦無定體，有自本體上說者，有自發用上說者，有自源頭上說者，有自流弊處說者**。總而言知，只是一個性，但所見有淺深爾。若執定一邊，便不是了。**性之本體原是無善無惡的**，**發用上**也原是可以爲善，可以爲不善的，**其流弊**也原是一定善一定惡的。譬如眼有喜時的眼，有怒時的眼，直視就是看的眼，微視就是覷的眼。總而言之，只是這個眼，若見

得怒時眼，就說未嘗有喜的眼，見得看時眼，就說未嘗有覷的眼，皆是執定，就知是錯。孟子說性，直從<u>源頭</u>上說來，亦是說個大概如此。荀子性惡之說，是從<u>流弊</u>上說來，也未可盡說他不是，只是見得未精耳。<u>眾人則失了心之本體</u>。」問：「孟子從源頭上說性，要人用功在源頭上明徹；荀子從流弊說性，功夫只在末流上救正，便費力了。」先生曰：「然。」**8**

上述可知，陽明的思維脈絡中「性」可從多面說之，因此不認為其他「論性」模式是必然錯誤的（例如荀子之性惡）。即便陽明承認「性善」，也認為孟子是從「源頭」上來說個大概，並不是「從本體上說」。從上述引文可知此「本體上說」是一種無善惡可分、無善惡可形述、無所謂善惡之狀態……等意涵。若先小結上述且回歸陽明其他說法來合併觀看；他對「性」之形述，一方面兼採孟子對「性」之開端而從源頭上來講「善」之必然，卻也保留了對「性之本體」這一「無善無惡」所象徵的不落於思慮、不產生對立、不可一偏的純粹性狀態。此外，既然「性」已是「體」，「性」從「本體」上說並非「體中之體」的意思，而是指涉「性的本然狀態」。

　　然則，當陽明從另一方面來說「性之本然狀態」是「無善無惡」時，並不等同於告子之「性無善無不善」；他說：

告子病源從「性無善無不善」上見來。性無善無不善，雖如此說，亦無大差；但告子執定看了，**便有個無善無不善的性在內**。有善有惡又在物感上看，便有個物在外。卻做兩邊看了，便會差。無善無不善，性原是如此，悟得及時，只此一句便盡了，更無有內外之間。告子見一個性在

內，見一個物在外，便見他於性有未透徹處。**⁹**

據上述，陽明既然曾說「性之本體原是無善無惡的」，何以反對告子的「性無善無不善」？事實上，陽明是以「無善無惡」來形述「性之本然狀態」，並不是說有一個「『無善無惡』的『性』」。他說告子「執定看了」，是指告子將「性之本然狀態」與「後來之發展狀態」分割看待。因為，從感通於外物來說，分明是「有善有惡」，告子卻說「性無善無不善」，分明是把「善惡」執落在本源之外，因此陽明批評他「做兩邊看」。陽明則是以「性之貫通於內外」來說「善惡」之感通事實，且保留對「性之本源狀態」的一個「無善無惡」之純粹描述。此內涵告子未見之，因此說他「未透徹」。

　　此外，陽明認為告子的「生之謂性」並非全然錯誤，只是偏於一邊。陽明對「性」的談論雖是開放的，但同時也留意各種談論的流弊與不安之處，因此一方面說告子之說的合理處，也同時批評了告子：

　　問：「『生之謂性』，告子亦說得是，孟子如何非之？」先生曰：「固是性，但告子認得一邊去了，不曉得頭腦。若曉得頭腦，如此說亦是。孟子亦曰『形色天性也』，這也是指氣說。」又曰：「凡人信口說，任意行，皆說『此是依我心性出來。』此是所謂生之謂性，然卻要有過差。若曉得頭腦，依吾良知上說出來，行將去，便自是停當。然良知亦只是這口說，這身行，豈能外得氣，別有個去行去說？故曰：『論性不論氣，不備；論氣不論性，不明。』氣亦性也，性亦氣也，但須認得頭腦是當。」**¹⁰**

---

⁹　《王陽明全集》〈語錄三〉，卷三，頁118。
¹⁰　《王陽明全集》〈語錄三〉，卷三，頁110。

上述，陽明贊同於程子所說之「論性論氣」需兼論且不分割之。[11]「氣」於上文之涵義，乃泛指「外在而可見之」或「體驗之」的相關內涵，且扣緊「氣質之性而言」。若只從「氣」來論「性」，則只是限於一邊。因「外在」（氣）實源於吾「性」之開展，故需兼論氣、性方可完備。此外，陽明認為不能依照「外在」之行為種種與表現，來說這是「依我心性」，這過於簡化。因為，人之外在種種，且看從「良知」起，還是「形色天性」這種「氣質之性」而起。

　　若再深層論述，「性」之感通於「外」時，實與本然之性始終一貫連結而未曾斷裂，若「性」發露於「四端」而可見、可體驗之時，則如同上文，陽明亦以「氣」來稱之。這種「氣」不離於本然之性，實為吾性所開顯，卻非前引文「形色天性」這種方向了。因此「論氣」之時，須留意「氣」的涵義亦有所不同。當「氣與性」兩者一體而兼說之時，則有所謂「氣即是性」、「性即是氣」等用語述說：

　　「生之謂性」，「生」字即是「氣」字，猶言「氣即是性」也。氣即是性，「人生而靜以上不容說」，才說「氣即是性」，即已落在一邊，不是性之本原矣。孟子「性善」，是從本原上說。**然性善之端須在氣上始見得，若無氣亦無可見矣。**惻隱羞惡辭讓是非即是氣，程子謂「論性不論氣，不備；論氣不論性，不明。」亦是為學者各認一邊，只得如此說。**若如得自性明白時，氣即是性，性即是氣，原無性氣之可分也。**[12]

總括來說，陽明論「性」時，實兼採前儒「天地之性」與「氣質之性」之雙重脈絡，並同樣反對僅「以氣論性」或是執於一偏的談論。另外，對於

---

[11]　《河南程氏遺書》《二程集》，卷第六，頁81：「論性，不論氣，不備；論氣，不論性，不明。」
[12]　《王陽明全集》〈語錄二〉，卷二，頁66。

「性氣兼論」的側重雖是必要，但陽明不忘提醒「性善之端須在氣上始見得」。而且當「自性明白」時，所發露之言行以「氣」說之亦可，因此時已是「氣即是性」、「性即是氣」這種不分割的論說了。

　　總括來說，陽明談論「良知」與「性善」之相關概念時，雖曾提出所謂「無善無惡」來形述「性之本然狀態」，亦兼採「性無定體」的宏觀思維來解釋眾說。即便如此，陽明並不以「無善無惡」作為「良知」的主要描述；他一方面點出告子論性的不足之處，另一方面最為關切的，還是孟子從「源頭上說」的這種「道德本體及其開展狀態」（性善、良知）：

　　夫心主於身，性具於心，善原於性，孟子之言性善是也。善即吾之性，無形體可指，無方所可定，夫豈自為一物，可從何處得來者乎？**13**

　　君子之學，何嘗離去事為而廢論說？但其從事於事為論說者，要皆知行合一之功，正所以<u>致其本心之良知</u>……。**14**

從上述引文可知，陽明所推崇的「性善」之論，實承接孟子而來，並把「本心」與「良知」緊扣於一起。「性」雖難以「定」（確定而明確形述）之，然陽明認為從「心」與「良知」絮實體認即可。

二、「良知為體為用」之論述

　　上小節已理解陽明「良知」與孟子「性善論」之關聯，其實內在涵

---

13 《王陽明全集》〈與王純甫二〉，卷四，頁168。

14 《王陽明全集》〈語錄二〉，卷二，頁56。

義幾乎無所差別，只是陽明對此「良知本體」有著更多元的形述且反省諸多「性論」。而陽明重視「良知」之「體用」的觀點，事實上是自身對「性善及其開顯」的相關說法。若總括此小節將論述的兩方面之連貫處，則筆者以下文來先做導引：

> 無知無不知，本體原是如此。譬如日未嘗有心照物，而自無物不照。無照無不照，原是日的本體。良知本無知，今卻要有知；本無不知，今卻疑有不知，只是信不及耳！**15**

上文乃形述「良知本體」的內存與開顯狀態，並以「日照」之喻來說。「日照」則是所謂的「良知感通」狀態，此為「良知體用」的一種發露狀態之描述，此極其自然而不帶有刻意之「有心照物」。此乃陽明對「人應於外物狀態」或說「應於他者」時，所預設之「良知感通」的形述模式。而另一方面，當此「良知感通」對應於「他者」或「狀況（環境）」時，陽明隨即拉回道德關懷，以呈顯「良知感通」帶出的德性彰顯意義與工夫論述。因此，筆者於此處將分為兩小節，來談論陽明「以良知為體為用」的論述內涵。

（一）對「他者」的感通形述

此小節標題之「他者」，乃指涉外在所有人、事、物或是環境。對「良知」這一「本體」來說，如何形述清楚「本體如何感通於他者」實為重要。此種「感通」至少可分為兩方面來陳述：一是對應於外物或外境時的「開端點」究竟是何種狀態、是如何開始的？另一則是，感通後的後續

關懷面爲何？筆者認爲，前者較難陳述清楚，而後者則是儒家較常談論的道德方面之實踐與使命感。針對前者，可從陽明「未發之中」的相關論述來理解之，他曾說：

> 「未發之中」即良知也，無前後內外而渾然一體者也。有事無事，可以言動靜，而良知無分於有事無事也。<u>寂然感通，可以言動靜，而良知無分於寂然感通也。</u>動靜者所遇之時，心之本體固無分於動靜也。理無動者也，動即爲欲，循理則雖酬酢萬變而未嘗動也；從欲則雖槁心一念而未嘗靜也。動中有靜，靜中有動，又何疑乎？有事而感通，固可以言動，然而寂然者未嘗有增也。無事而寂然，固可以言靜，然而感通者未嘗有減也。動而無動，靜而無靜，又何疑乎？無前後內外而渾然一體，則至誠有息之疑，不待解矣。未發在已發之中，而已發之中未嘗別有未發者在；已發在未發之中，而未發之中未嘗別有已發者存；是未嘗無動靜，而不可以動靜分者也……。**16**

上述陽明表示「良知」的本然純粹狀態乃「未發之中」，此爲「無前後內外」的渾然一體。當我們對外界或他者做出定位、判斷時所產生的「動靜之象徵」（「動靜者所遇之時」），若追溯至「良知」這一本體來說，其實是沒有所謂的「寂然感通」或是「動靜」可言的。陽明認爲，凡有事無事、有動有靜都是落在「感通之後」方有。此類似之前曾提及程顥「人生而靜以上不容說」之論說要義，因此陽明亦以上文之「心之本體固無分於動靜也」來定位「本體」。同時陽明強調「心之本體」（良知），當我們把「良知」作爲「體」來陳述，則有其「不動」之意涵；另一方面，當此「良知」發用、散殊在萬物之理上呈顯時，則又可顯示「本體不變動」

---

16 《王陽明全集》〈語錄二〉，卷二，頁69。

之意。何以故？既然落至形下層面來述說時，雖「有事而可感」而呈顯其「動」，但就寂然之本體而言，則未嘗有增加什麼。同理，當「無事而寂然」雖呈顯出某種「靜」，但對本來的寂然之體而言，也未曾減少什麼。因此陽明的立教，在於提醒「動中有靜」、「靜中有動」且回溯本體為一基點時，並不認為以「動靜」來形述此本體是最佳的方式，據此，引文一開始的「無前後內外而渾然一體者也」則可理解了。

　　就上述的脈絡下，再來談論更難理解清楚的引文之末：「未發」亦被陽明視為「寂然之體」，而此「體」可在感通之後體認、逆推之。據此他說「未發在已發之中」，乃陳述「未發」這種「寂然之體」總恆存於感通（已發）之中；而「已發之中未嘗別有未發者在」乃形述感通狀態的「已發」恆存著原初之「未發」、「寂然之體」而自然通貫，因此說「未嘗別有」。同樣的，「已發在未發之中」乃形述所有的感通、已發，都是在「未發」這一體之流行下所概括，因此未嘗有「離於本體」的「已發」。因此「未發之中未嘗別有已發者存」則表示，若從「寂然本體」的基點來看，所謂的「已發」乃自「未發」之開顯而來，因此沒有單獨存在、離於本體的「已發」。「已發未發」所呈顯的動靜狀態，雖各有呈顯、有所不同，但事實上是一體的發用相連、是一貫到底的，因此不可落在「動靜」這種「單一形述面」來看這一整體。

　　上述諸文簡單的說，陽明乃以「體用」或說「寂然感通」的渾然同存狀態來整體說明「良知本體」，雖頗為複雜難解，其實陽明的主要述說用意僅在於二。一是，本體的狀態可展現出種種「動靜」或「寂然與感通」之狀態，但陽明強調不可從「動與靜」、「寂然與感通」這兩面向來限定、割裂此體之寂然及其感通流行。二是，本體的感通狀態若落於「有」或是「已發」來陳述時，始終恆存著本體自身，同樣不可斷裂此「體用始終俱存」而單純形述一偏。

　　此心的本體與發用，且兼論「已發未發」、「動靜」……等抽象

內涵，雖然較難清楚理解，但這種「抽象內涵」落在具體層面一併形述時，將更顯清楚，陽明又說：

> 諭及「學無靜根，感物易動，處事多悔」，即是三言，尤是近時用工之實。僕罔所知識，何足以辱賢者之問！大抵三言者，病亦相因。惟學而別求靜根，故感物而懼其易動，感物而懼其易動，是故處事而多悔也。**心，無動靜者也。其靜也者，以言其體也；其動也者，以言其用也。故君子之學，無間於動靜**。其靜也，常覺而未嘗無也，故常應；其動也，常定而未嘗有也，故常寂；常應常寂，動靜皆有事焉，是之謂集義。集義故能無祇悔，所謂動亦定，靜亦定者也。心一而已。靜，其體也，而復求靜根焉，是撓其體也；動，其用也，而懼其易動焉，是廢其用也。故求靜之心即動也，惡動之心非靜也，是之謂動亦動，靜亦動，將迎起伏，相尋於無窮矣。故循理之謂靜，從欲之謂動。欲也者，非必聲色貨利外誘也，有心之私皆欲也。故循理焉，雖酬酢萬變，皆靜也。濂溪所謂「主靜」，無欲之謂也，是謂集義者也。從欲焉，雖心齋坐忘，亦動也。告子之強制正助之謂也，是外義者也……。**17**

上述之談論，陽明把動靜、體用拉回「學」可觸及之事。一方面實切合於程顥〈定性書〉之要旨，把本體之動靜落在此「心」上說；另方面又配合孟子之「集義」來論述此「心」之體用關係。當陽明以「集義」來論述的此「心」之「起於義、合義而不動」，一方面可知曉陽明再次強調非以單方面的「動或靜」來陳述此「心」之深意，另方面可依此對應於至人倫日用，而非僅有抽象意涵了。若此「心」落於有無之欲、執於動靜之別時，即執著一邊去了，此乃文末所反省的「從欲焉，雖心齋坐忘，亦動

也。告子之強制正助之謂也，是外義者也。」

　　當然，陽明亦從另一範疇來談論良知感通，涉及形上層面的「理」
或「天道」與「萬物」之存有關係，陽明同樣都收攝在此「心」或「良
知」上來談。關於這種更抽象面之論，筆者將於第四章論述之，並且在此
書「進階篇」反省陽明談論時的通暢度。

　　若從上述的談論過渡至實際層面（道德實踐、人倫日用），筆者
認為，陽明以「未發之中」來貫徹「良知感通」的「前後」諸狀態，既
然也談到了「感通之後」，自然可緊扣於人倫日用來兼論，因此「未發
之中」非僅是純粹抽象性描述而已，也非「無法彰顯」於日用之間，反
而時時緊扣所有。也就是說，「未發之中」並不是「單純的形述『心之
不發』」而已，也非僅存在於「良知感通」之前而只能描述「本體」。
「未發之中」從人倫日用層面來說，可陳述「喜怒哀樂」這種「人情未
發」之不落於私情、不限於外物之境地，而能彰顯此「心」如「性」、
「體」之本然。因此，陽明認為在實際情境中，人能呈顯某種「未發之
中」之境地；此境地，通常涉及某種大公無私之境，也可如之前引文所
說之「心之集義不動而如本體」那樣的純然狀態。此純然之境，雖先從
「心」發出而後以實際行動來彰顯，但始終扣緊本體義（未發之中）這一
基點，也就是描述「心發用時」，未曾執於任何一偏而如「未發之中」的
那種狀態，陽明曾說：

　　正心只是誠意工夫裡面體當自家心體，常要鑑空衡平，這便是未發之
中。[18]
　　顏子不遷怒，不貳過，亦是有未發之中，始能。[19]

---

[18] 《王陽明全集》〈語錄一〉，卷一，頁38。
[19] 《王陽明全集》〈語錄一〉，卷一，頁35。

誠意只是循天理。雖是循天理，亦著不得一分意，故有所忿懥好樂則不得其正，須是廓然大公，方是心之本體。知此即知未發之中。[20]

如明鏡然，全體瑩徹，略無纖塵染著……。須是平時好色、好利、好名等項一應私心掃除蕩滌，無復纖毫留滯，而此心全體廓然，純是天理，方可謂之喜怒哀樂未發之中，方是天下之大本。[21]

總括上述引文，可說「未發之中」是一種「良知狀態」，而且陽明不是去論說此狀態究竟是良知的「開顯發用」還是「本體寂然」，而是強調這只是自自然然地彰顯了：此心如鏡，應於天理，不沾於事物，不動於意。雖內涵某種高超境界，卻也可落實於現實（例如上述之顏子），也非槁木死灰。

（二）工夫意涵的良知體用

上小節以談論出「良知感通」與「未發之中」的相聯合意，可略知陽明雖曾以崇高之境界義來陳述，卻可不離於與人倫日用、實際實踐。若從此境界下放至一般事物時，陽明常以「良知」為體、為用的方式做為陳述主軸，而不動輒提及「未發之中」這種較難被理解清楚的內涵了，他曾明白地說：

若鄙人所謂致知格物者，致吾心之良知於事事物物也；吾心之良知，即所謂天理也。[22]

---

[20]　《王陽明全集》〈語錄一〉，卷一，頁32。

[21]　《王陽明全集》〈語錄一〉，卷一，頁25。

[22]　《王陽明全集》〈語錄二〉，卷二，頁49。

據此可知，在人倫日用、學習知識或實踐時，陽明把「致良知」亦視爲首要，且動輒與「天理」相連，此乃「良知」發動之後配合工夫意涵與實踐的體用兼論之說，且與《禮記》〈大學〉的「致知」之意大不相同；此小節分述如下。

1.「致」之意

　　若將陽明「致知之教」簡化的說，並非《禮記》〈大學〉所強調知識性層面的掌握與窮究，而實如孟子「由仁義行」之意。陽明認同的道德實踐，必然起於良知、也應起於良知、也自然發於良知，才是他認可的（實踐）意義，且貫串於他強調的「良知天理」於人倫日用之間。據此而言，「致良知」的「致」，包含了「如何起」、「如何完成」以及這首尾兩段的整個過程。「如何使良知起」對陽明來說可對峙兩方面；一是空有實踐而內心不著實（良知），另一是把「實踐」的基礎偏向對「知識」的探詢與追求。據此，他開啓的「致良知」教法，一定程度的扣緊「尊德性」來述說所有事，以陽明的話語來說則如：

　　良知良能，愚夫愚婦與聖人同。但惟聖人能致其良知，而愚夫愚婦不能致，此聖愚之所由分也。節目時變，聖人夫豈不知？但不專以此爲學。[23]

上述明顯點出人人皆有此「良知」，且這種道德內在之「致」爲關鍵處，此乃聖愚之所以分者。另外，關於「節目時變」這種變動性的應對或知識範疇上的理解，陽明認爲這些不是所「學」之重點，因他強調的總是：

---

[23] 《王陽明全集》〈語錄二〉，卷二，頁54。

「隨物而格」，是「致知」之功……。[24]

昏闇之士，果能隨事隨物精察此心之天理，以致其本然之良知，則雖愚必明，雖柔必強……。[25]

上述可知，陽明將所有事皆扣緊「致良知」來說，並依此等同於「此心之天裡」來說明「良知開顯」後的「如理」之狀態，認為這是人人皆可達到的狀態。依此方向的逐步累積，孟子所謂的「盡性知天」之崇高義，實不外乎這種「心如理」的穩定與持續；他說：

至於「盡性知天」，亦不過致吾心之良知而已……。[26]

上述乃陽明述說「致良知」之重要指標，從基礎開始至最終目的都連結於此心、此良知之致與落實……等方面來說。因此一般人較容易陷入的「知識性」或「知曉明白」的這種「知」，當然非陽明的關切重點，也不是陽明認同意義下的「致知」了，他曾說：

知如何而為溫凊之節，知如何而為奉養之宜者，所謂「知」也，而未可謂之「致知」。必致其知如何為溫凊之節者之知，而實以之溫凊，致其知如何為奉養之宜者之知，而實以之奉養，然後謂之「致知」。[27]

上述可知陽明認同的「致知」並非知曉道理而已，而是導出紮實、確實的實踐出來之前的那種「心」才是「致知」，這才成為陽明認可下、有意義

---

[24] 《王陽明全集》〈語錄二〉，卷二，頁73。
[25] 《王陽明全集》〈語錄二〉，卷二，頁52。
[26] 《王陽明全集》〈語錄二〉，卷二，頁51。
[27] 《王陽明全集》〈語錄二〉，卷二，頁53。

的「知」。據此可知，陽明並非空談且唱高調，他總是扣緊在人倫日用來說。此外，他也曾提醒友人在紮實境遇中的工夫方顯眞實：

> 人在仕途，比之退處山林時，其工夫之難十倍，非得良友時時警發砥礪，則其平日之所志向，鮮有不潛移默奪，馳然日就於頹靡者。近與誠甫言，在京師相與者少，二君必須預先相約定，彼此但見微有動氣處，即須提起致良知話頭，互相規切。凡人言語正到快意時，便截然能忍默得；意氣正到發揚時，便翕然能收斂得；憤怒嗜欲正到勝沸時，便廓然能消化得；此非天下之大勇者不能也。然見得良知親切時，其工夫又自不難。緣此數病，良知之所本無，只因良知昏昧蔽塞而後有，若良知一提醒時，即如白日一出，而魑魅自消矣。《中庸》謂「知恥近乎勇」；所謂知恥，只是恥其不能致得自己良知耳。今人多以言語不能屈服得人爲恥，意氣不能陵軋得人爲恥，憤怒嗜欲不能直意任情得爲恥，殊不知此數病者，皆是蔽塞自己良知之事，正君子之所宜深恥者。今乃反以不能蔽塞自己良知爲恥，正是恥非其所當恥，而不知恥其所當恥也。可不大哀乎！諸君皆平日所知厚者，區區之心，愛莫爲助，只願諸君都做個古之大臣。古之所謂大臣者，更不稱他有甚知謀才略，只是一個斷斷無他技，休休如有容而已。諸君知謀才略，自是超然出於眾人之上，所未能自信者，只是未能致得自己良知，未全得斷斷休休體段耳。今天下事勢，如沈疴積痿，所望以起死回生者，實有在於諸君子。若自己病痛未能除得，何以能療得天下之病！此區區一念之誠，所以不能不爲諸君一竭盡者也。諸君每相見時，幸默以此意相規切之，須是克去己私，眞能以天地萬物爲一體，實康濟得天下，挽回三代之治，方是不負如此聖明之君，方能報得如此知遇，不枉了因此一大事來出世一遭也。病臥山林，只好修藥餌苟延喘息。但於諸君出

處，亦有痛癢相關者，不覺縷縷至此。幸亮此情也！**28**

上述可知，陽明的「致良知」之說，主要是導引良知之開顯而後自然落實之；既然一切關鍵在於此「良知」上，其良知工夫意涵則顯得頗爲「易簡」了，這種「易簡」與他的多項教法相互緊連。關於此內涵的補充，則於下小節談論。

2.「致良知」的貫串──「易簡」模式

此標題之「易簡」之說，實以「良知」貫串於日用，亦涉及「本心」之意；先舉陽明所說的：

> 本心之用，皎如白日，無有有過而不自知者，但患不能改耳。一念改過，當時即得本心。人孰無過？改之爲貴……。**29**

上述之文，既然良知內在，故能知曉自身之過進而改之；此看似容易，但是在所有實踐中來自省時，則實屬「不易」也。此方向如同陸象山的立教模式，陽明立教全亦在「此心」上說，自然簡單而易明瞭。陸、王兩人的問學宗旨實如孟子所說：「學問之道無他，求其放心而已矣。」（《孟子》〈告子上〉），但此種「易簡工夫」之所以「易簡」，是把所有工夫落聚焦在「此心」之開顯於否，自然不執著於見聞、知識這種較繁複內容的側重了，他說：

> 至於「多聞多見」，乃孔子因子張之務外好高，徒欲以多聞多見爲學，而不能求諸其心，以闕疑殆，此其言行所以不免於尤悔，而所謂見聞

---

28 《王陽明全集》〈文錄三·與黃宗賢〉，卷六，頁234。
29 《王陽明全集》〈文錄一·寄諸弟〉，卷四，頁185。

者，適以資其務外好高而已。蓋所以救子張多聞多見之病，而非以是教之爲學也。夫子嘗曰：「蓋有不知而作之者，我無是也」，是猶孟子：「是非之心，人皆有之」之義也。此言正所以明德性之良知，非由於聞見耳。若曰「多聞擇其善者而從之，多見而識之」，則是專求諸見聞之末，而已落在第二義矣，故曰「知之次也」。夫以見聞之知爲次，則所謂知之上者果安所指乎？是可以窺聖門致知用力之地矣。夫子謂子貢曰：「賜也，汝以予爲多學而識之者歟？非也，予一以貫之。」使誠在於多學而識，則夫子胡乃謬爲是說以欺子貢者邪？「一以貫之」，非致其良知而何？**30**

其實陽明的說法也其來有自，除了點出孔子教化的內在核心——「此心」之外，也自然地將孔、孟論「心」之精要處連結起來。除了上述「一以貫之」連結於「良知」來談論，孟子論「不動心」所談的「集義」，都同樣被陽明「一以貫之」在他的「良知」體系之下；他說：

夫必有事焉，只是集義，集義只是致良知。說集義則一時未見頭腦，說致良知即當下便有實地步可用工。故區區專說致良知，隨時就事上致其良知，便是格物；著實去致良知，便是誠意；著實致其良知而無一毫意必固我，便是正心；著實致良知則自無忘之病；無一毫意必固我則自無助之病；故說格致誠正則不必更說個忘助。**31**

當然，陽明這種「易簡」說法，也不是沒有被質疑過；例如顧東橋針對此

---

30 《王陽明全集》〈語錄二〉，卷二，頁55-56。
31 《王陽明全集》〈語錄二〉，卷二，頁91。

類簡潔說法易產生的疑慮而說：「恐立說太高、用功太捷⋯⋯。」[32]陽明則說明此「易簡」內涵，其實是有著「非常紮實之累積」來回應之：

　　區區「格、致、誠、正」之說，是就學者本心日用事為間，體究踐履，實地用功，<u>是多少次第、多少積累在</u>，正與空虛頓悟之說相反。[33]

上述可知，陽明的「易簡」只是心要，「紮實的累積」才是真工夫，符合其「良知」乃「百死千難中得來」之深意。而同樣「易簡工夫」的陸象山也曾說：

　　<u>無所發明為學端緒，乃是第一步</u>。所謂升高自下，陟遐自邇，卻不知他指何處為千里。若以為今日捨私小，而就廣大為千里，非也。<u>此只可謂第一步，不可遽謂千里</u>。[34]

據此而言，工夫上「易簡」應無疑慮，這只是一種「說法上」或「方法上」呈現出的自然「易簡」，而且陸、王皆對此種「易簡」易造成的疑慮做出補充。若論及更細膩處，陽明將更這種「易簡」內涵，談論到內心之修養層面且專注於此；一旦如此，又有何事？陽明說：

　　夫正心誠意、致知格物，皆所以修身而格物者，其所用力，日可見之地。故格物者，格其心之物也，格其意之物也，格其知之物也；正心者，正其物之心也；誠意者，誠其物之意也；致知者，致其物之知也：此

---

[32] 《王陽明全集》〈語錄二〉，卷二，頁45。
[33] 《王陽明全集》〈語錄二〉，卷二，頁45。
[34] 《陸象山全集》〈語錄〉，卷三十四，頁258。

豈有內外彼此之分哉！理一而已。以其理之凝聚而言，則謂之性；以其凝聚之主宰而言，則謂之心；以其主宰之發動而言，則謂之意；以其發動之明覺而言，則謂之知；以其明覺之感應而言，則謂之物。故就物而言謂之格；就知而言謂之致；就意而言謂之誠；就心而言謂之正：正者，正此也；誠者，誠此也；致者，致此也；格者，格此也。皆所謂窮理以盡性也。**35**

上述之內涵若能紮實窮究而修之，外在自然呈顯某種「易簡」了。也就是說，「易簡」的核心內涵是專在「此心」做工夫；此心皆得「誠」、「正」而「如理」、「盡性」之後，又有何事？此境界頗有明道所說：「不須防檢，不須窮索。若心懈，則有防；心苟不懈，何防之有！」之風範。

　　總括來說，陽明的「易簡」之說，主要是針對「良知」發起而落實「良知」之活動，依此前提貫徹一切，其實不難理解。此教法散殊在他的談論中，雖然迥異於程、朱風格，然實取自孟子路線而加以延伸且強調而已。於此，茲以下述兩引文來做總要性的「良知貫串」的「易簡」內涵：

　　良知不由見聞而有，而見聞莫非良知之用，故良知不滯於見聞，而亦不離於見聞。孔子云：「吾有知乎哉？無知也。」良知之外，別無知矣。故「致良知」是學問大頭腦，是聖人教人第一義。**36**
　　必欲此心純乎天理，而無一毫人欲之私，此作聖之功也。必欲此心純乎天理，而無一毫人欲之私，非防於未萌之先，而克於方萌之際不

---

35 《王陽明全集》〈語錄二〉，卷二，頁83。
36 《王陽明全集》〈語錄二〉，卷二，頁77。

能也。防於未萌之先，而克於方萌之際，**此正《中庸》「戒慎恐懼」、**
《大學》「致知格物」之功，舍此之外，無別功矣。[37]

上述兩引文之說雖「易簡」，然紮實地落實卻頗「難」。第一引文明白陳
述所有的實踐都將是「良知的活動」；良知並非依靠於見聞而有，然見聞
時卻可以是一種「良知的活動」。例如：讀經典不一定可以開顯良知，但
我們卻可從良知開顯下所產生的尊重與恭敬之心來「讀經典」。因此所有
事，陽明皆以良知為核心來貫串，自然所有事物之應對、落實時，皆落
入道德層次了。這樣的態度，無怪乎陽明凡事必提「致良知」，更說這
是「聖人教人第一義」，自然弱化「見聞」的重要了。當有此（道德、
良知）主旨為首要關切後，第二引文之「舍此之外，無別功矣。」亦可
自然理解，且引文中亦可見陽明針對此「心」所做之工夫，還包含了更
細微之（私）念之修正，防範此「私念」之具體化。至於引文的「存乎
天理」，實從「心」上來說，亦從無私之大公心來說，自然連結於「良
知」之開顯與否。

　　最後，若對應於現實，且對峙於「執於見聞之知」的可能疏漏，則不
可不提陽明另一項教法──「知行合一」；據此以下引文過渡至下節：

　　但其從事於事為論說者，要皆知行合一之功，正所以致其本心之良
知；而非若世之徒事口耳談說以為知者，分知行為兩事，而果有節目先後
之可言也。[38]

上述可知，凡涉及「認知」與「實踐」之操作，陽明皆導回本有之「良

---

[37] 《王陽明全集》〈語錄二〉，卷二，頁72。
[38] 《王陽明全集》〈語錄二〉，卷二，頁56-57。

知」這一項重點來談。這種重視方向與相關反省，開啓陽明一項重要的針
對性提醒與對峙上之教法——「知行合一」，將於下節詳談。

第二節　陽明認同的「知行」及其深意

　　「知行」問題，在陽明的談論中有著自身特色，且不離於儒者關乎「實踐」這一要點。從上一節的歸結，可知陽明把「良知體用」用來陳述儒者最直接關心的「道德實踐」時，已透露陽明論述「實踐」必然扣緊「良知之發」，此猶如孟子所說之「由仁義行，非行仁義。」（《孟子》〈離婁下19〉）。依照陽明的用語來說，此「道德實踐」內涵脫離不了「致良知」，也是一種「本體與工夫」的自然併用來扣緊所有的實踐，此乃陽明論「知行」的一項精簡描述。他於正德四年（陽明38歲，詳見第一章）時「始論知行合一」，此教法乃龍場「始悟格物致知」之後一年，實扣緊「良知之發」、「致良知」的「實踐內涵之諸談論」。這種「合一之教」，相較陽明之前的談論來說頗為創新，因此弟子們多有未熟稔或透徹此意者；例如徐愛曾與宗賢、惟賢「往復辯論未能決，以問於先生。」[39]其實，此「知行合一」事實上扣緊於「良知本體與發用」之要義，即：

　　又問：「靜坐用功，頗覺此心收斂，遇事又斷了。旋起個念頭，去事上省察。事過又尋舊功，還覺有內外，打不作一片。」先生曰：「此格物之說未透。心何嘗有內外？即如惟濬，今在此講論，又豈有一心在內照管？這聽講說時專敬，即是那靜坐時心，功夫一貫，何須更起念頭，人須在事上磨煉做功夫，乃有益。若只好靜，遇事便亂，終無長進。那靜時功夫，亦差似收斂，而實放溺也。」後在洪都，復與於中、國裳論內外之說。渠皆云：「物自有內外，但要內外並著功夫，不可有間耳！」以質

39 《王陽明全集》〈語錄一〉，卷一，頁4。

先生，曰：「**功夫不離本體；本體原無內外。**只爲後來做功夫的分了內外，失其本體了。如今正要講明功夫不要有內外，乃是本體功夫。」是日俱有省。**40**

上述之「本體」，乃指稱良知本體，陽明認爲所有實踐與工夫皆從「良知」這一根源而來，因此不需要區分內外。既點出實踐內涵重點乃「工夫不離本體」，因此，一道德實踐必然涉及的「認知」到「行動」，將被陽明化約爲「良知起」到「實際行動」，這是一種從「良知的活動」來論述的「知行」。

　　另一方面，陽明之所以關切「知行」的深意，實因當時許多人無法理解「眞正的知行」（或說「陽明認爲有意義的知行」），因此不斷提醒弟子們應如何正確理解、貫徹此「知行」，除了當面的問答之外，於書信中亦可見之：

　　致知之說，向與惟浚及崇一諸友極論於江西，近日楊仕鳴來過，亦嘗一及，頗爲詳悉。今原忠、宗賢二君復往，諸君更相與細心體究一番，當無餘蘊矣。孟子云：「是非之心，知也。」「是非之心，人皆有之。」即所謂良知也。孰無是良知乎？但不能致之耳。《易》謂「知至，至之。」知至者，知也；至之者，致知也。此知行之所以一也。近世格物致知之說，只一知字尚未有下落，若致字工夫，全不曾道著矣。此知行之所以二也。**41**

上述，提點「致」之工夫需從「心」上說，乃陽明「致知」之教的特色

40 《王陽明全集》〈語錄三〉，卷三，頁101。
41 《王陽明全集》〈文錄二‧與陸原靜二〉，卷五，頁202。

所在。他將「致知」解爲「致良知」且融於孟子所述之「是非之心」、
「良知」之道德發端義時，一般人談論「知」若偏向「知識意義」，明
顯不爲陽明所滿意。[42]陽明認爲，若執於「知識義或認知義」，將易導致
「致知」與道德內涵相離，進而將「知與行」視爲「二」（兩件事）而割
裂了。此外，又如：

> 知行原是兩個字說一個工夫，這一個工夫須著此兩個字，方說得完
> 全無弊病。若頭腦處見得分明，見得原是一個頭腦，則雖把知行分作兩個
> 說，畢竟將來做那一個工夫，則始或未便融會，終所謂百慮而一致矣。若
> 頭腦見得不分明，原看做兩個了，則雖把知行合作一個說，亦恐終未有湊
> 泊處，況又分作兩截去做，則是從頭至尾更沒討下落處也。[43]
>
> 知者行之始，行者知之成：聖學只一個功夫，知行不可分作兩事。[44]

據上諸文可知陽明對「知行合一」的堅持與重視了；簡單來說，「知
行」是同一件事，是同一個實踐內涵的貫串而已。而陽明的說法頗多，於
此節中分爲兩方面來陳述，一是將「知行合一」的內涵清楚呈現，二是把
「知行合一」的細部內容作一詳細陳述。至於「知行合一」更深層的相
關反省，例如陽明與朱熹論「知行」的對比，以及「一念發動處便即是
行」是否有其他疑慮的相關談論，將於此書之「進階篇」中呈顯之。

---

[42] 當然，孟子的談論中，「良知良能」實各有所指，但陽明明顯融通爲一。若初步細究，孟子之「良能」乃指仁
（端），「良知」爲義（端），然就孟子自身思維來說，「仁義」本自內在於性而發之於心，因此陽明刻意融
通爲一亦未嘗不可。

[43] 《王陽明全集》〈文錄三·答友人問〉，卷六，頁223。

[44] 《王陽明全集》〈語錄一〉，卷一，頁14。

一、「知行合一」的論說模式

就陽明而言，「知行」是同一件事，而且無法分割之。對比於前儒，陽明論述「知行」絕非是一種「知曉」至「實踐」的「分段說明」，而是一種「道德心開顯」至「道德實踐」的自然合一。當有此種側重，且回歸第一章曾敘述的「對峙性」與「有意義之X」之考量之下，陽明決不贊成「分離知行」的談論模式，甚至點出「『知行』分開來說」的流弊。

（一）「實踐」時的原初關鍵

首先得提的是，陽明「知行合一」說法，並不是全然否認所謂的「認知」或是「知識」，「知行合一」是「對峙考量」所產生的整合性說法，但也因為陽明說得頗合理、頗徹底，因此也不能說「知行合一」的說法「『僅有』對峙之用意」而已。他主要的問題意識是，一項道德實踐之所以「實踐」與否，其原初不在於「你是否『理解』這個知識或是道理」，而是在於「你有沒有那個『發心』」陽明重視的始終是，道德實踐的原初關鍵是什麼？此關切則類似孟子所說的：

> 拱把之桐梓，人苟欲生之，皆知所以養之者。至於身，而不知所以養之者。豈愛身不若桐梓哉？弗思甚也！《孟子》〈告子上13〉

據此來說，我們若有那種關切（內心），就會自然地去認真思維且落實於我們所關切的事物；用陽明的說法則是，若有那種「發端」，實踐時（或之前）將自然會去尋找的相關的認知性內涵，且同時剝損多餘的認知性之探究，他曾針對弟子重視於「知識道理」時提醒說：

　　愛曰：「如事父之孝，事君之忠，交友之信，治民之仁，其間有許多理在，恐亦不可不察。」先生歎曰：「此說之蔽久矣，豈一語所能悟？今姑就所問者言之：且如事父，不成去父上求個孝的理？事君，不成去君求個忠的理？交友治民，不成去友上、民上求個信與仁的理？都只在此心，心即理也。此心無私欲之蔽，即是天理，不須外面添一分。以此純乎天理之心，發之事父便是孝，發之事君便是忠，發之交友治民便是信與仁。只在此心去人欲、存天理上用功便是。」愛曰：「聞先生如此說，愛已覺有省悟處。但舊說纏於胸中，尚有未脫然者。如事父一事，其間溫清定省之類有許多節目，不知亦須請求否？」先生曰：「如何不請求？只是有個頭腦，只就此心去人欲、存天理上請求。就如講求冬溫，也只是要盡此心之孝，恐怕有一毫人欲間雜；講求夏清，也只是要盡此心之孝，恐怕有一毫人欲間雜；只是請求得此心。此心若無人欲，純是天理，是個誠於孝親的心，冬時自然思量父母的寒，便自要去求個溫的道理；夏時自然思量父母的熱，便自要去求個清的道理。這都是那誠孝的心發出來的條件。卻是須有這誠孝的心，然後有這條件發出來。譬之樹木，這誠孝的心便是根，許多條件便是枝葉，須先有根然後有枝葉，不是先尋了枝葉然後去種根。**45**

　　上述，徐愛所說的「舊說」，乃指涉程朱「分論知行」而強調「知行併進」之路線；當然，程朱路線的談論並非「錯誤」，只是從陽明立場來談時，他最關切總是道德實踐（行）的「發動根源」為何？這當然是「良知」、「本心」之相關內涵。至於發動後所面臨的情境，也將因為我們是起於「良知」、「本心」而自然去找尋方法、自然去學習而兼顧應有的知識。因此，陽明即便回答知識性的「節目」是「如何不請求」時，還是馬

---

45 《王陽明全集》〈語錄一〉，卷一，頁2-3。

上回扣於「存天理、去人欲」這一恆存的工夫來「請求」之。若以日常生活為例，則可以是：

　　A問：「尊敬老師有很多方法，難道不必學嗎？」B答：「重點是你有沒有尊敬老師的這個『發心』，至於『方法』當然要重視，但追求『方法』的時候，也是因為先有尊敬老師這個『發心』之後，再來誠懇學習種種『方法』吧？而不是去學了很多『方法』才來『發心』吧？」

上例應可知曉陽明的談論重點了。據此來說，整個「良知開顯」是貫徹於整個實踐活動中，「實踐過程」中的「知與行」，對陽明來說當然以「良知」為首要前提了。若有人明明很有「知識」卻「不實踐（道德）」又當如何說？對陽明而言當然很好回答，他說：

　　此已被私欲隔斷，不是知行的本體了。未有知而不行者；知而不行，只是未知。聖賢教人知行，正是安復那本體，不是著你只恁的便罷……。；知是行之始，行是知之成。若會得時，只說一個知已自有行在，只說一個行已自有知在。古人所以既說一個知又說一個行者，只為世間有一種人，懵懵懂懂的任意去做，全不解思維省察，也只是個冥行妄作，所以必說個知，方才行得是；又有一種人，茫茫蕩蕩懸空去思索，全不肯著實躬行，也只是個揣摸影響，所以必說一個行，方才知得真。此是古人不得已補偏救弊的說話……。**46**

陽明認為，若「真有」那個「心」，當然會去做。不做的話，是因為某種私欲使然，這樣就屬「良知未（真正的）起」。從陽明的嚴格標準來

說，「良知發起」卻被蒙蔽，從意義上來說仍是「不夠（強烈或徹底）的」。因此從陽明的「知行觀」來看，是從來沒有人會「知曉」而不去「實踐」的，因爲陽明的「知曉」是「良知發起」的意義下貫通於「知曉」，怎能想像「有良知起、也知曉方法」的人卻不去實踐的？唯一的解答，就是他根本「沒有從良知起」，或是起於良知後即被自我私欲蒙蔽，而這在「陽明認可的意義上」根本不能算是「良知起」，因此陽明說「知而不行，只是未知。」則可理解了。順此把「知」扣緊於「良知」來說的時候，上文「只說一個知已自有行在，只說一個行已自有知在。」也不難理解了。而此「良知」就是「知行」的原初關鍵，若有學者不從此意義來論「知行」，陽明當然認爲有疑慮了。

（二）「知行合一」與「心、理關係」

上小節可知，「良知」實乃原初關鍵處，若不強調，許多人將以爲「知識」與「實踐」是兩種事情。據此，陽明把「知行」兩者說成不可分離的同一件事，他說：

知之眞切篤實處，即是行；行之明覺精察處，即是知，知行工夫本不可離。只爲後世學者分作兩截用功，失卻知行本體，故有合一併進之說。「眞知即所以爲行，不行不足謂之知」，即如來書所云「知食乃食」等說可見，前已略言之矣。<u>此雖吃緊救弊而發，然知行之體本來如是</u>，非以己意抑揚其間，姑爲是說以苟一時之效者也。「專求本心，遂遺物理」，此蓋失其本心者也。夫物理不外於吾心，外吾心而求物理，無物理矣；遺物理而求吾心，吾心又何物邪？心之體，性也；性即理也。故有孝親之心，即有孝之理，無孝親之心，即無孝之理矣。有忠君之心，即有忠之理，無忠君之心，即無忠之理矣。理豈外於吾心邪？晦庵謂：「人之

所以為學者，心與理而已。」心雖主乎一身，而實管乎天下之理，理雖散在萬事，而實不外乎一人之心。是其一分一合之間，而未免已啓學者心理為二之弊。此後世所以有專求本心，遂遺物理之患，正由不知心即理耳。夫外心以求物理，是以有暗而不達之處；此告子「義外」之說，孟子所以謂之不知義也。心，一而已。以其全體側怛而言謂之仁，以其得宜而言謂之義，以其條理而言謂之理；不可外心以求仁，不可外心以求義，獨可外心以求理乎？外心以求理，此知行之所以二也。求理於吾心，此聖門知行合一之教，吾子又何疑乎？**47**

上述可知，一般人認知下的「知曉」至「行動」，對陽明而言並非如此簡單。他的「知行本體」的意思有兩方面，一個是「知行本來的意思」，另一則是最重要的——「知行必含有『良知本體』」。若要細部解釋，可從陽明以「心、理關係」來談論則更顯清楚。他說，所有事情都是從「吾心」上開顯而來，尤其是道德方面的「理」，更不可能脫離此「心」來講、來實踐。因此，若集中於「知」或「理」的單一強調，已經失去「本來『心』與『理』未曾分開」的這種「合一」之狀況，而「知行關係」亦是如此。根據這樣的脈絡，陽明不但把「知行關係」與「心理關係」結合，更依此批評朱熹「人之所以為學者，心與理而已。」的說法。

　　朱熹論「知行」時，的確曾經「分開來說」，而且不若陽明那樣的強調「良知本體」，而這些內容的進一步反省將於此書「進階篇」對比之。此處先點出，陽明的批評雖然無重大錯誤，他提點所有事情皆是「良知的活動」、「心與理的契合」，但依此論朱熹為「告子義外」則過於嚴苛。朱熹之說強調「知行併進」，而在「本心」自然感通至「實

47 《王陽明全集》〈語錄二〉，卷二，頁46-47。

踐」上的一貫或合一，不像陽明那樣的徹底。且強調「格物」、「窮理」而重視「心之主宰義」，不免離陽明的「心或良知至自然實踐」稍隔有一層。

　　當然，朱熹與陽明之說各有其特色，於此處先不細膩處理雙方的立論問題與對錯問題。主要論說的要點是，陽明透過對朱熹談論的反省，凸顯他的「知行」與「心理」是同一問題，而且採取「合一」的觀點，以「良知」或「本心」這類意涵來貫串「後續之實踐而合於理」。對陽明而言，外在事物的理，均來自吾心之開顯而產生意義。當以「吾心良知」為前提時，陽明所論的道德實踐諸事，的確可通暢地呈顯要義，並對執著於「知識」之窮究者有著關鍵性之提點。論述至此，「知行合一」之深意，已可回應陽明上文所說的「此雖吃緊救弊而發，然知行之體本來如是。」

　　若說陽明的論學風格頗精簡，事實上僅是一種「理論上精簡」而已，並非表示實踐是容易的。就「知行」問題來看，陽明點出連「格物」這種「知識性」內涵也必從此心發端處（良知）來側重，因此，任何事皆不離良知起、以良知為本了。有這種「知行本體」的認知，陽明當然也不會說「這樣就夠了」，還是得逐步累積方得，他說：

　　問：「知識不長進如何？」先生曰：「為學須有本原，須從本原上用力，漸漸『盈科而進』。仙家說嬰兒，亦善譬。嬰兒在母腹時，只是純氣，有何知識？出胎後方始能啼，既而後能笑，又既而後能認識其父母兄弟，又既而後能立、能行、能持、能負，卒乃天下之事無不可能。皆是精氣日足，則筋力日強，聰明日開，不是出胎日便講求推尋得來。故須有個本原。聖人到位天地，育萬物，也只從喜怒哀樂未發之中上養來。後儒不明格物之說，見聖人天不知、無不能，便欲於初下手時講求得盡，豈有此理？」曰：「立志用功，如種樹然。方其根芽，猶未有干；及其有干，

尚未有枝；枝而後葉，葉而後花實。初種根時，只管栽培灌溉，勿作枝想，勿作葉想，勿作花想，勿作實想。懸想何益！但不忘栽培之功，怕沒有枝葉花實？」**48**

上述可知，知識學習並非不重要，但對陽明而言知識內涵都將在「本源」確立之後就自然可以去學習的，而不是先針對「知識學習」來執著之。

　　總括來說，陽明「論知行」乃緊扣「良知」與「心理合一」來說。在他的強調面上來談「知行問題」時，必從「知行本體」（良知）來反思整個實踐過程，也自然搭配著「心即理」內涵來看待「知行問題」。也因「知行問題」必然包含道德實踐問題；既然是道德實踐，怎可能脫離「此心之發端」來說、實踐時怎可能脫離此「心」呢？脫離此「心」下認知到的「知」或「理」，陽明當然認為有所不足。至於詳細的「心、理問題」，因涉及範圍更廣，故筆者將於第三章談論之。

二、「知行合一」的細部問題

　　從上節之「知行」問題來看，陽明扣緊「良知」來談論起點與落實而強調其中的「合一」，頗為精簡明瞭。但是在細部方面，陽明也承認「知行」無法「合一」的事實；他如同孟子一樣點出人人都有此「良知」（本心）之後，接下來的重點就是紮實的工夫與累積了。他首先說：

良知良能，愚夫愚婦與聖人同。但惟聖人能致其良知，而愚夫愚婦不能致，此聖愚之所由分也。[49]

上述可知，聖人乃「使良知發用」且持續之，一般人較無法維持良知之發用及其持續與擴充，這即是「聖愚之所由分」。因此，「如何持續平穩的開顯良知」，將是個重大問題。針對此問題，陽明從更細膩內涵來談論「如何落實知行」，此關聯於「心」、「念」發動的內在持續以及「克念」問題，分爲兩小節陳述如下。

（一）「內心」與「念」

陽明論「知行」雖有「對峙性」之成分，但「知行合一」乃「良知貫串於整個實踐中」，是相當完整且徹底的論說。若面對細部狀況與實際面，陽明也得面對「無法知行合一」的事實；針對此事實，陽明則關注「心上」之工夫來加以對應。此關注也自然與「心即理」教法相連（下章將詳細談論陽明的「心即理」內涵），於此先稍作提及「心、理」的連結，陽明曾提醒說：

諸君要識得我立言宗旨。我如今說個心即理是如何，只爲世人分心與理爲二故，便有許多病痛。如五伯攘夷狄，尊周室，都是一個私心，便不當理。人卻說他做得當理，只心有未純，往往悦慕其所爲，要來外面做得好看，卻與心全不相干。分心與理爲二，其流至於伯道之僞而不自知。故我說個心即理，要使知心理是一個，便來心上做工夫，不去襲義於義，便是王道之眞。此我立言宗旨。[50]

---

[49] 《王陽明全集》〈語錄二〉，卷二，頁54。
[50] 《王陽明全集》〈語錄二〉，卷二，頁72。

上述，陽明提醒「從心上做工夫」而不去「襲義」，基本上是孟子「由仁義行」這一教法，若用陽明的語言來說則是「由良知起」。至於討論細部內容時，例如有人「不從良知起」或「起於良知之後被私欲阻斷」時，又該如何？陽明則針對「念」點出他「知行觀」的「立言宗旨」這一細膩處：

> 問「知行合一」。先生曰：「**此須識我立言宗旨**。今人學問，只因知行分作兩件，故有一念發動，雖是不善，然卻未曾行，便不去禁止。我今說個知行合一，正要人曉得一念發動處，便即是行了。發動處有不善，就將這不善的念克倒了。**須要徹根徹底，不使那一念不善潛伏在胸中。此是我立言宗旨。**」**51**

上述陽明兩次提及「立言宗旨」；其中第一方向前文已經談論過，乃「不能割裂知行」之強調。另一則是，對於「不善的念」的「克倒」工作必須很徹底。這裡的「不善的念」乃泛指私欲或內心的不純正，甚至更加細微。陽明認為，「不善的念」若有，將阻斷「善」的發端與後續實踐，而且這是極可能發生的。因此，落實「知行合一」的過程並非簡單，細微的私欲、惡念……等，陽明認為都得盡力克除之。更易理解的講法，則如：

> 教人為學，不可執一偏。初學時心猿意馬，拴縛不定，其所思慮多是人欲一邊，故且教之靜坐、息思慮。久之，俟其心意稍定，只懸空靜守，如槁木死灰，亦無用，須教他省察克治。**省察克治之功，則無時而可間**，如去盜賊，須有個掃除廓清之意。無事時，將好色、好貨、好名等私

---

51 《王陽明全集》〈語錄三〉，卷三，頁106。

逐一追究搜尋出來，定要拔去病根，永不復起，方始爲快。常如貓之捕鼠，一眼看著，一耳聽著，才有一念萌動，即與克去，斬釘截鐵，不可姑容與他方便，不可窩藏，不可放他出路，方是眞實用功，方能掃除廓清。到得無私可克，自有端拱時在……。**52**

必欲此心純乎天理，而無一毫人欲之私，此作聖之功也。必欲此心純乎天理，而無一毫人欲之私，非防於未萌之先，而克於方萌之際不能也。防於未萌之先，而克於方萌之際，此正《中庸》「戒愼恐懼」、《大學》「致知格物」之功，舍此之外，無別功矣。**53**

上述可知，陽明希望實踐時內心「純乎天理」而且「無私」。這種工作，在此私欲萌發之前就需注意，即便私欲萌發，也要在萌發之後立即加以克倒。這種事先防範、事後警惕的工作，亦符合《中庸》的「戒愼恐懼」、《大學》「致知格物」之要旨。除此之外，陽明又提醒說：

先生曰：「今爲吾所謂格物之學者，尚多流於口耳。況爲口耳之學者，能反於此乎？天理人欲，其精微必時時用力省察克治，方日漸有見。如今一說話之間，雖只講天理，不知心中倐忽之間已有其多少私欲。蓋有竊發而不知者，雖用力察之，尚不易見，況徒口講而可得盡知乎？今只管講天理來頓放著不循；講人欲來頓放著不去；豈格物致知之學？後世之學，其極至，只做得個義襲而取的工夫。」**54**

上述，陽明除了提醒「用力省察」已身之「人欲」，更強調此種私欲頗微

---

52 《王陽明全集》〈語錄一〉，卷一，頁17。
53 《王陽明全集》〈語錄二〉，卷二，頁72。
54 《王陽明全集》〈語錄一〉，卷一，頁27。

小而不易察覺之。如果外表上有實踐，卻不留意細節上的內在私欲（例如心態有問題、動機有問題），也僅僅是落入「襲義」的狀態而已。這種涉及內心層面的戒慎恐懼、用力省察，實與孟子的「必有事焉」之工夫談論相貫通，下小節詳述之。

（二）「心念」與「必有事焉、勿忘勿助」之貫通

　　陽明論述「知行過程」的細部問題從上小節陳述已漸明朗，而「知行過程」所提醒的關鍵工夫，實與孟子「必有事焉而勿正，心勿忘，勿助長。」一語相貫通。當然，陽明有自身的論說與延伸，除之前曾說的「戒慎恐懼」、「致知格物」之外，與《中庸》之「誠意」也是連貫的。有關「內心」層面、「念」的相關留意，陽明曾以「立志」來說明「一念爲善」的重要性：

　　　　我此論學是無中生有的工夫，諸公須要信得及只是立志。學者一念爲善之志，如樹之種，但勿助勿忘，只管培植將去，自然日夜滋長，生氣日完，枝葉日茂。樹初生時，便抽繁枝，亦須刊落。然後根干能大。初學時亦然。故立志貴專一。[55]

上述可知，一開始的「一念之善」與「立志」頗爲重要，有此基礎方能有明確之方向，而後續的「培植」工夫也相當重要，據此陽明引孟子之「必有事焉」與「勿忘勿助」來說明。他將「必有事焉」視爲重要工夫，視「勿忘勿助」爲「提斯警覺」之重要性輔助，且與「良知」緊密連結且時常論說：

---

[55] 《王陽明全集》〈語錄一〉，卷一，頁35-36。

在凡人爲學，終身只爲這一事，自少至老，自朝至暮，不論有事無事，只是做得這一件，所謂「必有事焉」者也。若説寧不了事，不可不加培養，卻是尚爲兩事也。<u>「必有事焉」而「勿忘勿助」，事物之來，但盡吾心之良知以應之，所謂「忠恕違道不遠」</u>矣。**56**

區區因與説我此間講學，卻只説個「必有事焉」，不説「勿忘勿助」。必有事焉者，只是時時去集義。若時時去用必有事的工夫，而或有時間斷，此便是忘了，即須勿忘。時時去用必有事的工夫，而或有時欲速求效，此便是助了，即須勿助。<u>其工夫全在必有事焉上用，勿忘勿助只就其間提撕警覺而已。</u>若是工夫原不間斷，即不須更説勿忘；原不欲速求效，即不須更説勿助。此其工夫何等明白簡易，何等灑脱自在！今卻不去必有事上用工，而乃懸空守著一個勿忘勿助，此正如燒鍋煮飯，鍋內不曾清水下米，而乃專去添柴放火，不知畢竟煮出個什麼物來。吾恐火候未及調停，而鍋已先破裂矣。近日一種專在勿忘勿助上用工者，其病正是如此。終日懸空去做個勿忘，又懸空去做個勿助，渀渀蕩蕩，全無實落下手處；究竟工夫只做得個沉空守寂，學成一個癡騃漢，才遇些子事來，即便牽滯紛擾，不復能經綸宰制。此皆有志之士，而乃使之勞苦纏縛，擔閣一生，皆由學術誤人之故，甚可憫矣！<u>夫必有事焉，只是集義。集義只是致良知。</u>**57**

上述兩引文，不論是強調「必有事焉」與「集義」且緊扣「良知」來説，或是細部提醒「勿忘勿助」這種「提斯警覺」的自然省察，可知曉這工夫在所有實踐歷程中頗爲實用。若徹底地説，不論是A──「集義」還是B──「勿忘勿助」，對陽明來説都是「良知活動的歷程」，均包含在

---

56 《王陽明全集》〈語錄二〉，卷二，頁65。
57 《王陽明全集》〈語錄二〉，卷二，頁90-91。

C──「致良知」這一教法內。因此，提到一個A就自然連帶著B與C的內涵，此三者絕不能斷裂來說，且看自身如何操作而已，此即陽明所言的：

> 近時有謂集義之功必須兼搭個致良知而後備者，則是集義之功尚未了徹也。集義之功尚未了徹，適足以爲致良知之累而已矣。謂致良知之功必須兼搭一個勿忘勿助而後明者，則是致良知之功尚未了徹也。致良知之功尚未了徹，適足以爲勿忘勿助之累而已矣。若此者，皆是就文義上解釋牽附，以求混融湊泊，而不曾就自己實工夫上體驗，是以論之愈精，而去之愈遠……。**58**

上述可知「集義」、「致良知」、「勿忘勿助」三者之間本是同一件事，因此陽明總括孟子的「不動心」而說：

> 孟子不論心之動與不動，只是集義，所行無不是義，此心自然無可動處。**59**

上述明確的把孟子「不動心」之要義點出，乃內心存義而無可動搖之。若用陽明的語言來說，則可歸結爲：

> 善念發而知之，而充之；惡念發而知之，而遏之。知與充與遏者，志也，天聰明也。聖人只有此，學者當存此。**60**

---

58 《王陽明全集》〈語錄二〉，卷二，頁91。
59 《王陽明全集》〈語錄三〉，卷三，頁117。
60 《王陽明全集》〈語錄一〉，卷一，頁24。

上述文末，陽明把「存」的內涵點出，而此「存」包含所有的「善念之擴充」、「惡念之阻遏」的工夫。據此，不論是之前的「必有事焉」、「勿忘勿助」的談論，還是「知行過程」的細部工夫皆談論到自我內心上時，將自然回歸自我徹底反省的面向上，而且陽明認為此內涵乃不言而喻。這種儒者的自我要求、自我修養進路之種種，陽明曾以詩來陳述：

　　良知即是獨知時，此知之外更無知。誰人不有良知在，知得良知卻是誰？知得良知卻是誰？自家痛癢自家知。若將痛癢從人問，痛癢何須更問爲？**61**

上述可知，不管是「知行合一」所涉及的細部工夫，還是「良知開顯與否」所應注意的狀況，都回歸自我內心上的修養來自我負責。而這種涉及內心與外在實踐結合論述，其實就是「知行合一」教法的主軸。

　　總結來說，「知行合一」實強調「良知之活動」，乃起於良知而實踐之而合乎天理。據此而言，「知行教法」與「心即理教法」是契合一致的，然則，「心即理」除了談論儒者實踐上的深義之外，更可多元地談論「物我關係」以及「形上層面之關切」等議題，由於牽扯甚廣，故於另闢一章陳述。

《王陽明全集》〈外集二・答人問良知二首〉，卷二十，頁827。

第三章　「心即理」的相關談論

　　陽明教法中，「心即理」可謂包含其學說之所有，而且論述的範疇與範圍涉及所有層面。「心即理」若方法上的分類，有道德上的，有存有論的，也有兼含兩者一起談的，且看論說時側重面向爲何。然而，此教法相對於較早的程朱系統之「性即理」，有著很大的差異。此差異，不僅僅是字面上的差異；但筆者也不是說陽明不認同於「性即理」，而是陽明論說「心即理」時，是已反省過「性即理」的可議之處，所呈顯出的自身立論。當然，陽明對程朱「性即理」的批判與反思，並非全然符合程朱論說之原義，或許因某種「對峙」而有。但不論如何，在「心即理」的架構下，的確精要地呈顯儒者所重視的孔、孟心性論要旨，以及兼顧天道性命貫通的儒學視野。此章將分兩節來做介紹；一是針對「心與理」這一內涵做一小回顧，以點出陸王心學「心即理」的論說用意與特色所在。二是，針對陽明論述的「心即理」內涵中，整理出他的談論範圍與要義。

第一節　「心」與「理」之問題

　　「心」與「理」之問題，若分層次說，可涉及「形上之理」與「吾心」之關係；若分類說，可列舉「心」的多方面意涵（例如：人心、本心、道心、人情……等），以及「理」的多種形態（例如：天理、天道、事理、道理……等）來談論兩者間的關聯。在整個儒學傳統中，「心」的問題從孔子開始重視，並一定程度強調「心」的兩方面含意。一是「發心」或「動機」，或是單純反省「此心之狀態」，可涉及所謂的「恭敬」、「安心」、「合乎義」……與否；此方向，在道德實踐之前、之時與之後，均有其重要性。二是涉及「意志」或「吾心」之「思考決定」、「選擇」這類動態功能；涉及所謂「進或止」、「我未見力不足者」、「欲仁」之相關提點。孔子所言，無非是希望道德實踐能夠「如仁心之所現而立現之」，且如理而行，持續不斷。至孟子把「本心」與「義理」結合談論，更細膩的把此「心」以「四端之心」來宣說之，並將此心導回於性、此性導回於天。而這樣的「如理」之自我，不再是單純的表現道德而已，更可涉及所謂的「天」內涵可能是如何，而人應如何「事天」。孔、孟之後，在儒家思維中始終認同「人」既然受教且啟發於「『理』、『天理』或是『天道』」，而此兩者間（天人）的共同內涵可以是什麼？最簡單的說法，或說與人最相契合的說法，就是所謂的「無私」或「公」之相關含意，且涉及「德」這一內涵，並直接表現儒家「天人之間」的關切點與聯繫點。如《中庸》所說之「誠」一字，同時適用在「天道」與「聖人」之形述（當然不僅僅只是形述而已），且下放至一般人可求、可得的追尋目標。這樣的「人」與「天」之關係，若不直接切入形上思維來談，單純先以道德方面且回到孔、孟最重視的關懷面，事實上就是展現「人」的自我修養以俟「天」的儒者態度。而且，這種天人

之間的連結，將在道德意義下被連結起來。

　　至宋明理學者，對「自我」之修養論述也必然從「心」上來說；而「自我」對應於「天」或「天理」這一「客觀大我」，除呈顯傳統上對「天」的崇敬、依循、敬畏……等，實也直接從「心、理關係」來談論了。若不細論朱熹或二程兄弟對「心與理」的種種說法，而扣緊此章重點——「有關『心即理』」，則不可不先談也主張「心即理」的陸象山，並稍微提及其同時代之朱熹，最後回歸此書之論述之重點——王陽明。

一、陸王「心」、「理」的契合模式簡說

　　若簡單述說程朱與陸王思想的差異點，可從「心」、「理」之間「如何契合」來談起。筆者所謂的「契合」，乃象徵其中的「一致」而無須刻意區分、「相即」而不可任意割裂、「同等」而可無需分別。程朱路線亦承襲孔、孟要旨，所著重的是「此『心』與『行為』如何對應、回歸」於「天理」、回歸於「天理」之相關問題。據此，程朱在工夫方面的論述頗為側重，例如肯定「為學次第」的參考路線、點出讀書窮理的必要性、強調去人欲存天理之持續……等，雖然同樣承認「本心」、「性善」之要義，但更強調此心之「主宰義」。至於陸王路線，雖不全然否定程朱側重之工夫與「心之主宰義」這一關鍵，但欲點出「此心本身就是」「如理」、「即理」的狀態的可能或事實，因此即便論及工夫或「為學次第」，也時常簡化在「心」這一字來說即可，因此批判性的認為程朱之說易失其「本」而顯得過於「支離」。此「本」若以陸王二人的共同語言來說，即「此心」。也就是說，「此心」原原本本、自自然然地如天理、即天理、契合於天理，何須如程朱論學的那樣，如此分殊性的強調

細節工夫呢？

　　當然，程朱與陸王路線的差異不僅於上述層面。程朱對「天理」的客觀形上面向的承認與重視，遠多於陸王路線的談論；而陸王謹守於此心之收攝一切，承認形上之理後，則直接貫通於人倫日用中，而不多談「天理」、「太極」這類常用在較偏向存有面或宇宙論方面的相關概念。因此，雙方討論著重點與理論建構的範圍有所不同，筆者也不贅述雙方論說之是非對錯問題，僅將「心」、「理」問題帶出，回到象山與陽明對「此心」與「天理」相即、相合的強調面究竟是如何說的。此外，象山與陽明的「心即理」內涵雖是同一路線，但細部上與延伸說明有著些許不同，文後也將會稍作說明之。

　　「心即理」一詞，實起於陸象山答覆李宰而開啓深意，陽明對象山之說雖有嘉許，卻仍嫌其「粗」。[1]簡言之，象山援自孟子思想精要所說的「心即理」，實轉化孟子的「本心內存」與「天之與我者——思」之雙面內涵；他說：

　　孟子曰：「心之官則思，思則得之，不思則不得也。」又曰：「存乎仁者，豈無仁義之心哉？」……又曰：「人之所異於禽獸者幾希，庶民去之，君子存之。」去之者，去此心也，故曰：「此之謂失其本心」；存之者，存此心也，故曰：「大人者不失其赤子之心」。**四端者，即此心也；天之所以與我者，即此心也。人皆有是心，心皆具是理，心即理也。**故曰：「理義之悅我心，猶芻豢之悅我口。」雖貴乎學者，爲其欲窮此理，盡此心也……。[2]

---

[1]　《王陽明全集》〈語錄三〉，卷三，頁101：「又問：『陸子之學何如？』先生曰：『濂溪、明道之後，還是象山，只是粗些。』九川曰：『看他論學，偏偏說出骨髓，句句似鍼膏肓，卻不見他粗。』先生曰：『然他心上用過功夫，與揣摹依仿，求之文義，自不同。但細看有粗處，用功久當見之。』」

[2]　《陸九淵集》〈與李宰二〉，卷十一，（北京：中華書局，2012年2月4刷），頁149。

孟子所說的「思考能力」與「內在的仁義」，皆在「此心」上呈顯。象山進一步將此「四端」搭配著「思」所展現的道德視為「理」，而此「理」與「四端之心」相即而等同，故說「此心」當然「是理」，也不離「理」，進而說出「心即理」。此「心即理」教法，象山早年時期已現端倪（「宇宙吾心」之說），雖與後來緊扣道德本心的「心即理」有些許差異，但早年的「宇宙吾心」之說，已把儒者所重視的「聖賢關懷」與「此聖賢關懷」皆「同」、皆「同於一理」的涵義說出：

> 後十餘歲，因讀古書，至「宇宙」二字，解者曰：「四方上下曰宇，往古來今曰宙。」忽大省曰：「元來無窮，人與天地萬物皆在無窮之中者也。」乃接筆書曰：「宇宙之事，乃己分內之事；己分內之事，乃宇宙之事。」又曰：「宇宙便是吾心，吾心即是宇宙。東海有聖人出焉，此心同也、此理同也。西海有聖人出焉，此心同也、此理同也。南海北海有聖人出焉，此心同也、此理同也。千百世之上，至千百世之下，有聖人出焉，此心此理，亦莫不同也……。」**3**

上述之說雖頗為抽象，但仍可從儒家的關懷上來深刻體認。象山認為，宇宙中有一「理」且亙古不變。此「理」內涵乃從聖賢關懷上的無限廣度來說，且落在「此心」上來印證、相連與體認。此外，象山認為聖賢所彰顯的「此心」古今皆同，且關懷無限；而「此心」皆同，所彰顯之「理」也皆同。此說法連結了心與理、天與人之關係，象山又說：

> 夫子以仁發明斯道，其言渾無罅縫，孟子十字打開，更無隱遁；蓋時

3　《陸九淵集》〈年譜〉，卷三十六，頁482-483記載象山於紹興二十一年（1151年）十三歲時悟得此「宇宙吾心」之說。

不同也。**4**

上述，象山認爲孟子把「人」的定位給予「十字打開」；橫向中則是修身
力行等諸事，涉及所有工夫與操持之層面；縱向則是「盡心知性知天」
之內涵，涉及此心根源處之強調與道德根源的描述。當收歸「心與理」來
述說時，雖然象山在前述「宇宙吾心」之說頗爲抽象，卻也在承繼孔、孟
思維系統下得到某種連貫性。但是，也因象山不特別重視客觀形上之理的
細部談論，述說「理」也較無系統，因此他論述「心」的內涵反而更顯清
晰。且有趣的是，在象山「說明某些理」之時，若以「心」代替「理」往
往更顯通暢。也就是說，象山所認定的「理」，事實上幾乎是從「心」上
來詮釋的，某程度說明了他認定的「心與理之關係」：

> 理只在眼前，只是被人自蔽了……。須事事物物皆不放過，磨考其
> 理。且天下事事物物只有一理，無有二理；須要到其至一處。**5**
> 此理宇宙間，何嘗有所礙？是你自沉埋、自矇蔽……。**6**

上述第一引文之「理」，若以「事物之理」來解則較不通，因爲後有
「自蔽」這一語辭，明顯此理乃偏向道德義理方面，因此絕脫離不了
「心」這一內涵，而文後的「磨考其理」也將涉入「內心」層面。第二
引文，以「心」來理解此「理」的涵義則更顯此段文句之通暢。也就是
說，即便象山論「理」時，動輒扣緊「自蔽」、「自沉埋」這類補充用
語，可得知此「理」的內涵必然有著「自我」且涉及「心」這一樞紐

4　《陸九淵集》〈語錄上〉，卷三十四，頁398。
5　《陸九淵集》〈語錄下〉，卷三十五，頁452。
6　《陸九淵集》〈語錄下〉，卷三十五，頁452。

義，因此「心理」在工夫上或日用上當然是緊連的。若連接此種相關涵義而轉爲陽明用語時，則如：

> 人心一刻純乎天理，便是一刻的聖人。終身純乎天理，便是終身的聖人。此理自是實。**7**

> 又曰：「知是心之本體，心自然會知：見父自然知孝，見兄自然知弟，見孺子入井自然知惻隱，此便是良知不假外求。若良知之發，更無私意障礙，即所謂『充其惻隱之心，而仁不可勝用矣』。**然在常人不能無私意障礙，所以須用致知格物之功勝私復理。**即心之良知更無障礙，得以充塞流行，便是致其知。知致則意誠。」**8**

上述，陽明所論的「心理關係」，與象山有著同樣的廣度描述，而且也有所謂的「天理」這一概念。然而，同樣的，不論是「良知」、「人心」、「心的本體與開顯」等，都可連結於人倫日用而非僅是「客觀存有上的一個『天理』概念」而已，在這個面向上不但帶出應有的修養論，且可順勢扣回「天理」意涵，而這樣的「心理關係」是陽明最常談論且最重視的。**9**於此，則可進入下小節，來談論陽明對「心、理」的細部洞見。

7　《王陽明全集》〈補錄二〉，卷四十，頁1598。
8　《王陽明全集》〈語錄一〉，卷一，頁7。
9　陽明論述「心理關係」，以「心即理」統稱，且扣緊於人倫日用來論說是最爲常見的。當然，「心理關係」也有涉及「形上內涵」與「存有」之相關論述者。此方面的內涵，將於此章第二節中談論。

二、陽明對之前論「心理」的看法

　　若論及陽明「心、理」論說的特色所在，可從他面對「以往」論述此「心、理」的反省中明確得知。這涉及陽明對孟子思想的繼承，以及對程、朱思想的反省；就反省面來說，陽明曾云：

　　問：「心即理之說，程子云『在物爲理』，如何謂『心即理』？」先生曰：「<u>在物爲理，在字上當添一心字，此心在物則爲理</u>。如此心在事父則爲孝，在事君則爲忠之類。」先生因謂之曰：「諸君要識得我立言宗旨。<u>我如今説個心即理是如何，只爲世人分心與理爲二故，便有許多病痛</u>。如五伯攘夷狄，尊周室，都是一個私心，便不當理。人卻說他做得當理，只心有未純，往往悦慕其所爲，要來外面做得好看，卻與心全不相干。分心與理爲二，其流至於伯道之僞而不自知。故我説個心即理，要使知心理是一個，便來心上做工夫，不去襲義於義，便是王道之眞。此我立言宗旨。」又問：「聖賢言語許多，如何卻要打做一個？」曰：「我不是要打做一個，如曰『夫道，一而已矣』，又曰『其爲物不二，則其生物不測』，天地聖人皆是一個，如何二得？」**10**

上述，陽明反省程子所說之「在物爲理」，當添加一「心」字方爲穩當。的確，各種事物之理，有許多內涵頗重「內心」，尤其是涉及道德方面的「侍親之孝」、「事君之忠」。先不管陽明是否刻意移轉程子是否在討論「知識性之理」的這個前提，陽明總是把所有事化約在此「心」的關切面上；尤其是道德方面的「理」，必從此「心」發出且實踐之，

---

10 《王陽明全集》〈語錄三〉，卷三，頁132-133。

方呈顯儒者認定之意義。對陽明而言，「理」不可離「心」來說，因此他說「心、理是一個」。當反省前儒的談論時，陽明總是認爲他們忽略此「心」應位於基礎的這一重點。[11]不僅僅是程子，對朱熹的反省更是鮮明：

　　朱子所謂「格物」云者，在即物而窮其理也。即物窮理，是就事事物物上求其所謂定理者也。是以吾心而求理於事事物物之中，析「心」與「理」而爲二矣。夫求理於事事物物者，如求孝之理於其親之謂也。求孝之理於其親，則孝之理其果在於吾之心邪？抑果在於親之身邪？假而果在於親之身，則親沒之後，吾心遂無孝之理歟？見孺子之入井，必有惻隱之理，是惻隱之理果在於孺子之身歟？抑在於吾心之良知歟？其或不可以從之於井歟？其或可以手而援之歟？是皆所謂理也，是果在於孺子之身歟？抑果出於吾心之良知歟？以是例之，萬事萬物之理，莫不皆然。是可以知析心與理爲二之非矣。夫析心與理而爲二，此告子「義外」之説，孟子之所深也。務外遺内，博而寡要，吾子既已知之矣。是果何謂而然哉？謂之玩物喪志，尚猶以爲不可歟？若鄙人所謂致知格物者，致吾心之良知於事事物物也。吾心之良知，即所謂天理也。致吾心良知之天理於事事物物，則事事物物皆得其理矣。致吾心之良知者，致知也。事事物物皆得其理者，格物也。是合心與理而爲一者也……。[12]

11 陽明這種談論即是首章提及的「對峙性」之論說模式，因此筆者不諱言，陽明會讓人有「過度批判」的感覺。程朱路線所談論「理」的對象與内容，不一定全然是陽明所談論或批評時說的「理」。例如，單純在知識性上的「論理」（例如某些專業知識），也是必須的，也是可以不那麼強調「心」的。至於道德實踐上所涉及的「理」，雖然與「心」緊扣，卻不需時時強調，因爲此（必然涉及内心）乃不言而喻。但陽明始終認爲，若單純論理，將有「分割心理」、「心理爲二」之弊；這樣的批評，在後儒的談論中也有諸多論說且各自捍衛。此書〈進階篇〉中，將偶有論及。

12 《王陽明全集》〈語錄一〉，卷一，頁49-50。

上述引文，涉及陽明曾批評朱子所論之「格物」，事實上問題根源是「心」、「理」是否合一的問題，也就是「此心如何即理」的過程。在陽明看來，若把「理」視爲「己身之外」的客觀之「理」，並不是紮實的談法，因爲他認爲「心與理是合一的」。而且陽明不僅說明「心理該如何合一」，甚至說「本來就是合一的」。他的策略是，先把「格物」這種「窮理」之事，全放入道德層面來談，因此他所舉的例子，都屬於道德方面的「孝順」、「惻隱之發」等諸事。[13]在此範疇下，「內心」絕無法被擱置，例如孝順需必從良知起，想救孺子也從本心起。據此，陽明第一步已把「此心」與「理」成功聯繫起來而無法分割。第二步，陽明順勢把這種狀況延伸到「所有事皆是如此」，主張不能分割「心」與「理」，因此只談論單一面向（例如單論「窮理」之事），陽明必加以對峙或反省。第三，陽明再從本有內存「良知」的純然，來說此內存現象及其發起將與「天理」相即、相容；因此，整個「格物」的過程，都是「此良知之天理」的應外，讓事事物物得其理。即便有客觀之理，也將是此心（良知）的天理內涵應於外物而合於理的過程。

這種「心理合一」的側重模式，簡化來說，是陽明將所有事都從此「心」來談且視爲基礎，因此前儒只要論述客觀之理甚或是知識性的理，陽明都認爲應該添加「心」這一內涵進來，他說：

夫在物爲理，處物爲義，在性爲善，因所指而異其名，實皆吾之心也。心外無物，心外無事，心外無理，心外無義，心外無善。吾心之處事物，純乎理而無人僞之雜，謂之善，非在事物有定所之可求也。處物爲

---

[13] 當然，陽明不可能不知道有所謂純知識性的、認知方面的「理」，但是在他的思維架構中，這方面的內涵僅是其次，首要者還是「此心」，而有「此心之發」後，再涉及「知識性之理」仍未晚矣。因此，陽明對「窮理」的態度與重視點，相較於程朱路線大不相同，前章論「知行合一」時，已經談論過此類問題了。

義，是吾心之得其宜也，義非在外可襲而取也。格者，格此也；致者，致此也，必曰事事物物上求個至善，是離而二之也。[14]

在陽明認同的意義下來說，各種物、理、性等諸名，皆因吾心而有，也從吾心上而使得體驗、產生意義。因此「在物之理」、「處物之義」、「性善之自證」，皆從吾心應於諸對象後的深刻論說，非表面上或知識上的襲取而已。

根據上述，可知陽明乃「以心論理」，且自然囊括「本」（良知、心之要義）與「工夫」層面，至於對傳統經典上的詮釋路線，也採取此種「收攝回一心」的路線，自然呈顯了之前曾論述的「易簡工夫」：

《大學》工夫即是明明德；明明德只是個誠意；誠意的工夫只是格物致知。若以誠意為主，去用格物致知的工夫，即工夫始有下落，即為善去惡無非是誠意的事。如新本先去窮格事物之理，即茫茫蕩蕩，都無著落處；須用添個敬字方才牽扯得向身心上來。然終是沒根源。若須用添個敬字，緣何孔門倒將一個最緊要的字落了，直待千餘年後要人來補出？正謂以誠意為主，即不須添敬字，所以提出個誠意來說，正是學問的大頭腦處。於此不察，直所謂毫釐之差，千里之謬。大抵《中庸》工夫只是誠身，誠身之極便是至誠；《大學》工夫只是誠意，誠意之極便是至善：工夫總是一般。今說這裡補個敬字，那裡補個誠字，未免畫蛇添足。[15]

上述可知，對於《大學》的談論，陽明認為精要處僅在於「誠意」一事，而「誠意」也僅是「致知」（致良知）這一事。據此化約為一種相當

---

[14] 《王陽明全集》〈文錄一・與王純甫二〉，卷四，頁168。
[15] 《王陽明全集》〈語錄一〉，卷一，頁42。

易簡的說法──皆落在此心上說、皆從此良知之發來說。所論之《中庸》
工夫也是如此的脈絡，故陽明說「工夫只是一般」。而文後又順勢批評了
朱子路線之「補敬」之說；此種批評，乃是出於「是否從心上」這一根本
考量來說。

陽明不論是批評程朱的治學路線，還是對傳統經典的詮釋與強調面
向，實因下文之說法所呈顯的關切而有之：

> 「種樹者必培其根，種德者必養其心。欲樹之長，必於始生時刪其繁
> 枝；欲德之盛，必於始學時去夫外好。如外好詩文，則精神日漸漏洩在詩
> 文上去；凡百外好皆然。」又曰：「我此論學是無中生有的工夫，諸公須
> 要信得及只是立志。學者一念爲善之志，如樹之種，但勿助勿忘，只管培
> 植將去，自然日夜滋長，生氣日完，枝葉日茂。樹初生時，便抽繁枝，亦
> 須刊落。然後根干能大。初學時亦然。故立志貴專一。」**16**

上述可知，陽明重視「根」，也就是「心」，一旦如此，即培養即可，
且立志於此方向即是。因此，陽明思想下的「心、理」關係，事實上是
「心」這一內涵爲主導，他又曾說：

> 其論象山處，舉孟子「放心」數條，而甘泉以爲未足，復舉「東西
> 南北海有聖人出，此心此理同」，及「宇宙內事皆己分內事」數語。甘泉
> 所舉，誠得其大，然吾獨愛西樵子之近而切也。見其大者，則其功不得不
> 近而切，然非實加切近之功，則所謂大者，亦虛見而已耳。自孟子道性
> 善，心性之原，世儒往往能言，然其學卒入於支離外索而不自覺者，正以

16　《王陽明全集》〈語錄一〉，卷一，頁35-36。

其功之未切耳……。**17**

據上文可知，陽明認「爲學」實「論心」即可，此乃孟子心性論之樞要，而非以較爲支離、細節條目面之重視爲論學核心。且從上文又可知曉，陽明對前人論「心、理」內涵的承繼與反省狀況。若要總括陽明對「心、理」問題的主要述說立場，筆者則以下文來做小結，以過渡至下節的「心即理」：

　　來教謂某「《大學》古本之復，以人之爲學但當求之於內，而程、朱格物之說不免求之於外，遂去朱子之分章而削其所補之傳」。非敢然也。學豈有內外乎？《大學》古本乃孔門相傳舊本耳。朱子疑其有所脫誤，而改正補緝之。在某則謂其本無脫誤，悉從其舊而已矣。失在於過信孔子則有之，非故去朱子之分章而削其傳也。**夫學貴得之心。求之於心而非也，雖其言之出於孔子，不敢以爲是也，而況其未及孔子者乎！求之於心而是也，雖其言之出於庸常，不敢以爲非也，而況其出於孔子乎！**且舊本之傳數千載矣，今讀及文詞，既明白而可通；論其工夫，又易簡而可入，亦何所按據而斷其此段之必在於彼，彼段之必在於此，與此之如何而缺，彼之如何而補？而遂改正補緝之，無乃重於背朱而輕於叛孔已乎？**18**

上述涉及朱子替《大學》做「補傳」的相關爭議，但筆者引述的論述要點在於，陽明實重視「心」應於外物而合於「理」的這種強調。據此，「心」之發用實爲樞紐，故上述「學貴得之心」是陽明在重視人倫日用這一層面時，論述「心、理關係」的主軸了。

17　《王陽明全集》〈文錄一·答方叔賢〉，卷四，頁188-189。
18　《王陽明全集》〈語錄二〉，卷二，頁82。

第二節　陽明「心即理」的談論範圍

　　上節已知陽明心理關係的談論，頗重視「心」這一樞紐；在談論「心理關係」時，除了以「心即理」呈顯儒家道德修養、道德關懷之外，陽明更使用「心即理」來談論「我與他者」的關係，這涉及儒家傳統以來「一體觀」之論述深義，也涉及「天道」、「天人關係」等形上層面的內容。但陽明的側重始終在「此心」（良知）的運行或發用時如何對應於「天理」，簡略來說，可舉嘉靖五年陽明五十五歲時作之〈惜陰說〉為代表：[19]

　　同志之在安成者，間月為會五日，謂之「惜陰」，其志篤矣；然五日之外，孰非惜陰時乎？離群而索居，志不能無少懈，故五日之會，所以相稽切焉耳。嗚呼！**天道之運，無一息之或停；吾心良知之運，亦無一息之或停。良知即天道，謂之「亦」，則猶二之矣。知良知之運無一息之或停者，則知惜陰矣；知惜陰者，則知致其良知矣。**「子在川上曰：逝者如斯夫！不捨晝夜。」此其所以學如不及，至於發憤忘食也。堯舜兢兢業業，成湯日新又新，文王純亦不已，周公坐以待旦，惜陰之功，寧獨大禹為然？子思曰：「戒慎乎其所不睹，恐懼乎其所不聞，知微之顯，可以入德矣。」或曰：「雞鳴而起，孳孳為利。兇人為不善，亦惟日不足，然則小人亦可謂之惜陰乎？[20]

上述可知，陽明曾以「天道之運」與「良知之運」來做比喻，而且強調「良知即天道」的深刻意義。當陽明以「良知」等同於「天道」來一貫

---

[19] 《王陽明全集》〈年譜三〉，卷三十四，頁1313。
[20] 《王陽明全集》〈文錄四〉，卷七，頁285。

述說時，也自然貫通至人倫日用的「致良知」層面，此與他的「心即理」教法模式並無二致。此章將分兩個方向來述說，一是「道德層面的心即理」，另一是「此心收攝形上之理而呈顯出的一體觀」。務必留意的是，在陽明思維中，此兩方向是貫通而不斷裂的，因此筆者分開來述說，僅是方法上的區分。

一、道德層面的「心即理」

所謂「道德層面」的「心即理」是談論「此心」內涵與「理」相容或不相離的狀態，且針對道德關懷來說。此脈絡，筆者再方法上分爲三個內涵來談論：因此下述的三小節，內涵上仍是一貫的，只是爲了凸顯述說特色而分。

（一）「心」就是「理」

陽明論述「心即理」且指涉「心就是理」時的巧妙處，在於肯定「某種心」與「天理」相即、相合的狀態。「天理」概念頗爲複雜，可兼形上形下、可指涉存有或存有狀態。但若在儒者所重視的「道德方面」來說時，「天理」所彰顯出的「道德意義」或對此「天理」的內涵連結與體悟，常涉及「無私無我」這一面向，且連結、緊扣於儒者的修養論與關懷使命；例如，以「誠」一字來貫通「天與人」之關係。此在《孟子》〈盡心上4〉的「萬物皆備於我；反身而誠，樂莫大焉。」或《中庸》〈第二十章〉的「誠者，天之道也。誠之者，人之道也。」已見此種連結。

而上述之連結收攝在「心即理」來論說時，陽明時常在「道德」

或「價值意義」的範疇下來論說；因此筆者暫時解釋陽明所謂的「心即理」，就是「此心合乎天理」的意思，詳細的內涵如：

聖人之所以為聖，只是其心純乎天理，而無人欲之雜……。所以為聖者，在純乎天理而不在才力也。故雖凡人而肯為學，使此心純乎天理，則亦可為聖人……。學者學聖人，不過是去人欲而存天理耳……。減得一分人欲，便是復得一分天理；何等輕快脫灑！何等簡易！**21**

愛問：「至善只求諸心，恐於天下事理有不能盡。」先生曰：「心即理也。天下又有心外之事，心外之理乎？」愛曰：「如事父之孝，事君之忠，交友之信，治民之仁，<u>其間有許多理在，恐亦不可不察。</u>」先生歎曰：「此說之蔽久矣，豈一語所能悟？今姑就所問者言之：且如事父，不成去父上求個孝的理？事君，不成去君求個忠的理？交友治民，不成去友上、民上求個信與仁的理？<u>都只在此心，心即理也。此心無私欲之蔽，即是天理</u>，不須外面添一分。以此純乎天理之心，發之事父便是孝，發之事君便是忠，發之交友治民便是信與仁。<u>只在此心去人欲、存天理上用功便是。</u>」**22**

上述兩引文可知，「心即理」指涉「此心無私欲之蔽」而合乎「天理」，故說「即是天理」。「天理」所象徵的，有「無私之運行」、「化生萬物之德」……等。因此「此心」合乎「天理」，乃論說「此心之運作或開顯」處於純然無私之時，在儒者認定的「價值意義上」是等同於「天理」的；因此「心就是理」並非「定義面向」的全然等同。如此一來，「某一種『心』就是『天理』」當然可說，而操作工夫則順是而簡

---

21 《王陽明全集》〈語錄一〉，卷一，頁30-31。
22 《王陽明全集》〈語錄一〉，卷一，頁2-3。

單，即上述之「去人欲、存天理」。

　　既然此「心」的狀態如同「天理」一般，且不離於應事應物，對陽明而言自然貫通於「心與理不相離」這一側重面，即如下小節之介紹。

（二）心與理「不相離」

　　第一小節的「心就是理」除了展現儒者在「價值意義」上說「此心的純然無私」就如同「天理」，陽明還特別強調「心與理」是不能分開說的。這個脈絡則顯示「某個理」被儒者認同時，必然在此「心」無私之境地下來說「合理」；反之，當「某個理」被儒者不認同時，必然是此「心」出了問題。因此「心與理」當然不能分開來說，陽明有云：

　　　心即理也，無私心即是當理，未當理便是私心。若析心與理言之，恐亦未善。**23**

上述可了解陽明談論一個「心」皆不離「理」這一依歸處，而談論「理」必不離此「心」的狀態。據此，「心即理」教法的第二個特色，乃強調「心與理不相離」這一深意。除上述之外，更詳細的論說則如：

　　　心雖主乎一身，而實管乎天下之理，理雖散在萬事，而實不外乎一人之心。是其一分一合之間，而未免已啟學者心理為二之弊。此後世所以有專求本心，遂遺物理之患，正由不知心即理耳。夫外心以求物理，是以有暗而不達之處；此告子「義外」之說，孟子所以謂之不知義也。心，一而已。以其全體惻怛而言謂之仁，以其得宜而言謂之義，以其條理而言謂之

理：不可外心以求仁，不可外心以求義，獨可外心以求理乎？**24**

上述之文，可知「此心」位於主宰定位，而且「管乎天下之理」；而「理」之複雜而散殊於任何情境，其實都收納於自我「一心」上來檢閱體認。更重要的是，陽明認爲這兩個方向（心、理）本來就是合一而無法分割的，因此不必刻意的去追求某個「理」，而是求「此心與理總是相契合」的過程而已。若從基礎面來論說，其實說一個「心」即可，因爲「心」所開顯與展露出的道德面向，如「仁」、「義」……等，即是「理」了。據此，凡事皆從「心」上說就自然離不開「理」了。

　　上文的細節處，還包含了「外心求理」這一個陽明相當重視的問題。陽明認爲，照他的方式，說一個「心」自然能不分割「心與理」二者；若只針對一個「理」來宣說時，可能會忽略此「心」。他曾經批評朱熹的談論，以呈顯「心與理」不相離的重要意義：

　　若鄙人所謂致知格物者，致吾心之良知於事事物物也。吾心之良知，即所謂天理也。致吾心良知之天理於事事物物，則事事物物皆得其理矣。致吾心之良知者，致知也。事事物物皆得其理者，格物也。是合心與理而爲一者也……。**25**

上述可清楚理解陽明的立場；從一般實踐面向來講，不是先追求、探知一個道理再來實踐，而是以吾心開顯良知去實踐時，自然就會「合理」。這種教法對陽明而言，一方面可體驗出實踐過程中「心跟理」從來沒有分開過。另一方面，在教法上才能避免「心理」可能分割爲二的疑慮。據此可

---

24 《王陽明全集》〈語錄二〉，卷二，頁47。
25 《王陽明全集》〈語錄一〉，卷一，頁49-50。

知，「心理不相離」不僅僅是在道德實踐上相當重要，在教法上的內涵上更可避免許多問題。

（三）心應同於理

上述兩小節可知「心就是理」、「心理不相離」的深層意義；同時，陽明也陳述了「此心的狀態」應同於「理的狀態」。基本上，此方向的述說似乎把「理」視爲較高；事實上，這是從內在之心「可同」、「應同」於「理」的一種述說，究底來說仍是「此心」最後與理「同」或「契合」的狀態，因此「理」並不是價值上的高於「心」的。這方向的「心與理」之間畢竟有其不同，但陽明是就「契合面」來說，例如：

> 定者心之本體，天理也，動靜所遇之時也。[26]
> 中只有天理，只是易。隨時變易……須是因時制宜，難預先定一個規矩在……。[27]

上述可知，「天理」所展現的運行，乃隨時變易以從道，因時制宜而順理。因此不以表面上的動靜、規矩來限定之「理就是什麼」。當給予「理」這種崇高程度的說明或詮釋之時，吾人之心「應如同此理」當然可以說，因此下文更將「心理關係」自然緊扣在一起，認爲「心的狀態與展現」可以跟「理的狀態與展現」一樣：

> 心，無動靜者也。其靜也者，以言其體也；其動也，以言其用也。[28]

---

[26] 《王陽明全集》〈語錄一〉，卷一，頁18。
[27] 《王陽明全集》〈語錄一〉，卷一，頁21。
[28] 《王陽明全集》〈文錄二·答倫彥式〉，卷五，頁195。

心之體性也，性即理也。窮仁之理，真要仁極仁，窮義之理，真要義極義：仁義只是吾性，故窮理即是盡性。**[29]**

知是理之靈處。就其主宰處說，便謂之心，就其稟賦處說，便謂之性。**[30]**

上述，從「理」的內涵所得出的「無動靜」、「心之體與性即理」、「有知有心而成理」等相關談論，都離不開「此心」往「理」推進與契合之提醒。因此，「理」所象徵的正向意義，讓「此心」在境界面提供一個回歸點，同時也能在工夫面給予許多「此心應如何」的正向建議了。

總括來說，上述三小節的三個方向論述是很難切割的，對陽明而言也是貫通的。當然，因教法需要或是對峙性考量下，談論到「心或理」不一定都同時包含了上述三個方面來論說。此外，陽明論「理」還包含形上內涵的「理」，且依舊貫通於「心」來談論之，展現了以「心」收攝一切的論述模式，下小節將述。

二、「心」收攝一切的談論向度

上小節所談論的「道德層面的心即理」，基本上是陽明的教法重點，但是在形上層面的關切中，陽明同樣試圖以「心即理」來貫通之。先看此句導引：

---

29 《王陽明全集》〈語錄一〉，卷一，頁37。
30 《王陽明全集》〈語錄一〉，卷一，頁37。

遠慮不是茫茫蕩蕩去思慮，只是要存這天理。天理在人心，亙古互今，無有終始；天理即是良知，千思萬慮，只是要致良知……。**31**

上述之說涉及「天理」與「此心」的所有串聯面向；不論是形上與存有層面的「天理在人心，亙古互今」，以及從「本有之良知」所談的「千思萬慮」、「致良知」之工夫，都展現陽明以「心」論述一切。據此接續此小節欲談論的方向；此即，在宋明儒者對形上、形下之間不斷裂的體認之下所展現的「一體觀」，在陽明如此重視「心」的思維下又將如何談論呢？筆者以「（道德）本體之存有與良知感通」、「一體觀與儒者關懷」這兩方面內容來表達陽明的論說要點，茲分述如下。

（一）「（道德）本體之存有」與「良知感通」

陽明「此心之收攝」的論說，在傳統儒家中頗具特色，且密切結合道德內涵。至於純粹形上的「道」或「天道」、「天理」當然也在陽明的思維論述中，也用「心」或「良知」來收攝與談論。此方向的理論內容，從儒家建立形上關懷以來皆有其發展，早於陽明的朱熹明顯在此方向著力甚豐。陽明雖亦有涉及，但教法重點明顯偏向「此心即理」的道德實踐層面。雖然陽明也強調本體（例如良知本體）之境界義描述，但「實際面的落實」（人倫日用）仍是最關切之重點。據此，更高層次的形上之「道」或「理」被陽明談論起來，除了讓他的學說更加完整之外，也奠定「良知」的基礎存有與根源處，並依此帶出（道德面向上）同體關懷。

至於此小節標題的「（道德）本體之存有」與「良知感通」又是何意？此必須稍做解釋。「（道德）本體之存有」乃指涉「良知本體」的恆

存狀況，在此處的談論中，「（道德）本體」與「良知本體」實屬同義詞。而陽明曾說：

> 蓋良知之在人心，亙萬古，塞宇宙，而無不同……。**32**

「良知本體」雖然透過自心（吾心）而可紮實體驗之，但更徹底的講法則是「良知本身」早已存在，而且是恆存的。此說法乃儒者繼承孟子「性善論系統」發展後的另一種說明模式，更加強調此「（道德）本體」（良知）的恆存性與不滅性，並且開展到「亙萬古，塞宇宙」這種無限性的論述與視野。若回到「良知本體」的細節體驗面，陽明曾說：

> 良知之在人心，至虛而靈，至近而神，幽獨有所不能欺，細微有所不能掩。故雖夫婦之至愚，亦可與於聖人之成能，而所謂君子之中庸，辛莫逃於百姓之日用。不啻日月行天，萬古不息，非若爝火乍明乍滅，可彷彿其斷續者，在致之而使不失耳。苟為不失，則蘊之而合神明，廓之而配天地，放之而被四表，傳之而垂後世。其為熙光，豈有窮哉？然皆不出於一念之微，而又不假乎纖毫之力。故曰：「此天之所以與我也。」**33**

上述說法，可知曉當以「良知」為「（道德）本體」來形述時，「心」是從本體開顯出來的重要中介。因為沒有此「心」，如何體認我們本來就有此「良知本體」呢？此說法與孟子從「四端之心」來說「性善」的模式頗一致。此外，上述引文中更強調了「良知本體」透過「心、念」等作用，所展現出的各種細微之處與延伸體驗。且陽明認為此種如此精妙且恆

---

32 《王陽明全集》〈語錄二〉，卷二，頁80。
33 《王陽明全集》〈補錄二〉，卷四十，頁1630。

存的「良知本體」，終究是來自於「天」所賦予，也依此緊連「天」來奠定此「道德本體」的恆存依據。

　　從上述可知，陽明肯定此「（道德）本體」恆存的論說，是來自於此「心」之深刻體驗與自證過程，追溯回根源則是「天」，而體驗與自證過程必然涉及所謂的「感通」。於此，「（道德）本體」（良知）的「感通過程」之重要性將不言而喻了。而順此進入此小節另一標題所說的「良知感通」；此乃對陽明以「良知本體」應外的所有狀況來說的「感通」。務必留意的是，「良知感通」至少可方法上的分類為；A專論「存有及其狀態、關係」的，另一是B可以是專就「道德方面」來講的；當然，也可以兼著談。而B「道德方面」與對他者的「良知感通」，已在第二章第一節談論過，故不再贅述。此小節，則補充陽明以「良知感通」論述所有應外之「存有及其狀態、關係」為主，而這個面向，點出「（道德）本體」的感通作用，是可以「不專就道德層面」來說，也因此筆者在行文時，對於「道德本體」的「道德」使用了括號，因此後文的「良知感通」乃偏向「良知本體義」的感通來做介紹。陽明曾說：

　　問通乎晝夜之道而知。先生曰：「良知原是知晝知夜的。」又問人睡熟時良知亦不知了。曰：「不知何以一叫便應？」曰：「良知常知，如何有睡熟時？」曰：「向晦宴息，此亦造化常理。夜來天地混沌，形象懼泯，人亦耳目無所睹聞，眾竅俱翕，此即良知收斂凝一時。天地既開，庶物露生，人亦耳目有所睹聞，眾竅俱辟，此即良知妙用發生時。可見人心與天地一體，故上下與天地同流。今人不會宴息，夜來不是昏睡，即是忘思魘寐。」曰：「睡時功夫如何用？」先生曰：「知晝即知夜矣。日間良知是順應無滯的，夜間良知即是收斂凝一的，有夢即先兆。」**34**

上述之說或許過於抽象，然重點在於兩方面。一是，陽明強調當此自我之「良知本體」感通於外在時，外在之存有現象如「日夜」等運行之事實，才產生意義。二是，「良知本體」有其「寂然」的「收斂凝一」，亦有其「感通」之「順應無滯」；據此，外在的所有現象皆因「良知本體」的作用而自然產生。因此整個現象界的內涵，皆被陽明以「良知」來收攝論說。而這種「良知」的寂然與感通，面對存有諸現象及其關係來論述時，其實也不一定用「良知」二字來說，例如：

　　所謂「心即理」也者，以充塞氤氳而言謂之氣，以其脈絡分明而言謂之理，以其流行賦畀而言謂之命，以其稟受一定而言謂之性，以其物無不由而言謂之道，以其妙用不測而言謂之神，以其凝聚而言謂之精，以其主宰而言謂之心，以其無妄而言謂之誠，以其無所倚著而言謂之中，以其無物可加而言謂之極，以其屈伸消息往來而言謂之易，其實則一而已……。故萬象者，吾心之所爲也；天地者，萬象之所爲也。天地萬象，吾心之糟粕也。要其極致，乃見天地無心，而人爲之心。心之其正，則吾亦萬象而已；心得其正，乃謂之人。此所以爲天地立心，爲生民立命，惟在於吾心。此可見心外無理，心外無物……。以此驗之，則天地日用四時鬼神莫非一體之實理，不待有彼此比擬者。古人之言合德合明、如天如神、至善至誠者，皆自下學而言，猶有二也。若其本體，惟吾而已，更何處有天的萬象。此大人之學所以與天地萬物一體也。一物有外，便是吾心未盡處，不足謂之學。**35**

上述，不論是從「心」所論述出的諸多「理」與現象事實，務必知曉陽明早已奠定一個「本體」來論說所有的感通現象；此即上文的「若其本

---

35 《王陽明全集》〈補錄二〉，卷四十，頁1608-1609。

體，惟吾而已，更何處有天的萬象。」而且還強調了「吾」這一字；而「吾」實乃內涵著「（道德）本體」與「感通」，也因此外界之存有與諸現象，因「吾」而產生意義。此外，上述之「故萬象者，吾心之所爲也；天地者，萬象之所爲也。天地萬象，吾心之糟粕也。要其極致，乃見天地無心，而人爲之心。」等相關論說，其實是再次強調「本體」與「感通」乃因「吾心」而有，且因「吾心」出而「應生萬理」，萬理依此收歸於「吾心」。據此，上述引文中開頭的「心即理」，是專就「良知本體」與「感通」的論說脈絡下，回歸陽明以「吾心」論說整個外在世界並表達了某種連結，並延伸出「一體觀」的特殊關鍵處了。

　　當然，「一體觀」在陽明思維下的談論，並不是全然等同於前儒（例如朱熹）所討論的內涵。「一體觀」所涉及的關懷層面，可以是存有上的一體性視野，也可以是道德關懷上的一體觀。上述的談論可知，從存有與關係面向上，陽明以「本體的開顯與感通」且從「吾心」爲基礎來說明，非直接以「客觀形上的理」來論說存有之諸現象。因此諸多「一體觀」的論述下，陽明以「心」爲樞紐的論說模式，實已呈顯他的論說特色了。而此內涵也能很自然的扣回儒者「道德關懷」頗重的「一體觀」，至於詳細內涵，將於下小節論述。

（二）「一體觀」與儒者關懷

　　就整個儒家思維來說，論及境界均不斷離於俗世，體驗涉及形上時卻能貫徹於日用。若先不討論《中庸》、《周易》、《易傳》等作品，自孟子談「萬物皆備於我」、「老吾老及人之老」；張載論「民胞物與」；程顥論「仁者渾然與物同體」、「仁者以天地萬爲一體」，都展現某種程度的「一體觀」。而這種不論是存有上還是兼含道德上的「一體觀」，呈顯了專屬儒家思維之特色。陽明對這種議題的論說，除了從上述「心即

理」或「本體與感通」的架構來理解之外，可以再從這種「一體觀」且對其他學派的「一體觀」之評論中，得知他的論說要旨與特色所在。

　　此外，從上小節亦可得知陽明以「心即理」談論所有事、收攝一切……之方向所呈顯的論學特色。此特色在簡單的說在於：人有「本體」與「感通」，且因「吾心」而開顯此「感通」，也因「吾心」而體驗「本體」，這種一切收攝在「心」之論說，其實相較於之前的儒者來說是較少出現的。這樣的「以『心』為關鍵的『一體觀』」，在解釋之前儒者所談論的「一體觀」，其實也有不錯的論說效果，茲以下文作為導引：

　　夫人者，天地之心。**天地萬物，本吾一體者也**，生民之困苦荼毒，孰非疾痛之切於吾身者乎？不知吾身之疾痛，無是非之心者也。是非之心，不慮而知，不學而能，所謂良知也。良知之在人心，無間於聖愚，天下古今之所同也。世之君子惟務致其良知，則自能公是非，同好惡，視人猶己，視國猶家，而以天地萬物為一體，求天下無治，不可得矣。古之人所以能見善不啻若己出，見惡不啻若己入，視民之饑溺猶己之饑溺，而一夫不獲，若己推而納諸溝中者，非故為是而以蘄天下之信己也，務致其良知，求自慊而已矣。堯、舜、三王之聖，言而民莫不信者，致其良知而言之也；行而民莫不說者，致其良知而行之也。是以其民熙熙皞皞，殺之不怨，利之不庸，施及蠻貊，而凡有血氣者莫不尊親，為其良知之同也。嗚呼！聖人之治天下，何其簡且易哉！**36**

上述的「一體」乃呈現許多層面。第一，在以天地生化萬物的視角來說，人與萬物皆是「一體」，此方面的「一體」，除了是存有上的關係之外，也強調「同屬於一個整體」。據此，第二層面的重點則是，在「同

36　《王陽明全集》〈語錄二〉，卷二，頁86-87。

屬於一個整體」的這種「一體觀」，之所以能夠被人所體驗，乃因本體之良知始能；例如，聖賢君子的種種關懷行為之「視民之饑溺猶己之饑溺」，實因此良知而有，而自然發展了同體性的關懷。因此上述之文，除了強調存有上的一體之視野，其實也相當重視道德關懷上的同體，進而把純粹「存有上、關係上」的一體觀，融通於儒者最重視的道德關懷面了。此方向，陽明的說教內涵中頗常出現；例如：

> 明明德者，立其天地萬物一體之體也。親民者，達其天地萬物一體之用也。故明明德必在於親民，而親民乃所以明其明德也。是故親吾之父，以及人之父，以及天下人之父，而後吾之仁實與吾之父、人之父與天下人之父而為一體矣；實與之為一體，而後孝之明德始明矣！親吾之兄，以及人之兄，以及天下人之兄，而後吾之仁實與吾之兄、人之兄與天下人之兄而為一體矣；實與之為一體，而後弟之明德始明矣！君臣也，夫婦也，朋友也，以至於山川鬼神鳥獸草木也，莫不實有以親之，以達吾一體之仁，然後吾之明德始無不明，而真能以天地萬物為一體矣。夫是之謂明明德於天下，是之謂家齊國治而天下平，是之謂盡性。**37**

上述，陽明直接以「立其天地萬物一體之體也」、「達其天地萬物一體之用也」來說「明明德」與「親民」，使以儒者所重視的治國平天下這種極致關懷與理想落實，來述說整個「一體觀」的實際面。前者的「立體」，乃從自我的使命義的關懷面來說，一方面點出自身的「明德」藉此「立」而達其極致，另一方面點出儒者之所「立」的關懷面，乃「兼顧萬物」而呈顯「同體」。而後者的「達用」，乃就此「同體觀」的實際操作與效果來說，而這就是「人與天地萬物同體」這種視野關懷下的

「用」。因此，「立體」、「達用」皆在「人對他者」的使命義與關懷義
上來說，如「君臣」、「夫婦」乃至對「山川鬼神鳥獸草木」，皆可自然
呈顯在儒者所專屬的「價值觀點」之下了。

　　上述，一體觀脈絡下所說的「儒者的價值觀點」，若以陽明的思維
來觀察，將因與其他學派的比較中而更能凸顯；也就是說，「同體」、
「一體」的這種視野與關懷，在儒者的思維脈絡下是最能夠落實且不亂於
節度、次序的；陽明說：

　　問：「程子云『仁者以天地萬物爲一體』，何墨氏『兼愛』反不得
謂之仁？」先生曰：「此亦甚難言，須是諸君自體認出來始得。仁是造化
生生不息之理，雖瀰漫周遍，無處不是，然其流行發生，亦只有個漸，所
以生生不息。如冬至一陽生，必自一陽生，而後漸漸至於六陽，若無一陽
之生，豈有六陽？陰亦然。惟其漸，所以便有個發端處；惟其有個發端
處，所以生；惟其生，所以不息。譬之木，其始抽芽，便是木之生意發端
處；抽芽然後發幹，發幹然後生枝生葉，然後是生生不息。若無芽，何以
有幹有枝葉？能抽芽，必是下面有個根在。有根方生，無根便死。無根何
從抽芽？父子兄弟之愛，便是人心生意發端處，如木之抽芽。自此而仁
民，而愛物，便是發幹生枝生葉。墨氏兼愛無差等，將自家父子兄弟與途
人一般看，便自沒了發端處；不抽芽便知得他無根，便不是生生不息，安
得謂之仁？孝弟爲仁之本，卻是仁理從裡面發生出來。」**38**

上述，先不論陽明批評墨家的是否中肯，他所道出的「一體觀」的相關談
論，實以「良知爲體」而論述「發端」，並延伸到所有的關懷對象上。
簡單的說，儒者的「一體觀」所呈顯的不分你我、同體而不任意切割所帶

---

38 《王陽明全集》〈語錄一〉，卷一，頁28-29。

出來的無限關懷，並不是「毫無前提」的打混為一。就陽明而言，程顥的「仁者以天地萬物為一體」與墨家的「兼愛」之論，雖然都可從關懷面來講得通，但儒者的基本立場，乃需有一特定的「發端處」來操作。就人的實踐而言，發端處在本心、在良知；就人的具體實踐延伸面而言，發端處先在親人，進而延伸至所有對象。據此，整個「一體觀」的最後局面，雖然很難說儒者的關懷與墨家的兼愛關懷有何重大差異，但是在「原初發端處」的強調，以及兼顧整個倫理、禮法制度……等面向時，儒者模式的「一體觀」，對陽明而言才是最為妥當的。

　　至於陽明的堅持又是何故？筆者認為，即便是儒家，達到「同體」之後所呈顯的「兼愛」自然與墨家類似；然則，「兼愛」內涵雖然儒家不全然反對，但強調「兼愛」仍有其條理次序的，以避免混亂。當某人達到「一體觀」而呈顯所謂的「兼愛」精神與行為時，儒者絕不會把這種「兼愛的境界」當作「條理工夫」來操作、直接教導一般人來實行之。也就是說，某儒者A達到同體境界而呈顯「兼愛」之精神時，A面對世俗情境之所有狀態，除實行所謂的「兼愛」之外，更重視如何教育、淑世、引導……等，因此儒者給予他者的教導中，不能不強調應有的次序性以避免泛愛，此即孟子曾說的：

　　君子之於物也，愛之而弗仁；於民也，仁之而弗親；親親而仁民，仁民而愛物。《孟子》〈盡心上45〉

上述可見某種「次序」的建議；同時，儒者最常見反省，則是批評墨家將「發端處」（仁愛行為的開始對象）打亂，也就是愛的「基礎」對象容易不分而無從入手，孟子曾說：

　　夫夷子信以為人之親其兄之子，為若親其鄰之赤子乎？彼有取爾

也。赤子匍匐將入井，非赤子之罪也。且天之生物也，使之一本；而夷子
二本故也。《孟子》〈滕文公上5〉

而陽明亦如此延伸，且扣緊「孝弟」來說：

> 墨氏兼愛無差等，將自家父子兄弟與途人一般看，便自沒了發端
> 處；不抽芽便知得他無根，便不是生生不息，安得謂之仁？孝弟爲仁之
> 本，卻是仁理從裡面發生出來。**39**

上述陽明的批判立場基本上與孟子相同；此外，陽明把這種「孝弟而後延
伸」視爲儒者的一項重要次序概念，認爲有此有基礎之後的延伸關愛才是
正確的，甚至認爲這種路線次序，必須視爲「義」而不可踰越、必須順此
條理來實踐才是正確的，他說：

> 問：「大人與物同體，如何《大學》又說個厚薄？」先生曰：「惟
> 是道理，自有厚薄。此如身是一體，把手足捍頭目，豈是偏要薄手足，其
> 道理合如此。禽獸與草木同是愛的，把草木去養禽獸，又忍得。人與禽獸
> 同是愛的，宰禽獸以養親，與供祭祀，燕賓客，心又忍得。至親與路人同
> 是愛的，如簞食豆羹，得則生，不得則死，不能兩全，寧救至親，不救路
> 人，心又忍得。這是道理合該如此。及至吾身與至親，更不得分別彼此厚
> 薄。**蓋以仁民愛物，皆從此出；此處可忍，更無所不忍矣。《大學》所謂
> 厚薄，是良知上自然的條理**，不可逾越，此便謂之義；順這個條理，便謂
> 之禮；知此條理，便謂之智；終始是這條理，便謂之信。」**40**

---

39 《王陽明全集》〈語錄一〉，卷一，頁28-29。
40 《王陽明全集》〈語錄三〉，卷三，頁118。

上述可知儒家針對墨家的「兼愛」或是「二本」之批判，基本上是循著儒家立場來說。此即，「兼愛萬物」或「一體之關愛」這類說法，儒家不反對，此涉及對所有對象關懷與不忍。但儒家不認同於「本」（孝弟之仁）未顧時就論說至所有對象（兼愛）。也就是說，「本」（孝弟）是儒家對於道德實踐乃至延伸關懷的基礎點，故不可撼動之。自己的親人與陌生人，在儒家的考量中都是需要關懷的，但不適合一開始就「不分親疏的兼愛」而失其次序性。儒家講求人情義理、五倫關係並兼顧禮法制度……等，這樣的「儒家式」考量之下，當然不會直接以「兼愛」來泛說一切而使其「不分」。

　總結來說，儒家（或說陽明）的立場，在「一體觀」的主要關切之下，雖可兼容於墨家之「兼愛」，卻不因「兼愛」而失其「條理」與「次序」，而這也是儒家考量下，兼顧「兼愛」與「實踐次序」的特點，也呈顯從陽明以「本體」、「感通」、「心」來論述整個存有關係之後，再次回歸到儒者道德面向之重視的一個重要觀點。

第四章　陽明學說的爭議處
——是否爲「禪」的釐清

　　陽明學說中，由於不避諱地使用佛、老語辭，也不全然否定佛、老思想中的部分教化意義，又曾以「無善無惡」之說來說明「心之體」，時常被後學者誤解爲入禪。但陽明當時曾提醒弟子說：

　　某於此良知之說，從百死千難中得來，不得已與人一口說盡。只恐學者得之容易，把作一種光景玩弄，不實落用功，負此知耳。[1]

上述可知，陽明的良知教法並非空談，而是經過扎實的磨練、百死千難中洗煉出來的。因此，空談良知或只談論良知本體義的高超境界如「無善無惡」，並不是最好的教法；此從陽明針對王龍溪所說之「四無」的提點中可得知：

　　汝中之見，是我這裡接利根人的……。利根之人，世亦難遇，本體功夫，一悟盡透。此顏子、明道所不敢承當，豈可輕易望人！人有習心，不教他在良知上實用爲善去惡功夫，只去懸空想個本體，一切事爲俱不著實，不過養成一個虛寂。此個病痛不是小小，不可不早說破。[2]

上述，陽明已意識到龍溪之見雖無錯誤，但不可輕易以「本體功夫一悟盡透」的模式教導他人。龍溪之說在他的思想中自成一系統，常談論「虛靈明覺」這一「良知本體」，且動輒以「心」、「念」、「證」、「悟」……等字來形述，又曾直接以「頓入」來形述此境界義。雖然龍溪也曾從「漸入」觀點來雙面論說，然而這種採取佛家語言來形述良知本體，且側重於「本體上立根」，在儒學內部中影響甚大。此外，陽明後學

[1]　《王陽明全集》〈年譜二〉，卷三十二，頁1288。
[2]　《王陽明全集》〈語錄三〉，卷三，頁129。

更有江右聶雙江、羅念菴之「歸寂」；而至泰州學派之顏山農、何心隱時更顯離經。《明儒學案》敘述顏山農「非名教之所能羈絡」而「率性所行、純任自然，便謂之道。及時有放逸，然後戒愼恐懼以修之。凡儒先見聞，道理格式，皆足以障道……。」[3]進而形述何心隱論述取巧而非直指儒者的紮實原義，批評他爲「儀、秦之學」。[4]據此，此章將針對陽明學說的爭議處——「是否爲禪」來做出兩小節的談論。

[3] 《明儒學案（下）》〈泰州學案一〉，卷三十二，頁703。
[4] 《明儒學案（下）》〈泰州學案一〉，卷三十二，頁705。

第一節　陽明似佛的儒學內涵

一、陽明思想歷程上的佛學經歷

宋明儒者針對「禪佛之學」（以下簡稱「禪」或「佛」）的批評與反動自不待言，許多著名儒者，曾在早年「出入佛、老」而後返回儒家，例如張載、[5]朱熹[6]……等，陽明亦有如此經歷。其四十歲陞文選清吏司員外郎，送甘泉奉使安南時曾贈一文，提及湛若水乃「聖人之徒」，並回顧自身所學而云：

> 某幼不問學，陷溺於邪僻者二十年，而始究心於老、釋……。[7]

而陽明四十三歲在滁，四月陞南京鴻臚寺卿，五月至南京與諸弟子論學時，曾對「多放言高論」的現象而說：

> 先生曰：「吾年來欲懲末俗之卑污，引接學者多就高明一路，以救

---

[5] 《張載集》〈呂大臨橫渠先生行狀〉，頁381：「……因勸讀《中庸》。先生讀其書，雖愛之，猶未以爲足也，於是又訪諸釋老之書，累年盡究其說，反而求之《六經》……。」同書〈宋史張載傳〉，頁385：「……又訪諸佛老：累年究極其說，知無所得，反而求之《六經》。一夕，二程至，與論《易》，次日語人曰：『此見二程深明《易》道，無所弗及，汝輩可師之。』撤坐輟講。與二程語道學之要，渙然自信曰──『吾道自足，何事旁求！』於是盡棄異學，淳如也。」

[6] 《朱子語類》，〈朱子一‧自論爲學工夫〉，卷一百四，頁2620：「某年十五六時，亦嘗留心於此。一日在病翁所會一僧，與之語。其僧只相應和了說，也不說是不是：卻與劉說，某也理會得簡昭昭靈靈底禪。劉後說與某，某遂疑此僧更有要妙處在，遂去扣問他，見他說得也然好。及去赴試時，使官他意思去胡說。是時文字不似而今細密，由人粗說，試官爲某說動了，遂得舉。時年十九。」《朱子文集》〈答江元適一〉，卷三十八，頁1585：「熹天資魯鈍，自幼記問言語不能及人，以先君子之餘誨，頗知有意於爲己之學，而未得其處，蓋出於釋、老者十餘年……。」而束景南：《朱熹年譜長編卷上》（上海：華東師範大學出版社，2001年9月1版1刷），頁87提要云：「在劉子翬處初見密庵主僧、宗杲弟子道謙禪師，向其學禪，出入佛老十餘年自此始。」

[7] 《王陽明全集》〈年譜一〉，卷三十二，頁1240。

時弊。今見學者漸有流入空虛，爲脫落新奇之論，吾已悔之矣。故南畿論學，只教學者存天理，去人欲，爲省察克治實功。」王嘉秀、蕭惠好談仙佛，先生嘗警之曰：「吾幼時求聖學不得，亦嘗篤志二氏。其後居夷三載，始見聖人端緒，悔錯用功二十年。**二氏之學，其妙與聖人只有毫釐之間，故不易辨，惟篤志聖學者始能究析其隱微，非測憶所及也。**」[8]

　　蕭惠好仙、釋，先生警之曰：「吾亦自幼篤志二氏，自謂既有所得，謂儒者爲不足學。其後居夷三載，見得聖人之學若是其簡易廣大，始自歎悔錯用了三十年氣力。**大抵二氏之學，其妙與聖人只有毫釐之間。**汝今所學乃其土苴，輒自信自好若此，眞鴟鴞竊腐鼠耳！」惠請問二氏之妙。先生曰：「向汝說聖人之學簡易廣大，汝卻不問我悟的，只問我悔的！」惠慚謝，請問聖人之學。先生曰：「已與汝一句道盡，汝尚自不會。」[9]

上述陽明點到一關鍵處，就是二氏之學與聖學內涵是「不易分判」的，其論高妙處不全然與聖學違背而僅有毫釐之距，因此陽明曾投入二氏之學頗久。二氏與聖學之所以相近於儒學，如二氏論說此心平靜以應外等修養工夫，說法與表現上與儒者有其一致或相近處；此方向陽明亦有詳細述說（後文將詳述）。但即便「相近」總有其「差異」；稍早之陽明，三十九歲陞盧陵知縣時，與諸生論說靜坐於僧寺時云：

　　前在寺中所云靜坐事，**非欲坐禪入定也。**蓋因吾輩平日爲事物紛拏，未知爲己，欲以此補小學收放心一段功夫耳……。[10]

8　《王陽明全集》〈年譜一〉，卷三十二，頁1243。此書內容同見於〈續編一・與滁陽諸生書并問答語〉，頁1030-1031。
9　《王陽明全集》〈語錄一〉，卷一，頁40。
10　《王陽明全集》〈年譜一〉，卷三十二，頁1236。

上文可知陽明並不全然反對「靜坐」；從「靜坐」的實際效益來看，確可收拾自我、澄淨紛擾，對於人心所發的「諸念」有著「靜觀」、「靜思」……等作用，在此意義下不離儒家的修養工夫，也非必然以「坐禪入定」為目標。若「靜坐」使用得當，當然是可行的，例如上述之說，「靜坐」可為「收放心」這一操作工夫。

　　不論陽明是否在工夫上或外在上贊同「靜坐」，或認為二氏之學有部分合理之處，其實陽明欲回歸的，始終是「修養」、「人倫日用」之儒家基礎關懷。雖然陽明曾經談論「良知」之高妙處與深微處，但基本上不離上述之基礎關懷。五十歲於江西南昌強調「良知」之學時，一方面陳述「良知」並非空談而已，且是紮實的落實於日常之「存天理去人欲」：

　　　　又曰：「某於此良知之說，從百死千難中得來，不得已與人一口說盡。只恐學者得之容易，把作一種光景玩弄，不實落用功，負此知耳。」先生自南都以來，凡示學者，皆令存天理去人欲以為本。有問所謂，則令自求之，未嘗指天理為何如也。間語友人曰：「近欲發揮此，只覺有一言發不出，津津然如含諸口，莫能相度。」久乃曰：「近覺得此學更無有他，只是這些子，了此更無餘矣。」旁有健羨不已者，則又曰：「連這些子亦元放處。」今經變後，始有良知之說。[11]

上述，陽明反對把「良知」當作光景玩弄、流於空談，因此強調「存天理去人欲」這種紮實工作必須重視。陽明不反對「談論良知時的高妙處」，問題是在「談論良知之高妙」時，是否「有紮實的實踐」作為基礎。因此，當回歸「致良知」的教法時，一方面點出「良知」的重要性而展現某種易簡，但陽明在此工夫上仍是不斷地強調，而且談得非常細

11　《王陽明全集》〈年譜二〉，卷三十二，頁1288。

膩。這自然涉及較細微的內心工夫方面，例如談論「心」的「慮」、「念」層次的問題。這種與佛家常用字辭的「念」，陽明不但不反對拿來談論，反而順此脈絡導出他的儒者關懷：

> 陽明先生寓辰州龍興寺時，主僧有某者方學禪定，問先生。先生曰：「禪家有雜、昏、惺、性四字，汝之知乎？」僧未對，先生曰：「初學禪時，百念紛然雜興，雖十年塵土之事，一時皆入心內，此謂之雜；思慮既多，莫或主宰，則一向昏了，此之謂昏；昏憒既久，稍稍漸知其非，與一一磨去，此之謂惺；塵念既去，則自然裡面生出光明，始復元性，此之謂性。」僧拜謝去。**12**

據上文可知，陽明爲何曾說「二氏與聖學」很難區分了；因爲儒者也重視內心修養、對「念」的收拾與強調此「心念」之某種平穩、無染之狀態。雖然陽明使用了「塵念」這一辭，但用意是擺脫世俗干擾以回歸吾性自明的狀態。這樣的談論脈絡，與佛老之學的談論模式（例如所使用之字、詞）當然可能相近，但依歸處始終有別。據此，下小節專就陽明學說中「類似禪學」的內容來稍作介紹，有此內容的認知之後，第二節談論陽明的「儒家本位與闢佛」將更顯完整。

二、類似禪學內涵的儒者論述

雖然陽明跳脫「佛老」思維而返回儒家是事實，論學內涵以「致

---

12 《陽明佚文輯考編年（下）》〈陽明散佚語錄輯補〉，頁951。

良知」、「心即理」、「知行合一」爲主軸，且緊扣儒學修養論而重「心」之基礎面，卻也偶有出現類似禪學內涵或風格的教法；其中最著名者，莫過於「四句教」與「嚴灘問答」兩例；茲分述如下。

（一）四句教

著名的「天泉證道」之「四句教」，乃陽明去世前一年的教法，乃與王畿、錢緒山兩弟子之間的論說。此「四句教」論述「此心」、「心之體」與「工夫」，將此視爲陽明學說之總歸結亦未嘗不可，原文爲：[13]

丁亥年九月，先生起復征思、田。將命行時，德洪與汝中論學。汝中舉先生教言，曰：「**無善無惡是心之體，有善有惡是意之動，知善知惡是良知，爲善去惡是格物。**」德洪曰：「此意如何？」汝中曰：「此恐未是究竟話頭。若說心體是無善無惡，意亦是無善無惡的意，知亦是無善無惡的知，物是無善無惡的物矣。若說意有善惡，畢竟心體還有善惡在。」德洪曰：「心體是天命之性，原是無善無惡的。但人有習心，意念上見有善惡在，格致誠正，修此正是復那性體功夫。若原無善惡，功夫亦不消說矣。」是夕侍坐天泉橋，各舉請正。先生曰：「我今將行，正要你們來講破此意。**二君之見正好相資爲用，不可各執一邊。**我這裡接人原有此二種。利根之人直從本源上悟入。**人心本體原是明瑩無滯的，原是個未發之中。**利根之人一悟本體，即是功夫，人己內外，一齊俱透了。其次不免有

---

[13] 此內容於《王陽明全集》〈語錄三〉，卷三，頁128-129以及〈年譜三〉，卷三十四，頁1317-1318均有記載。內容文字上雖有些許不同，然意旨大同小異。而《王畿集》〈天泉證道紀〉所記載的內容，差距比較大一些，可說是王畿針對此過程的體悟後的自身結論，但〈天泉證道紀〉因屬龍溪門人所記載，因而受到些許爭議。由於牽涉甚廣（義理、考據），於此基礎偏不贅述之；相關的談論，如牟宗三先生、陳來先生王財貴先生、高瑋謙先生……等多位學者均對此議題有所關注。而較總括性的談論，或可參考黃敏浩：〈王龍溪〈天泉證道紀〉所衍生的問題〉《臺灣東亞文明研究學刊》，第8卷第2期，2011年12月，頁237-270的精要論述。

習心在，本體受蔽，故且教在意念上實落爲善去惡。功夫熟後，渣滓去得盡時，本體亦明盡了。汝中之見，是我這裡接利根人的；德洪之見，是我這裡爲其次立法的。二君相取爲用，則中人上下皆可引入於道。若各執一邊，眼前便有失人，便於道體各有未盡。」既而曰：「已後與朋友講學，切不可失了我的宗旨：無善無惡是心之體，有善有惡是意之動，知善知惡的是良知，爲善去惡是格物，只依我這話頭隨人指點，自沒病痛。此原是徹上徹下功夫。利根之人，世亦難遇，本體工夫，一悟盡透。此顏子、明道所不敢承當，豈可輕易望人！人有習心，不教他在良知上實用爲善去惡功夫，只去懸空想個本體，一切事爲俱不著實，不過養成一個虛寂。此個病痛不是小小，不可不早說破。」是日德洪、汝中俱有省。**14**

然上述談論的重點有三個方向須留意，相關談論頗多，故分論爲：

1.陽明「四句教」內涵

陽明「四句教」內涵涉及範圍甚廣，故下文再引述而分別論說其要義：

　　A無善無惡心之體：論述心之體（根源狀態）乃無善惡之階段或狀態，此狀態無「善惡」可名之，或說不落於「善惡」之層次。

　　B有善有惡意之動：論述「意之動」才有所謂「善惡」，「意動之後」已非「心之體」之不落「有無」之狀態；「善惡」可說是落在「意念發動後」才有。

　　C知善知惡是良知：對於善惡之理解、認同或排斥（惡），是因爲「有內存之良知」。也可說，對於善惡的理解、認同或是排斥（惡）的運

作，就是起於「良知」而有。

　　D為善去惡是格物：當從事於「為善去惡」的種種內容，就是「格物」。

上述的A-D後續內容是筆者簡單的解釋，其實內涵可涉及更廣，但基本上不離上述之解釋要點。首先需注意的是，B、C、D三者，在儒學修養論述的內部中是絕對緊連的；當我們處於起心動念於善惡的B階段，也因我們有C這一「良知內存」因此能夠「知善知惡」，進而採取D之「為善去惡」。但B、C、D這種緊連關係，可說是一種描述上的表達，因此不需規定其中的「次序性」。當然，就陽明而言，B-C-D應是他認為最合理序的狀態，但也不能否認有人得先從D作起，而後才發覺本心良知之存在。

　　因此，「四句教」雖可有連貫性，但陽明沒有刻意說明A至D的次序性，故筆者不建議以「必然有其次序」來體驗此「四句教」。尤其是把A內涵加入時，可知A內涵是針對B「意之動」之前的狀態來描述的；實踐之時，我們不一定非得先從A來體認或刻意體認。且必須留意的是，A內涵是孔、孟從沒談論過的，但是在《中庸》論「未發」狀態所說的「中」，再經由宋代儒者大肆談論之後，此「中」或說「未發」已被用來形述「心的本然狀態」或是描述「思、念未起」的平穩狀態，而陽明以「心之體」稱之。據此，A內涵被陽明述說出，除了強調「心的本然狀態」是不落於善惡、非善惡可強加形述的，又點出「此心之體」不落於「善惡之對」而受其羈絆，即整個原文中的「人心本體原是明瑩無滯的，原是個未發之中。」此外應留意的是，A「無善無惡」之境界，不僅僅是「四句教」中屬於言語上的描述作用而已，此境地可貫通於人倫日用之中，且可替代為「良知本體」等相關語辭；這方向內容在之前第二章第一節，談論陽明論述「未發」時已有清楚交代之，故此處不再贅述了。

　　據此，筆者將稍作重點歸結；此「四句教」的內涵，A乃論述「心

之體」的這一個本然狀態義，而且是相對於B的「意之動」來說。陽明再從B的狀態中，來緊連於C，因爲「『有』善『有』惡」除了是「意之動」後才有，但儒者更關心的不僅僅是「善惡概念」的產生而已，更關心「『知』善『知』惡」這個根源（良知）與後續現象（實踐）。據此，在C的描述中，凸顯「良知」是「知善知惡」之關鍵，並且再次說明「知善知惡」是起源於「良知」，而順勢連結於D的具體實踐。

2.王畿與錢緒山的談論

　　上述可知，「心之體」的本來狀態與境界，以及動於思念之後儒者所應做的所有事，皆可在「四句教」中體驗之。而王畿與錢緒山，分別就兩個層次來陳述己意，茲簡述如下：

　　王1：此恐未是究竟話頭。若說心體是無善無惡，意亦是無善無惡的意，知亦是無善無惡的知，物是無善無惡的物矣。若說意有善惡，畢竟心體還有善惡在。

上述龍溪所說之「此話未是究竟話頭」，乃指涉「心之境地不落有無之時」，可貫徹於日用之間，同樣地展現於「意」、「知」、「物」上。因此王畿之意，除了符合陽明自己說過的：「顏子不遷怒，不貳過，亦是有未發之中，始能。」[15]乃「心之境地」與「未發之中」始終契合，故不動於所有；而應物、應事時，皆無所謂的動靜、喜怒……等外在之侷限。故王畿之說，乃直接從心體境界下放至日用所有，因此「此話未是究竟話頭」並非說陽明之說「未究竟」，而是沒有從「究竟義、境界義」來直接講述所有。

---

[15] 《王陽明全集》〈語錄一〉，卷一，頁35。

也因爲如此，龍溪主張的「心」、「意」、「知」、「物」都可因「心體」的「無善無惡」而貫串之；此說其實不違背陽明「四句教」宗旨，但前文所述之「四句教」明顯有講「爲善去惡」這種基礎工夫，因此即便陽明知曉龍溪之意，仍不忘提醒：「此原是徹上徹下功夫。利根之人，世亦難遇，本體工夫，一悟盡透。此顏子、明道所不敢承當，豈可輕易望人！」

由於此書不多述王畿之思想，故上文之解釋之後，筆者再以總要性的說法援引相關談論來作結即可，以對比於稍後將談論的錢緒山之說。當然，龍溪並不會因「四無」之說而刻意否認基礎工夫，他只是說明了兩個爲學面向；針對陽明的「四句教法」，王畿的體悟與特點應可歸於下兩段話語：

王2：夫聖賢之學，致知雖一，而所入不同。從頓入者，即本體爲工夫，天機常運，終日就業保任，不離性體，雖有欲念，一覺便化，不致爲累，所謂性之也。從漸入者，用工夫以復本體，終日掃蕩欲根，袪除雜念，以順其天機，不使爲累，所謂反之也。若其必以去欲爲主，其復其性，則頓與漸，未嘗異也。**16**

王3：吾人一切世情嗜欲，皆從意生。心本至善，動於意，始有不善。若能在先天心體上立根，則意所動自無不善，一切世情嗜欲自無所容，致知工夫自然易簡省力，所後天而奉天時也。若在後天動意上立根，未免有世情嗜欲之雜，纏落牽纏，便費斬截，致知工夫轉覺繁難，欲復先天心體，便有許多費力處。顏子有不善未嘗不知，知之未嘗復行，便是先天易簡之學。原憲克伐怨欲不行，便是後天繁難之學。不可不辨

---

16 《王畿集》〈松原晤語〉，卷二，（南京：鳳凰出版社，2007年3月第一版），頁42-43。

也。**17**

　　從上述可知龍溪爲學與說教的偏好之處，而且有自身的詮釋與特色之所在。雖然他說兩方面工夫「未嘗異」，其實仍可明顯得知較偏向「先天之學」，也就是直接在「心體」上立根，即從「無善無惡」的純然基礎下來應對於所有；如此，工夫與本體亦未曾相離。

　　反之，錢緒山則認爲陽明的教法始終兼顧上下兩層；從心體（無善無惡）上的述說雖有，但認爲須有紮實的工夫以下學上達。如前文所述則是：

　　錢1：心體是天命之性，原是無善無惡的。但人有習心，意念上見有善惡在，格致誠正，修此正是復那性體功夫。若原無善惡，功夫亦不消說矣。

上述可知錢緒山頗重視「工夫」，不輕易也不直接以「無善無惡」來說明整個「格致誠正」以回復「性體」。因此，錢緒山的意思除了肯定心之體與性體內存，卻更留意於「『如何』復性」之要旨。若簡化總結錢緒山的重視點，可暫時以下兩段文意來理解之：

　　錢2：「今人乍見孺子入井，皆有怵惕惻隱之心」，怵惕惻隱是謂善矣。然未見孺子之前，皆加講求之功，預有此善以爲之則耶？抑虛靈觸發，其機自不容已耶？……。赤子將匍匐入井，自聖人與塗人，並而視之，其所謂怵惕惻隱者，聖人不能加而塗人未嘗減也。但塗人擬議於乍見之後，已淪入於納交要譽之私矣。然則塗人之學聖人也，果憂怵惕惻隱之

不足耶？抑去其蔽，以還乍見之初心也。**18**

上述可知，錢緒山肯定人人皆有此性善內存，聖人與一般人的差異，僅在於「乍見之後」是否能夠保持原初「性善」之平穩開顯而已，所強調的「抑去其蔽，以還乍見初心也」即是此意。若以「四句教」的內涵來說，錢緒山雖也著重人是否能夠常保有此心體；然而，錢緒山認爲此頗困難，陽明也能理解此意而贊同說：「其次不免有習心在，本體受蔽，故且教在意念上實落爲善去惡。功夫熟後，渣滓去得盡時，本體亦明盡了。」據此，錢緒山的理解（即前述之錢1）亦符合陽明之說。也因錢緒山與王龍溪二人的側重處不同，因此緒山曾提醒龍溪說法的疑慮：

　　錢3：吾心本與民物同體，此是位育之根，除卻應酬，更無本體，失卻本體，便非應酬。苟於應酬之中，隨事隨地不失此體，眼前大地何處非黃金？若厭卻應酬，必欲去覓山中，養成一個枯寂，恐以黃金反混作頑鐵矣。**19**

上述之說，可理解錢緒山認爲「以本體論一切」之時，容易忽略日用應酬之事；日用應酬其實不離本體，也可依此洗鍊而復其本體；若過於輕談高論，容易把日用應酬之事拋棄而「養成一個枯寂」。

　　總括來說，「四句教」道出之後，王畿、錢緒山之體會與論說雖有兩方向的分判，但最重要者，乃陽明說的「二君相取爲用，則中人上下皆可引入於道。若各執一邊，眼前便有失人，便於道體各有未盡。」因此，陽

---

18 錢明：《徐愛、錢德洪、董澐集》〈錢德洪語錄詩文輯佚・復楊斛山書〉（南京：鳳凰出版社，2007年3月初版），頁156。

19 錢明：《徐愛、錢德洪、董澐集》〈錢德洪語錄詩文輯佚・復龍溪〉，頁151。

明的四句教法，除了展現他生平說教的最終總結，其實也兼論各種型態的修養進路；而筆者認為徹底理解「四句教」之內涵後，其實也很難跟佛學思想相混了。[20]

（二）嚴灘問答

「嚴灘問答」的內容，相較於「四句教」更顯「禪風」；而且此問答的角色同樣是陽明與其弟子王畿、錢緒山的對話。記載有云：

> 先生起行征思、田，德洪與汝中追送嚴灘，汝中舉佛家實相幻想之說。先生曰：「**有心俱是實，無心俱是幻；無心俱是實，有心俱是幻。**」汝中曰：「有心俱是實，無心俱是幻，是本體上說工夫。無心俱是實，有心俱是幻，是工夫上說本體。」先生然其言。洪於是時尚未了達，數年用功，始信本體工夫合一。但先生是時因問偶談，若吾儒指點人處，不必借此立言耳！[21]

上述可屬陽明最「似禪」的講學，雖文後提醒「不必藉此立言」，但陽明仍是如此說了。其中難解之處，在分別以「本體」、「工夫」作為前提之時，可分別論述出「有心俱是實，無心俱是幻；無心俱是實，有心俱是幻。」且兩方向的指涉內涵頗為不同。從前小節的「四句教」的相關談論可知，王畿較偏向立「心之體」來論說所有，而錢緒山則較為保守而側重下學上達之為學進路。兩人學風不同，悟性亦有不同；上文很難馬上理解

---

[20] 針對此「無善無惡」的心之體描述，於《王陽明全集》〈語錄一〉，卷一，頁32又有云：「無善無惡者理之靜，有善有惡者氣之動。不動於氣，即無善無惡，是謂至善。」故可知曉「無善無惡」的內涵，並非以「無」一字採取「捨離」或「否定義」為主軸，轉而是形述某種純然之境，無善惡可名之的「原初狀態」。然而，若硬是要形述此境地，上文可知陽明仍用「無善無惡是謂至善」來說明。

[21] 《王陽明全集》〈語錄三〉，卷三，頁136。

的教法，龍溪能立即理解陽明之意，進而答出「本體上說工夫」與「工夫上說本體」之差異，可謂極其聰穎。

當以「本體」爲前提來談「工夫」時，「有心俱」則代表一切皆基於此心之本體（良知）而發露至所有，既然此根（本體）已立，故「有心俱」即「實」，任何對應皆有其意義了。而且既然從「本體已立」這一前提來談了，「無心俱是幻」當然可說。「無心俱」乃工夫或實踐刻意的「無心」，這樣反而無法直接貫通於「本體已立」的這一前提，因此刻意的「無心」反而造成所有工夫、實踐皆是「幻」而無意義了。

另一方面，若從「工夫」層次來論「本體」之時，因僅處於工夫層次而未達此心本體之自然開展與貫徹所有，此時操作狀態若「無心」，反而是不落二邊、不執於己意而無私，反而可以得其「實」（有意義）；此乃「無心俱是實」之要義。而「有心俱是幻」是指「有心」的時候，因未達本體之自然開展或貫徹，此時的「有心」反而呈顯落於二邊、執於己意，故離於本體之深意反而呈顯「幻」（無意義）。

據此來說，陽明上述四句，首句的「有心」乃是「有本體意義之發露」，若連結四句教法來貫通，亦可說是「無善無惡下的自然發心」，這當然與第三句的「有心」的涵義大爲不同。同樣的，第二句的「無心」是指「非從本體發露卻執於需要無心」，因此所有工夫、實踐反而不著實，此與第三句的「無心」所指涉的「無己意」、「無私意」的論述前提大爲不同。此種說法頗爲複雜，同一語辭卻因不同前提而有不同的效果與意義，無怪乎錢緒山無法直接理解之。

陽明似禪的論學風格，上文種種應可囊括大部分重點。此小節僅是簡要列舉陽明論說中似禪的事實，若要導回陽明儒家立場與其論說特色，則於下一節「似佛卻闢佛觀點」做進一步的釐清，據此筆者以下引文做爲過渡：

　　聖人致知之功至誠無息，其良知之體皎如明鏡，略無纖翳。妍媸之來，隨物見形，而明鏡曾無留染。所謂情順萬事而無情也。無所住而生其心，佛氏曾有是言，未為非也。**明鏡之應物，妍者妍，媸者媸，一照而皆真，即是生其心處。妍者妍，媸者媸，一過而不留，即是無所住處。**病瘧之喻，既已見其精切，則此節所問可以釋然。病瘧之人，瘧雖未發，而病根自在，則亦安可以其瘧之未發而遂忘其服藥調理之功乎？若必待瘧發而後服藥調理，則既晚矣。致知之功無間於有事無事，而豈論於病之已發未發邪？大抵原靜所疑，前後雖若不一，然皆起於自私自利，將迎意必之為崇。此根一去，則前後所疑自將冰消霧釋，有不待於問辨者矣。**22**

　　上述，陽明以佛氏常用之比喻——「鏡」來說明此「心」應物的狀況。其實，此種內涵早在程顥之〈定性書〉已顯端倪，乃強調此「心」之「根源上的不動義」，故應外時的「動靜與否」皆屬次要了。陽明認同此意，故說良知本體應物時，此心明皎而無染，應外而不受塵擾；且此心如鏡，雖應物而不留，不動卻順應於萬物。這是對此心境界狀態的描述，用「鏡」比喻頗清晰易懂，然陽明除了肯定這種境界義之外，欲回歸的還是儒家式的內涵。此外，陽明更重視從病根（此心是否無私）調整起，且與《大學》所論之「無自欺」這種強調「內在心境」的修養論亦可呼應。因此總括來說，陽明的使用語言上，不論是否貼近佛家，總可回歸儒家關懷，下節將完整描述之。

第二節　陽明之儒家本位與闢佛

　　上節文末應可知，陽明的似禪風格雖有，卻不失儒家基本關懷。筆者首先得說明的是，陽明的闢佛論說，不一定必然正確，卻也忠實呈顯了儒家立場。首先可先理解陽明對佛、老之說並不是全然反對、認爲皆毫不足取：記載有云：

　　王嘉秀問：「佛以出離生死誘人入道，仙以長生久視誘人入道，其心亦不是要人做不好，究其極至，亦是見得聖人上一截，然非入道正路。如今仕者由科，有由貢，有由傳奉，一般做到大官，畢竟非入仕正路，君子不由也。**仙、佛到極處，與儒者略同，但有了上一截，遺了下一截，終不似聖人之全**；然其上一截同者，不可誣也。後世儒者，又只得聖人下一截，分裂失眞，流而爲記誦詞章，功利訓詁，亦卒不免爲異端。是四家者終身勞苦，於身心無分毫益。視彼仙、佛之徒，清心寡欲，超然於世累之外者，反若有所不及矣。今學者不必先排仙、佛，且當篤志爲聖人之學。聖人之學明，則仙、佛自泯。不然，則此之所學，恐彼或有不屑，而反欲其俯就，不亦難乎？鄙見如此，先生以爲何如？」先生曰：「**所論大略亦是**。但謂上一截，下一截，亦是人見偏了如此。**若論聖人大中至正之道，徹上徹下，只是一貫，更有甚上一截，下一截**？『一陰一陽之謂道』，但仁者見之便謂之仁，智者見之便謂之智，百姓又日用而不知，故君子之道鮮矣。仁智可豈不謂之道？但見得偏了，便有弊病。」[23]

　　從境界上來談的話，陽明弟子曾說佛老與儒「略同」，而陽明回應時

說「大略亦是」。其中關鍵處，在於陽明認爲儒者之修身內涵與呈顯
結果，雖有「境界」與「世俗」之分，雖然可以用「上一截」、「下一
截」來形述，但這種說法仍是未透徹的。陽明認爲，即便是聖人境界如
「大中至正」、「仁」等意涵，仍自然地貫通於「上下兩截」，因此何來
「上下截」之區分？此意義深遠，實點出儒者即便有一境界義，卻不曾斷
裂、脫離於人倫日用，因此陽明道出「徹上徹下」這種兼容、貫通義，來
說明儒家之思維要點。反之，佛、老之究竟義對陽明來說，實無法兼容於
所謂的「下一截」。

　　此內涵則導出陽明與佛、老最大的不同了；若簡化的說，不論儒者已
達何種高超境界，對於最爲關切的「人倫日用」或「道德禮法」都不能有
任何的「脫離」或「捨棄」之觀感或可能。有此方向的認知之後，此再分
爲兩小節，分別論述陽明「闢佛」的內容，以及他所重視的現世關懷。

一、陽明如何闢佛

　　陽明學說重視「心」，對於抽象內涵亦以此「心」的收攝來說，且多
緊扣道德層面；當然也有論及形上存有與天理運行等較抽象的內容，但他
對佛家思想的「輪迴」觀點並不接受，且認爲有「欺弄精神」之疑慮；他
說：

　　釋氏輪回變現之論，亦不必求之窈冥……。釋氏言語，多有欺弄精神
者，大概當求之方之外，得其意而已矣。**24**

---
24 《王陽明全集》〈補錄二〉，卷四十，頁1616。

釋氏的談論對儒者（陽明）而言過於抽象，對於精神（心靈）的影響並無正面效益，無法像儒者那樣的直接扣緊道德關懷、貼近於人倫日用。即使用意都是「修養自我」，但論說模式不同，終極關懷也不同，上述的「方之外」及點出此項關鍵。

　　但細究之，上述陽明是說「『多』有欺弄精神」，因此，也不見得對於釋氏之說全然否定而認為皆不足取。以修養或修心來說，陽明不認為釋氏之說全然無用，甚至，陽明自身使用了釋氏風格的用語，來論說如何修養自我，並且形述本然（良知本體）……等。但重點是，陽明往往在使用這類語辭時，卻順勢導出儒者自身的定位。例如在龍場之悟後，時常使用自身的體悟來評論釋氏之說：

　　　　陽明先生寓辰州龍興寺時，主僧有某者方學禪定，問先生。先生曰：「禪家有雜、昏、惺、性四字，汝知之乎？」僧未對。先生曰：「初學禪時，百念紛然雜興，雖十年塵土之事，一時皆入心內，此之謂『雜』。思慮既多，莫或主宰，則一向昏了，此之謂『昏』。昏憒既久，稍稍漸知其非，與一一磨去，此之謂『惺』。塵念既去，則自然裡面生出光明，始復元性，此之謂『性』。」僧拜謝去。此說如何？[25]

上述，陽明雖緊扣修養來說，但面對僧者時並無直接涉入「儒佛之辯」來評論，反道出「同樣的字」（雜、昏、惺、性）的種種深意中，儒者關切的深意為何；立論可謂巧妙。而同年，[26]正德五年十二月陽明三十九歲

---

[25] 《王陽明全集》〈補錄二〉，卷四十，頁1622。

[26] 上述之引文中的「陽明先生寓辰州龍興寺時」，據《王陽明全集》〈年譜附錄一〉，卷三十五，頁1350記載：「師昔還自龍場，與門人冀元亨、蔣信、唐育賢等講學於龍興寺……。」又據〈年譜一〉，卷三十二，頁1236記載：「及歸，過常德、辰州，見門人冀元亨、蔣信、劉觀時輩俱能卓立……。」為同一年，為正德五年庚午，乃陽明三十九歲時。

時，又以「實踐之功」、「仁體」論及「廓清心體」來反省釋氏之說，實
已建立一個明確闢佛基點了：

> 　　聖人之心如明鏡，纖翳自無所容，自不消磨刮。若常人之心，如斑垢
> 駁蝕之鏡，須痛磨刮一番，盡去其駁蝕，然後纖塵即見，才拂便去，亦不
> 消費力。到此已是識得仁體矣。若駁蝕未去，其間固自有一點明處，塵埃
> 之落，固辦見得，才拂便去。至於堆積於駁蝕之上，終弗之能見也。此學
> 利困勉之所由異，幸勿以為難而疑之也。凡人情好易而惡難，其間亦自有
> 私意、氣習纏蔽，在識破後，自然不見其難矣。古之人至有出萬死而樂為
> 之者，亦見得耳。向時未見得裡面意思，此工夫自無可講處。今已見此一
> 層，卻恐好易惡難，便流入禪釋去也。[27]

上述可知，陽明早年時期認同「心如鏡」之說法，但若只強調「此心如
鏡」之境界義，則易忽略基礎工夫，故陽明說：「向時未見得裡面意
思，此功夫自無可講處。」此心純然如鏡，必須先有紮實工夫累積方能
得之，因此陽明提醒「須痛加刮磨一番，盡去其駁蝕」、「勿以為難而
疑之也」。也就是累積的工夫不可斷，而且不可好易惡難，若只專注在
此心純然境地的自我感覺，而忽略紮實的基礎工夫時，則「便流入禪釋
去也。」可知陽明對禪佛的批評，除了之前談論的「方之外」的關懷差
別，在細微的工夫上亦有不同方向的提點。

　　這種對「心」的境界義之相關描述，其實在儒者內部的談論不難見
之；例如下文引述陽明的說法中，實類似象山之易簡工夫，且融通於程顥
之〈定性書〉，也符合孟子「不動心」之深意；而陽明談論「此心的境
界」、「心如鏡」之所以不流於釋氏，亦可從下文中所強調基礎工夫來

---

[27]　《王陽明全集》〈年譜一〉，卷三十二，頁1237。此書同見〈文錄一〉，卷四，頁158。

看：

> 問：「聖人應變不窮，莫亦是預先講求否？」先生曰：「如何講求得許多？聖人之心如明鏡，只是一個明，則隨感而應，無物不照；未有已往之形尚在，未照之形先具者。若後世所講，卻是如此，是以與聖人之學大背。周公制禮作樂以示天下，皆聖人所能爲，堯、舜何不盡爲之而待於周公？孔子刪述《六經》以詔萬世，亦聖人所能爲，周公何不先爲之而有待於孔子？是知聖人遇此時，方有此事。只怕鏡不明，不怕物來不能照。講求事變，亦是照時事，然學者卻須先有個明的工夫。學者惟患此心之未能明，不患事變之不能盡。」曰：「然則所謂『沖漠無朕而萬象森然已具者』，其言如何？」曰：「是說本自好，只不善看，亦便有病痛。」**28**

上述「學者惟患此心之未能明，不患事變之不能盡」就是強調儒者的基礎修養工夫，因此即便前面所說之「聖人之心如明鏡……」也不純然是佛家思維，反而凸顯儒者自身所擔憂的「只怕鏡不明」，兼顧了基礎面而說「學者卻須先有個明的工夫」。

　　簡單來說，「心」之清淨如鏡、描述「心」之境界義……等，儒、佛兩家皆曾重視，但「如何求得此清淨之心」、「心如鏡的工夫累積」，儒者強調一個很紮實的修養，而且是不離於人倫日用的修養過程。重要的是，達成此境界之後，還是回歸到人倫日用上，而關於此方向較詳細的談論，將於下小節整理。

　　筆者認爲，若能清楚描述儒者自身思維系統與其重視之處（如上述），也能理解陽明是將這個前提（人倫日用的重視）建立且穩固之後，才不避諱地使用佛家語辭來談論儒學（例如上述之「明鏡」，或上一

28　《王陽明全集》〈語錄一〉，卷一，頁13。

節的「無」之相關述說），則可知批評陽明為禪、佛應純屬誤解。簡單來說，陽明這種論說模式有一優點也有一疑慮；優點是，可以從「與佛學類似的話語」得出屬於儒者自身的深意，藉此避免儒、佛之混淆。疑慮是，未能清楚陽明學說立場者，恐認為陽明用這種「類似的話語」已入禪。當然，陽明思維中始終有著儒者最基本的「性善」與「良知」之說，且配合實際人倫日用來談；據此，應可理解無法簡化地將陽明批評為禪、佛了。

　　論述至此，筆者更欲點出，其實陽明的闢佛特色不在於他「是否直接闢佛」，反而是在他「使用類似佛家用語」時，卻不是「以佛家思想為依歸」所呈顯出的「儒家深意」。前述諸引文已可見端倪，而下文亦復如此：

　　「不思善不思惡時認本來面目」，此佛氏為未識本來面目者設此方便。「本來面目」即吾聖門所謂「良知」。今既認得良知明白，即已不消如此說矣。「隨物而格」，是「致知」之功，即佛氏之「常惺惺」亦是常存他本來面目耳。體段工夫，大略相似。但佛氏有個自私自利之心，所以便有不同耳。今欲善惡不思，而心之良知清靜自在，此便有自私自利，將迎意必之心，所以有「不思善、不思惡時用致知之功，則已涉于思善」之患。孟子說「夜氣」，亦只是為失其良心之人指出個良心萌動處，使他從此培養將去。今已知得良知明白，常用致知之功，即已不消說夜氣；卻是得兔後不知守兔，而仍去守株，兔將復失之矣。欲求寧靜欲念無生，此正是自私自利，將迎意必之病，是以念愈生而愈不寧靜。良知只是一個良知，而善惡自辨，更有何善何惡可思？良知之體本自寧靜，今卻又添一個求寧靜；本自生生，今卻又添一個欲無生；非獨聖門致知之功不如此，雖佛氏之學亦未如此將迎意必也。只是一念良知，徹頭徹尾，無始無終，即是前念不滅，後念不生。今卻欲前念易滅，而後念不生，是佛氏所謂斷滅

種性，入於槁木死灰之謂矣。**29**

上述引文頗長，筆者暫歸結幾個重點來論述。第一，「本來面目」這種終極歸依處本自「可說」。不論是佛家講「佛性」或是「空性」，還是儒家講的「性」，都「可以」用「本來面目」來「論說之」；關鍵是在於「本來面目」所指涉的內涵是什麼。第二，以「不思善不思惡」形述「本來面目」本來就可以說，但是要返回「本來面目」必須要有工夫；佛家又曾以「常惺惺」來論，陽明則以「致知」來說，因此陽明又說「體段工夫，大略相似」。也就是在操作層面上，不論是用「常惺惺」還是「致知」，都是對此「心」、「念」來下工夫，因此是相似的。但是，刻意的「不思善不思惡」是陽明反對的，認為這種方法是「自私自利，將迎意必之心。」第三，「不思善不思惡」來描述「本來面目」，是說此「本來面目」無善惡可名、不限於善惡之對，故「不思善惡」乃當下之純粹一心，乃心之本然。更重要的是陽明點出，「良知」這個「本來面目」雖然「無善無惡」，卻是「善惡自辨」的。「本來面目」並非已存有著「善惡」這種對比、分判，是應外時自然而有，故說「良知之體本自寧靜」，因此何需刻意的「不思善不思惡」來達到呢？**30**此可配合陽明另一論說來看：

> 是有意於求寧靜，是以愈不寧靜耳。夫妄心則動也，照心非動也；恆

---

29 《王陽明全集》〈語錄二〉，卷二，頁73。

30 其實從陽明的談論中可知，他所批評的佛家思維，應屬於異化後的佛家思維，故文末陽明也提及：「是佛氏所謂斷滅種性，入於槁木死灰之謂矣。」可見佛家思維中，斷念、離相……等說法，應是方法上的對峙而說，並非「執於」要「斷念」、「離相」……等。佛氏說法，在陽明時期早已成熟且發展已久，例如「空、假、中」的「三諦」說法早已出現，應不至於落入陽明所批評的那種內涵。據此可知，陽明或許針對佛氏論說下的某些操作方法產生對峙進而批評，抑或針對禪宗教法下，一般人較容易誤解其意的修養模式作出對峙。因此持平來說，陽明的批評並非全然正確，但他依此捍衛儒家立場的鮮明程度，也不至於被誤解為「入禪」。

照則恆動恆靜，天地之所以恆久而不已也。照心固照也，妄心亦照也；其爲物不貳，則其生物不息，有刻暫停則息矣，非至誠無息之學矣。**31**

上述可知，刻意的「不思善不思惡」，與刻意的追求寧靜是同樣的毛病。都是執於此心不可思、不可動，卻反而呈顯紛亂，反而是「妄心」。一旦妄心起，就是「動」，進而忽略「不動之照」之深意。可知陽明對於「本來面目」的形述，是一種本自寧靜卻又自然開展的，寂然不動卻能感而遂通的；重要的是，「不必刻意」的操作「脫離善惡」、「追求寧靜」方爲是。因此，不論是上述的「本來面目」的語辭使用，還是下文的「本體」；如同前述，始終呈顯了他一貫的儒家論說：

> 先生曰：「無知無不知，本體原是如此。譬如日未嘗有心照物，而自無物不照。無照無不照，原是日的本體。良知本無知，今卻要有知；本無不知，今卻疑有不知，只是信不及耳！」**32**

以「良知」來說「本來面目」，亦是「本體」；此「本體」如鏡照物，因此「良知」不刻意爲而自然爲之，故不限於「知或無知」。如此的自然感通於所有，何須「硬操作」來達到「無知」或「知」呢？

上文種種，應可理解陽明的儒家立場了。理解後，再看陽明使用的語辭，也應不至於過於突兀；茲以下段引文爲總結：

> 人若知這良知訣竅，隨他多少邪思枉念，這裡一覺，都自消融。眞個

---

31 《王陽明全集》〈語錄二〉，卷二，頁67。
32 《王陽明全集》〈語錄三〉，卷三，頁120。

是靈丹一粒，點鐵成金。**33**

二、現世關懷的重要性

　　上小節的談論，陽明以工夫操作的細節上表達儒者與佛家的相異點，亦可知陽明對於佛家思想並非全然否定。例如佛家對人心的執限處的相關反思，或是欲望過多的正向提醒，均不必然與儒家的修養內涵相衝突，只是在操作上有著陽明無法認同的細部之別。除此之外，陽明不以佛家思想爲依歸的重要原因在於，內在修養操作即便達到所謂的「無」或「虛」之後，世間的道德實踐、親情情感、抱負使命……等，依舊是儒家最堅持的關懷而不可輕言捨離或遁隱。對宋明儒者而言，佛家思維下的最終境界，實難以相容於儒家的入世關懷，因此闢佛的路線幾乎都曾經以這個方向來說明，陽明亦不例外，他說：

　　曰：「佛氏亦無善無惡，何以異？」曰：「佛氏著在無善無惡上，<u>便一切都不管，不可以治天下</u>。聖人無善無惡，只是無有作好，無有作惡，不動於氣。然遵王之道，會其有極，便自一循天理，便有個裁成輔相。」**34**

上述引文的「佛氏著在無善無惡上，便一切都不管。」實是對佛家的過度批評，但理解陽明的對峙性說法即可。陽明要強調的是，儒者的「無善

---

33 《王陽明全集》〈語錄三〉，卷三，頁102。
34 《王陽明全集》〈語錄一〉，卷一，頁32。

無惡」狀態，乃形述此心的純然之境而貫徹於人倫日用，是自自然然的落實在現世關懷上，是一種「無有作好，無有作惡」的「心」來的實踐所有事，因此又說「不動於氣」。此顯示出陽明即便使用「相同言語」（無善無惡），卻在細部說明上點出儒者與佛家的最大差異，而自有其闢佛之效力。在陽明的思維脈絡下，道德實踐等所有事都是自自然然的內容，「此心」並非「刻意」故無需以「善惡」來執限之，因此不必刻意的「不著」或說「逃離」所有的名相，陽明曾說：

> 先生嘗言：「佛氏不著相，其實著了相。吾儒著相，其實不著相。」請問。曰：「佛怕父子累，卻逃了父子；怕君臣累，卻逃了君臣；怕夫婦累，卻逃了夫婦：都是爲個君臣、父子、夫婦著了相，便須逃避。如吾儒有個父子，還他以仁；有個君臣，還他以義；有個夫婦，還他以別：何曾著父子、君臣、夫婦的相？」[35]

上述先不論陽明的批評是否正確；因佛家思想的談論中，也自有其對峙性說法。但陽明的意思是，「刻意的不著於」名相諸事實，例如「君臣」、「夫婦」……等，又欲擺脫「諸名相」所出的「延伸諸名相」，如之前談論的「善惡」、「仁義」……等，這都反而呈顯「佛氏之著相」。當然，對於佛家思想熟稔者，應可知佛家的談論並非陽明所批評的如此一偏。但終究，陽明仍以此方向來陳述儒佛之別，並依此呈顯人倫日用之事與所有的「名相」內涵，都是此心落實該有的實踐而後自然有的，哪有著相不著相的問題？

當陽明把重點扣回人倫日用之事時，除了回應了佛家思想之外，陽明也曾以老子的反思點，來形述君子的風範是：

---

[35] 《王陽明全集》〈語錄三〉，卷三，頁108-109。

　　君子樂得其道，小人樂得其欲。然小人之得其欲也，吾亦但見其苦而已耳。「五色令人目盲，五聲令人耳聾，五味令人口爽，馳騁田獵令人心發狂。」營營戚戚，憂患終身，心勞而日拙，欲縱惡積，以亡其生，烏在其為樂也乎？若夫君子之為善，則仰不愧，俯不怍；明無人非，幽無鬼責；優優蕩蕩，心逸日休；宗族稱其孝，鄉黨稱其弟；言而人莫不信，行而人莫不悅。所謂無入而不自得也，亦何樂如之！**36**

人因欲望而對外在產生種種追求，反受其羈絆侷限時，其實道家思維模式也提供了很好的反思效果，如上文的「五色令人目盲，五聲令人耳聾，五味令人口爽，馳騁田獵令人心發狂。」陽明則在肯定君子擺脫外在種種干預之後，是「樂於道」且「無入不自得」，於此接回「君子之為善」等種種諸事而再次不脫離於人倫日用。據此可知，道家思維模式的某些部分亦被陽明肯定，卻也點出儒者自身的側重面；下文亦然：

　　為學須有本原，須從本原上用力，漸漸『盈科而進』。仙家說嬰兒，亦善譬。嬰兒在母腹時，只是純氣，有何知識？出胎後方始能啼，既而後能笑，又既而後能認識其父母兄弟，又既而後能立能行、能持能負，卒乃天下之事無不可能……。**37**

上述，老子所言的「復歸於嬰兒」的談論，陽明認為是一個相當好的譬喻。此狀態乃表達自我「自然的本真」；但儒者也有自身認定的「自然的本真」，且緊連於更重要的是後天學習，以達到儒者要求下的實踐了。

　　上文種種應可理解陽明的儒家本位與闢佛（老）的內容，筆者以下文

36　《王陽明全集》〈外集六・為善最樂文〉，卷二十四，頁969-970。
37　《王陽明全集》〈語錄一〉，卷一，頁15。

作總結而不再多做詮釋了：

　　個個人心有仲尼，自將聞見苦遮迷。而今指與真頭面，只是良知更莫
疑。問君何事日憧憧，煩惱場中錯用功。莫道聖門無口訣，良知兩字是參
同。人人自有定盤針，萬化根源總在心。卻笑從前顛倒見，枝枝葉葉外頭
尋。無聲無臭獨知時，此是乾坤萬有基。拋卻自家無盡藏，沿門持缽效貧
兒。**38**

---

38 《王陽明全集》〈外集二‧詠良知四首示諸生〉，卷二十，頁826。

第二篇　進階篇

　　「進階篇」的談論內容，是筆者對陽明思想反思後的延伸探究，雖與「基礎篇」有些許重疊，但論述內容較爲細緻，且帶有筆者自身的詮釋。此篇共分三章，是筆者近年來於學術期刊上所發表的三篇論文。第一章論述「知行合一」的內在問題，針對陽明「一念發動處即是行」的說法，討論「善念不是行惡念卻是行」在何種意義下可說，而如何通暢的符合他的立言宗旨。第二章談論王陽明與朱熹論述「知行」比較，並提出在何種範圍下，朱、王兩人的「知行」論點是可以融通的，而相異點是什麼。第三章則採取方法上的分類，從陽明「理」的多方面內涵中反思陽明論述「心即理」之時，在「道德」這一範疇下來說較爲通暢；相較之下，純粹形而上之「理」若用「心即理」來收攝論說時，雖仍可說之，卻有著不一樣的通暢度。

第一章　陽明「知行合一」的再研議[1]

[1] 此章之內容，爲筆者執行行政院國家科學委員會專題計畫「王陽明『知行合一』之說的再研議」（計畫編號：NSC102-2410-H-034-011）之主要研究成果。且以〈王陽明「知行合一」的再研議〉發表於《國立臺灣大學哲學論評》，2013年10月，頁121-156。

第一節　問題意識

陽明「知行合一」之教法據〈年譜〉記載，乃三十八歲時（1509年）於貴陽書院始論；[2]時間點已得「龍場之悟」後一年，此說應屬成熟。據〈傳習錄〉卷一從徐愛、鄭朝朔等人之有關「知行合一」問答中，即可知陽明把「知行本來的意義」（知行本體）欲帶入所有實踐中，故其他篇章有關「知行合一」之談論均不超過「實踐」意義的範圍。而於〈傳習錄〉卷二，陽明與顧東橋、周道通、陸清伯……等人亦論及「知行合一」之相關問題。簡化說，陽明一方面有自身意義的「偏補救弊」考量，認爲一般人「分知行作兩件」已失「知行本體」故作此說，並認爲古人「因偏補救弊」而單論一「知」或一「行」乃是對峙性用法。[3]另方面，陽明想要凸顯自身所認定的「知行本來的意思」時[4]，宣說此「知行合一」時亦相融他的「良知之教」與「心即理」等含意。而若簡單地回到「知行內涵」來說，陽明對顧東橋所說的「知『之』眞切篤實處即是行，行『之』明覺精察處即是知；知行工夫本不可離。」[5]已道出知行本不相分割；「知與行」分別在「行與知」之時產生意義，據此筆者刻意

---

[2]　《王陽明全集》〈年譜一〉，卷三十三，（上海：上海古籍出版社，2006年4月第一版五刷），頁1229。

[3]　《王陽明全集》〈語錄二〉，卷二，頁4-5有云：「某嘗說知是行的主意，行是知的功夫；知是行之始，行是知之成。若會得時，只說一個知已自有行在，只說一個行已自有知在。古人所以既說一個知又說一個行者，只爲世間有一種人，懵懵懂懂的任意去做，全不解思維省察，也只是個冥行妄作，所以必說個知，方才行得是；又有一種人，茫茫蕩蕩懸空去思索，全不肯著實躬行，也只是個揣摸影響，所以必說一個行，方才知得眞。此是古人不得已補偏救弊的說話，若見得這個意時，即一言而足，今人卻就將知行分作兩件去做，以爲必先知了然後能行，我如今且去講習討論做知的工夫，待知得眞了方去做行的工夫，故遂終身不行，亦遂終身不知。此不是小病痛，其來已非一日矣。某今說個知行合一，正是對病的藥。又不是某鑿空杜撰，知行本體原是如此。」

[4]　此部分筆者所謂「知行本來的意思」，包括陽明所強調從良知之發的「本體」，以及陽明所強調從此發端至實踐的「合一」等意。爲避免讀者認爲筆者弱化陽明的「本體義」，且受審查前輩之提醒教導，故補充說明如上。

[5]　《王陽明全集》〈語錄二〉，卷二，頁42。而以「知『之』眞切篤實處即是行，行『之』明覺精察處即是知」作爲主軸教法，亦曾出現於〈答友人問〉，卷六，頁208。另外，束景南：《陽明佚文輯考編年（下）》〈陽明散佚語錄輯補〉（上海：上海古籍出版社，2012年12月第1版），頁733〈與周道通〉之第四書（1510年）亦曾出現。

凸顯上文中的「之」。總括來說，陽明的「知行」論說乃從本體至實踐的合一；當代學者楊祖漢先生針對此處曾精要地以「良知良能」來談「知行」，且論述其中細節，頗爲精闢。[6]而本文則是針對「知行」細節來談論有關「念」的問題，如同陽明之徒王龍溪也對此「知行合一」教法之細部而曾言：

　　陽明先師因後儒分知行爲兩事，不得已說個合一。知非見解之謂，行非履蹈之謂，只從一念上取證。[7]

據上之文筆者認爲，陽明論「知行合一」是否是「不得已而說」可再談論，若就陽明本意，古人「單純說一個知一個行」反而是「不得已而說」。對陽明而言，論「知行合一」是欲道出「知行本來的意義」，或說「對陽明而言什麼樣的知行才有意義」，進而產生自身獨創之解。而龍溪所說之細微處，在於他發覺「知行合一」有從「念」上做工夫者，當然龍溪也曾以「知行本體原是合一」的說法來闡述先師之教。[8]而筆者進一步深究陽明論「知行合一」時，發覺陽明針對「知行觀」涉及「念」或「內心」層面時，似乎有一個問題待釐清。

---

[6] 楊祖漢：《儒家的心學傳統》（臺北：文津出版社，1992年6月初版），頁233有云：「知孝知敬是良知，而此知孝知敬之知即涵能孝能敬之良能，在此道德實踐的知與行上說，確是沒有知而不能行的，若知而不行，只是未知，即良知沒有眞正呈現。在道德實踐上說，如果良知呈現，未有不能踐德的，若不踐德，乃是非不能也，是不爲也。故陽明言知行合一之知行本體，應即是孟子所說的良知良能，在此義上言，知行當然是合一的。」

[7] 《王畿集〈華陽明倫堂會語〉》，卷七，（南京：鳳凰出版社，2007年3月第一版），頁159。

[8] 詳見《王畿集》〈答吳悟齋〉，卷十，頁252：「心之良知謂之知，心之良能謂之行。知行功夫本不可離，只因後世學者分作兩截用功，故有和一之說。……知行本體原是合一者也……」之談論可說是承繼陽明談論知行的精要。此外，同書頁254有云：「先師則謂事物之理，皆不外於一念之良知，規矩在我，而天下之方圓不可勝用……。」而〈答周居安〉，卷十二，頁335有云：「若果信得良知及時，不論在此在彼、在好在病、在順在逆，只從一念靈明自作主宰，自去自來，不從境上生心，時時徹頭徹尾……。良知本無起滅，一念萬年，恆久而不已……。」於此可之龍溪並非強調「一念發動處便即是行」，而是以「念」來體證良知本體及其發用。於此引述審查委員所指導之：「龍溪的一念之微是隨時都可以體證到良知本體之意，此一念扣緊良知的呈現說，與『一念發便是行』意義不同。」感謝審查委員的指導。

此問題在「知行」涉及「內心」層面之時（例如：「念」），陽明似乎認為「善行」與「惡行」的標準是不一樣的，他曾說：

> 今人學問，只<u>因知行分作兩件</u>；故有一念發動，雖是不善，然卻未曾行，便不去禁止。我今說個知行合一，<u>正要人曉得一念發動處，便即是行了；發動處有不善，就將這不善的念克倒了。</u>須要徹根徹底，不使那一念不善潛伏在胸中；此是我立言宗旨。**9**

上述，從陽明對「去惡」要求的嚴格之處可知「惡念」屬於一種「行」，因此必須馬上「克倒」；然而「善念」在陽明「知行合一」的標準下卻不是如此，「善念」必須包含「具體實踐」才有其意義。關於上述問題，當代前輩學者陳來先生曾經談到：

> 所謂<u>一念發動不善即是行</u>，從「知是行之始」方面來說，是王守仁知行合一說的一個合乎邏輯的推論，既然意念、動機被看作整個行為過程的開始，<u>在此意義上意念之動亦屬行</u>。對於王守仁來說，他並未注意到，雖然從整個行為的連續過程來看，知是行之始，但如果行為過程在意念活動後並未展開行為過程，<u>這種意念算不算是行？</u>曾有不少學者認為王守仁知行合一學說可以概括上邊說的「一念發動處即是行」，其實這是不正確的。從「為善」和「去惡」兩方面來看，<u>王守仁認為，一念發動不善便是行惡了，而一念發動為善就是行善了。</u>所以，只有善的意念或對善的瞭解還不是知善、行善，只有把善的意念落實為為善的行動，才是真正的知善、行善。而人並不是一定有明顯的惡劣行為才是行惡，只有惡的意念就

9　《王陽明全集》〈語錄三〉，卷三，頁96。

是行惡了⋯⋯。**10**

從為善方面來說，有行才是知；從去惡方面來說，有不善之念便是行了。王守仁的知行觀是重「行」的，把他的知行觀歸結為「一念發動處即是行」就抹殺了他的知行觀特點。**11**

⋯⋯可見，一念發動即是行，這個說法只體現了知行合一的一個方面，他只適用於「去惡」，並不適用於「為善」，陽明的知行合一思想顯然是不能歸結為「一念發動即是行」的。**12**

上述陳來先生的見解在於，若以「知行合一」的談論欲化解「一念發動處便即是行」對於「善惡」這兩方面的不同評價，是難以符合本來「知行觀」之用意。也就是說，「不善之念是行」與「善有行才是知」不適合以「一念發動處便即是行」這種「知行合一中的特有觀點」來歸結之。此部分筆者認為相當精闢，陳來先生不但點出陽明對「善惡之念是否為行」的兩種判準，且欲回歸陽明知行觀的論述重點──「重行」。此外，如何定位「知與行」，陳先生則認為「每個哲學家都有屬於自己範疇的使用習慣」，進而認為在「倫理實踐領域，理學並不強調『行』一定是一種外部的、物理性行為，如正心誠意⋯⋯」。**13**然筆者於本文欲再深入探討的是，「一念發動處便即是行」是否真的不適用於「知行合一」這一教法中來概括？且欲談論出，其實「一念發動處便即是行」在「惡念」上說不但行得通，此說也是「知行合一」教法面對所有實踐歷程時，所應有的一項嚴謹功夫。

---

10 陳來：《宋明理學》（臺北：紅葉文化，1994年9月初版一刷），頁256。
11 陳來：《宋明理學》，頁256-257。
12 陳來：《有無之境：王陽明哲學的精神》（北京：人民出版社，1997年2月3刷），頁107。
13 此談論乃陳來先生談論王船山批評陽明的「知行觀」之後，做出一總結式的談論歸結；細部內容可參見陳來：《有無之境：王陽明哲學的精神》，頁108-110。

　　針對此「惡念屬行而善念非屬行」的問題，另一位前輩學者李明輝先生對此「知行合一」亦談論詳盡、分析「知行」相關內涵相當精闢。李明輝先生將「行」分爲「具體道德活動」與「意念發動處」兩層次來說，依此說明「知行合一」之說亦有兩層意義。[14]此部分的釐清，有助於理解「一念發動處」屬於「行」將「如何說」，且評論了陳來先生的立場：

　　陳來先生對「一念發動處，便即是行了」一語的理解……。陳先生擔心這會使人誤以爲只有善念就夠了，不必付諸實際行爲，因而會流於「知而不行」……。如果善念眞是發自良知，它自然涵有使自己具現爲實際行爲的力量，而不會只停留在意、念底層面……。[15]

李明輝先生認爲，在認定陽明本意且了解陽明「具體道德活動」、「意念發動處」之確實涵意，將「行」字底雙重意義紓解清楚即可，因此不必刻意在乎「一念發動是善是否就是行」的這種「詮釋上的若干糾葛」，[16]據此來說應已解決「一念發動處便即是行」的詮釋問題。然而，筆者認爲李先生之文中的部分內容似乎可再探討之：

　　《大學》此語在於解釋「誠意」，故「好好色」、「惡惡臭」之喻均是爲了說明「意」之作用，而陽明已視爲「行」。可見將意、念之活動亦歸於「行」，是他一貫的立場。上文曾引王龍溪之言曰：「知非見解之謂，只從一念上取證。」即是此意。[17]

---

[14] 李明輝：〈從康德的實踐哲學論王陽明的「知行合一」說〉《中國文哲研究集刊》，第四期，1994年3月，頁433。

[15] 同上，頁434。

[16] 同上，頁433-435。

[17] 同上，頁433。

筆者認爲李明輝先生所述之「意、念活動」屬「行」是陽明的一貫立場，雖可說之，然而就龍溪所言之「一念上取證」並非可以全然解決「知行合一」的細節問題。因爲「一念上取證」雖可包含「本體與功夫」，但終究是龍溪的說法；重點是，此以「意念活動」歸結爲「行」不一定全然符合陽明「知行合一」之教學宗旨。筆者認爲，陽明學說中涉及「意、念」的談論時，其論述重點並非把「善方面的意念」或「無私的意念」全然歸結爲一種「行」；也就是說，不論從陽明述說細部內容中來觀察，還是作出理論上的分類時，雖然可以說「『意念』『屬於』一種『行』」（如同李明輝先生的精闢見解，且解消其中糾葛），但這明顯不是陽明「知行合一」中對於「善」方面所要點出的「行」（此方面李明輝先生於該文中也曾做出解釋）。[18] 此外，筆者觀察陽明談論此「知行」問題時以「好好色」、「惡惡臭」做出「類比」時，事實上是不甚貼切的；[19] 但筆者認爲這種不貼切的細節內涵卻隱藏了一個關鍵線索。

　　首先，筆者認爲陽明只能藉此「類比」說明「意念在先而行動在後」的一種補充說明，進而勸說「道德的」、「善的」內涵應如同生理本能一樣「知行」之確實落實，才顯其眞、方有意義。據此，筆者又認爲，當回到陽明論「知行合一」的主旨與用意來看，上述引文「可見將意、念之活動亦歸於『行』，是他一貫的立場。」似乎較不適用於陽明論

---

[18] 同上，頁435。李明輝先生認爲：「只要將『行』字底雙重意義紓解清楚，『一念發動處，便即是行了』這個命題自然也適用於『爲善』方面。」也就是說，李先生也贊成「意念上」的「善」也是一種「意念範疇上的行」；而關於李明輝先生此論說方向的淺見補充，筆者將於本文結論中提出。

[19] 此部分所謂的「不甚貼切」是筆者方法上的述說；是爲了點出在「生理」與「道德」兩方面以「知行」論說之時，兩方面的「眞知」之談論將有著細微之差異，且與筆者所欲談論的「克念問題」有關。於此感謝審查前輩的提醒，於此補充說明末學之本意並非是爲了批評陽明。而楊祖漢先生：《儒家的心學傳統》，頁234亦曾留意此問題而說：「例子常不能和所要表達的義理完全一致，陽明爲了說明他的主張，故多方取譬，吾人心知其意可也，不必執著於文字。」<u>筆者深感贊同</u>。據此小結筆者之述說用意，乃在於點出「克念問題」之相關問題，<u>並非以批評陽明爲主要用意</u>。

「知行合一」之主要用意。[20]另一方面，筆者發現問題癥結在於，陽明試圖使用「類比」的方式來述說（各種）「知與行」的不可分之關係，但又使用他所認可的「產生真切、實質意義」的角度來說明「知行」關係，此時陽明似乎沒有注意到「生理上有意義且真切的感知」與「道德上有意義且真切的知行」之間，本應有著不同的標準與檢證方式。且涉及「道德上」與「生理上」的論述細節時，「一念發動」的內涵將有不同的標準與後續之判斷。據此，筆者與李明輝先生些許不同的看法是，「有此不同標準」反可呈顯陽明（道德上的）「知行合一」之本意，並可藉此凸顯對道德上的「知行合一」必然有此種「雙重判準」。

上述的「雙重判準」在於，「一念發動處便即是行了」針對「惡念」來說頗符合陽明的「知行合一」的立教目的與判準，且涉及惡念上的克倒歸善；而「一念發動處便即是行了」若是在「善念」的內涵下，卻不符合陽明所要的「知行合一」的那種「重行的實踐意義」。雖然，「意念之發動」可理解為一種「行」，此說法李明輝先生已經解析詳盡。然而筆者認為，當面對「道德方面的知行觀」之時，符合陽明本意、對陽明來說有意義的「知行合一」，並不需要把「善意念」層面亦視為一種「行」來解消詮釋上的糾葛；反而，正因有這種「善念不是行（知行合一的「行」）」、「惡念卻是行」的雙重判準，才顯得陽明「知行合一」教法的特殊處與細微之處，也符合他對「意念上之功夫」（例如：誠意、存天理去人欲）的相關重視。據上述種種，本文的論述重點有：[21]

一、分析陽明論述「知行合一」中的不通暢現象，以上述「一念發動

---

[20] 此部分筆者的意思是，「意念活動」視為一種「行」雖「可」說之，但若是落在「善念」這個內涵上，且從「知行合一」這一教法宗旨來看，僅有「意念上的善」明顯不是陽明所滿意的；這方面的相關論述筆者將在正文中以「有意義的知行觀」詳述之。

[21] 審查前輩曾提醒末學此文流於瑣碎，且將失去「陽明哲學的簡易直接的精神」；所言甚是，末學亦虛心受教之。於此稍微陳述末學立場僅是，嘗試把陽明「知行問題」仔細且分類談論之，並無刻意複雜化的意思。末學在往後撰寫文章時，將留意審查前輩的提醒，於此由衷致謝前輩的提醒與指教。

處便即是行了」的談論為主軸。

二、釐清對陽明而言何種「知行」有意義，而此種「知行」的談論在
述說上是否有類比上的不嚴格之處，而此不嚴格處帶出何種關鍵
線索。

三、陳述陽明針對「知行合一」中所提出的「一念發動處便即是行
了」的這種說法，在善惡有兩種標準下應如何說明清楚，以及探
究其中的細節。

第二節　問題的談論

一、「知行合一」中的不通暢現象

　　有關「知行合一」的理解問題，事實上若把握陽明所談論的「知」是取「道德涵義」面向及其發動處，即可把握此「知」與後續「行」的意義。若僅以「知道」或是「知曉」的意涵來解釋則非陽明論述「知行合一」之本意；此關鍵處當代前輩學者勞思光先生已點出，他論述陽明「知行合一」的教法時，把主要問題意識放在如何正確認識「知行合一」，曾說：

　　　陽明「知行合一」之說……。然若嚴格論之，則一般俗見，實未能接觸陽明所謂「知行合一」之確定涵義……。[22]

勞先生認為，一般誤解陽明「知行合一」之說或是解釋不清楚者，是因為不能理解陽明論「知」、「行」、「合一」的指涉內涵；據此，勞先生將陽明談論「知行合一」的內涵幾乎全部將其「知」解為「知善知惡之良知」，並補充說：

　　　第一：陽明所謂「知」，指價值判斷而言，即「知善知惡」之「良知」；而所謂「行」，指意念發動至展開而成為行為之整個歷程而言。第二：陽明所謂「合一」，乃就發動處講，取「根源意義」；不是就效驗處

---

[22] 勞思光：《新編中國哲學史（三上）》（臺北：三民書局，民國八十六年八月八版），頁433。

講，因之不是取「完成意義」。[23]

上述勞思光先生將「知行合一」的「知」解為「良知」之價值判斷義涵實屬精闢之解，然筆者欲於此文稍後補充：「知行合一」在整個「歷程考察」中若詳細地分析，將可發覺「善念的落實」與「惡念的克制」同屬「知行教法」中的關鍵，而且是必要的。

對於「知行合一」的要旨與理解模式確定之後，筆者於此小節欲點出談論「知行合一」時有一類似雙重標準的說法，此即前言中曾提及的顧慮——將「一念發動處」視為「行」之時，對於可能「善念」卻不適用的情況：

今人學問，只因知行分作兩件；故有一念發動，雖是不善，然卻未曾行，便不去禁止。我今說個知行合一，正要人曉得一念發動處，便即是行了；發動處有不善，就將這不善的念克倒了。須要徹根徹底，不使那一念不善潛伏在胸中；此是我立言宗旨。[24]

上述的問題點在於，陽明的「行」有兩層面意義；一是「一念發動」以及「對惡念克倒」的「行」，一是「惡念落實至實際行為」的「行」。因此文中的「一念發動處便即是行了」可說是陽明強調「惡念是行」的抽象事實，即便沒有「具體之行」。然而在「知行合一」的正面意義之下，陽明認為不能存在「有惡念卻不去克制、克倒」的這種現象，因此「一念不善的內在」（即使沒有具體行為）就「知行合一」這一立場來檢證時，「惡念的存在」是不能相融於陽明的「知行合一」之教旨。另方面，對

---

[23] 勞思光：《新編中國哲學史（三上）》，頁433。
[24] 《王陽明全集》〈語錄三〉，卷三，頁96。

於「僅有知卻不行」對陽明來說根本不算是「知」，也就是單純的「知道」或是「善念」未落實於具體實踐的狀況：

> 愛曰：「如今人盡有知得父當孝、兄當弟者，卻不能孝、不能弟，便是知與行分明是兩件。」先生曰：「**此已被私欲隔斷，不是知行的本體了。未有知而不行者。知而不行，只是未知。**聖賢教人知行，正是要復那本體，不是著你只恁的便罷⋯⋯。」**25**

上述，得先解釋「知行本體」的意思。筆者以為，「知行本體」乃形述「知、行」這「兩件事情」事實上是「實踐上的同一件事」，否則算不上是「知」，且強調有一種「知」必然包含著後續之「行」；而勞先生將「知」解為「良知」正是從此處入手。**26**而筆者暫時將「知行本體」視為「知行的本來意思」。從陽明本意來看，若是從「良知」所發的「知」，必然會包含著行，否則根本稱不上是他認可的良知之發，只是空洞或是無意義的概念而已，這也是他所說的「被私欲隔斷」而未能落實「知行本體」；也就是說，人若處於「被私欲隔斷」的狀態，還能稱作是「良知」（知）所發之價值判斷嗎？

然而，這樣解讀仍無法解決一個問題；此即一開始提到的「一念發動處便即是行了」這種說法是否僅能適用於「惡念」這一範圍？也就是「一念發動處」的「善」是否可說是「行」？當然從陽明的上述理路中可知是不適用的，「一念之善」並不能符合「知行合一」的本旨。在陽明知行觀的強調中，並不能接受純粹僅有「善念」而「不去實行」的，否則只是「未知」；於此，可暫時先化約陽明的說法問題為：

---

25 《王陽明全集》〈語錄一〉，卷一，頁3-4。
26 可參見勞思光：《新編中國哲學史（三上）》，頁433-441之精要論述。

$$
\text{「知行合一」} \begin{cases} \text{善念（「未知、未行」，需實現）←一念發動處便即是行} \\ \qquad\qquad\qquad\qquad\qquad\qquad\qquad\quad\text{（不適用）} \\ \text{惡念（是行，需克制）←一念發動處便即是行（適用）} \end{cases}
$$

上述，由於「一念發動處便即是行」不適用於對「善念」的判準，據此筆者暫時先將問題歸結為Q1：**「一念發動處便即是行了」此種宣說不適用於「知行合一」的教法嗎？**而欲解決此問題，筆者認為須回到「知行合一」的整個觀念來分析觀察，其中最大的方向在於點出「對陽明而言何種知行有意義」，且涉及道德層面與非道德層面的兩方面列舉；下小節即述。

二、陽明認為的「有意義之知行」及其真切處

陽明三大教法「致知」、「心即理」、「知行合一」的內涵中，除了相互連結之外，筆者認為有一談論傾向：**此即，對陽明而言，什麼樣的X（例如：理、知、行、道德實踐……等）有意義**。簡言之，在陽明的思維脈絡中，一切事物皆因與此心（例如良知本體與良知發用）交流下產生意義；若落實在現實層面，陽明最關切的是道德修養與實踐問題，此必然與本文談論重點──「知行」有密切關係。據此，筆者欲先說明什麼樣的「知行」對陽明而言「有意義」呢？此對陽明思想熟稔者，必能知曉此種「有意義的知行」包含了「開端與結果」，也就是「良知之發至具體實踐」的這種過程。若以「知行」為談論主軸，一開始陽明不但談論了「一般認知」如何是「有意義的」之外，更延伸類比於「道德之知」應如何有其意義；曾說：

　　故《大學》指個眞知行與人看，說「如好好色，如惡惡臭」。<u>見好色屬知，好好色屬行。只見那好色時已自好了，不是見了後又立個心去好。聞惡臭屬知，惡惡臭屬行。只聞那惡臭時已自惡了，不是聞了後別立個心去惡。如鼻塞人雖見惡臭在前，鼻中不曾聞得，便亦不甚惡，亦只是不曾知臭。就如稱某人知孝、某人知弟，必是其人已曾行孝行弟，方可稱他知孝知弟，不成只是曉得說些孝弟的話，便可稱爲知孝弟。</u>又如知痛，必已自痛了方知痛；知寒，必已自寒了；知饑，必已自饑了；知行如何分得開？此便是知行的本體，<u>不曾有私意隔斷的。</u>**27**

　　筆者認爲，陽明欲說明的重點在於他所認爲的「眞切處」是什麼；這種「眞切」事實上是一種陽明對「紮實體認」或是「眞實落實」的一種述說，且自然地連結「內心與外在」（知與行）。從上面的述說可知，陽明一開始談論的是「好好色」、「惡惡臭」這種生理方面的「從內而外」的「知行過程」。陽明希望的是，我們對於道德方面的「感知與作爲」（知行）應猶如此種情境；此即，覺知自身之善或良知發起時，便自然善於行事而落實之，若以上述的「孝順」作爲例子的話，就是感受到應該孝順的內在良知，自然就會去行；而如此才產生意義。

　　而筆者欲補充的是，上述有一段話相當重要，此乃對陽明而言「何種X有意義」，而且是對陽明而言的「紮實、眞實」等眞切意義的相關談論；筆者再分別引述如下：

　　如鼻塞人雖見惡臭在前，鼻中不曾聞得，便亦不甚惡，亦只是不曾知臭……。又如知痛，必已自痛了方知痛；知寒，必已自寒了；知饑，必已自饑了；知行如何分得開？

---

27 《王陽明全集》〈語錄一〉，卷一，頁4。

　　就如稱某人知孝、某人知弟，必是其人已曾行孝行弟，方可稱他知孝知弟，不成只是曉得說些孝弟的話，便可稱爲知孝知弟。

　　上述兩段引文，乃筆者所稱之道德方面與非道德方面的「有意義的知行」或「眞切處」的述說。當然，筆者並非刻意切割，而是方法上的分類述說，而此種分類方式是爲了點出兩方面的關鍵差異處。

　　處理上述的「差異處」之前，筆者得先解釋上述內涵。陽明把生理本能中的情境類比於道德情境，雖不甚嚴格，但道出他最重要的判斷模式；此即筆者所謂的「對陽明而言何種X有意義」。對陽明而言，日常生活中的生理本能狀況，我們對此（好色、惡臭）的理解在於當事人「眞正感知且落實好色、惡臭」的「事實」之後，才來判斷這個人是否「眞的經歷此歷程」；而此乃筆者此小節標題所謂的「眞切處」，而有了此種「眞切處」之體驗歷程，才產生紮實的意義，而對於道德層面的「認知與實踐」更應是如此，而此種判斷模式對應了陽明所謂的眞切知行、有意義的知行。[28]

　　此外，根據上文之末可知，陽明把「知與行」且有關道德層面的內涵，帶入了一項他認爲道德屬性的最重要成分——「是否有私意」這一向度上，且此向度不但保證了「知」的應有內涵，且也保證「必須實踐之」，因爲對陽明而言（道德屬性的）「知」包含「行」才產生了意義，且他在上引文的敘述之後又說：

---

[28] 陽明此種類比論說時常出現，除上述之例外，於〈語錄一〉，卷一，頁37有云：「劉觀時問：『未發之中是如何？』先生曰：『汝但戒慎不睹，恐懼不聞，養得此心純是天理，便自然見。』觀時請略示氣象。先生曰：『啞子吃苦瓜，與你說不得。你要知此苦，還須你自吃。』時曰仁在傍，曰：『如此才是眞知，即是行矣。』一時在座諸友皆有省。」另外可參見束景南：《陽明佚文輯考編年（下）》〈陽明散佚語錄輯補〉，頁930：「食了乃是味，猶行了乃是知，多少緊切。」同書頁940又云：「譬之飲食，其味之美惡，食者當自知之，非人之能以美惡告之也。」

某嘗說知是行的主意，行是知的功夫；知是行之始，行是知之成。若會得時，只說一個知已自有行在，只說一個行已自有知在。[29]

上述是陽明把「好色惡臭」之談論真切處類比於道德屬性的內涵之後，補充闡述他對「有意義的知行」之論點：道德方面的「知行」必須是「知行合一」的。而在這種「有意義的強調之下」，「空談知道」根本不屬於「知」了；故回到其一開始的立論時他曾說：

先生曰：「此已被私欲隔斷，不是知行的本體了。未有知而不行者；知而不行，只是未知。聖賢教人知行，正是安復那本體，不是著你只恁的便罷……。」[30]

上述，陽明明確說明「沒有那種有『知』卻不去『行』的」；一般來說似乎違反經驗上可觀察到的現象，因為事實上存在許多「知曉道理、談論道理而不去實踐的」那種人。但，陽明更以「知行本來的狀態」來說「知而不行只是未知」。據此則回應了前文曾提及勞思光先生對「知行合一的『知』」之意義乃「良知」之意；也就是說：「說知道卻不實行，其實是根本未從良知所發方至如此」。

綜上所述，陽明對於「知行」的談論偏向道德方面時，若一一分析其中細節亦是不難理解，然筆者為何說在前言提及陽明「類比上」出現些許落差？此即有一大關鍵區分在「一般認知、感知」與「道德之知」的「要求上」，若以陽明所舉的例子來說，則可導引理解如：

29 《王陽明全集》〈語錄一〉，卷一，頁4。
30 《王陽明全集》〈語錄一〉，卷一，頁4。

1. 喜好美、厭惡醜。（非道德方面，感官本能之類者）：當實際經驗、落實一次，即是「真知」；且陽明又以知痛、知饑、知寒……等來做舉例。

2. 喜好善。（道德方面）：當實際經驗、落實一次，方是「真知」。而陽明曾以孝順、悌……等例子來舉例。

上述乃陽明在作類比的時候的簡化說明，從理論上來說1與2應無重大差異；但筆者認為，兩者之間有一項很大的不同在於：關於生理方面的好惡之「知行」內涵，即便是陽明所承認的那種「真切」，卻少了「是否需要克念」的問題；即：

1. 生理本能或非道德方面的「知行」，並沒有強調所謂的「克念」之問題。[31]

2. 善或是道德方面的「知行」，將有所謂的「惡念克倒」之問題。

也就是說，當面臨一個陽明所承認的道德上的「知行合一」，「克倒惡念」這一內涵將會自然的（若需要的話）內涵於其中；反之，陽明對於一般生理本能上的「知行」，則攫取其中的「起念至行動」的自然發展所帶來的真切處，欲依此來說明道德上的「知行」應屬如此。

---

[31] 此處的「非道德方面」乃泛指陽明所指稱的生理反應，例如感受寒冷、飢餓、痛覺，此方向的內涵不需「克制」或「克念」，此處沒有所謂「克倒」之問題乃針對前述陽明所舉之例（生理本能）而言。事實上在其他方面、更廣泛的述說中，陽明曾經提醒非道德方面的「行的過程」，也就是表面上是「非道德方面」的認知或行為上，仍可自省自身的內心再去為所當為，而此時則與道德層面相連了。例如陽明與薛侃論述的「去草」之說時，曾補充一句話：「此須汝心自體當。汝要去草，是什麼心？」詳細內容可參見《王陽明全集》〈語錄一〉，卷一，頁29-30。另一處針對「七情」之說，雖是人本身即有，但若執著此欲而蔽良知，亦得有所謂道德方面之問題。可見〈語錄三〉，卷三，頁111：「七者俱是人心合有的，但要認得良知明白……。七情順其自然之流行，皆是良知之用，不可分別善惡，但不可有所著；七情有著，俱謂之欲，俱為良知之蔽；然才有著時，良知亦自會覺，覺即蔽去，復其體矣！」

　　此處，筆者並非說明陽明的類比是錯誤的，而是欲點出道德方面的「知行問題」，所採取的判斷必然多了一項極可能面對的內涵：「克念問題」。而對於一般的生理要求，陽明並不會叫我們去「克倒」（痛、饑、寒……等）生理上或一般行為上的好惡之念，除非此種「念」延伸在道德方面有傷害。據此來說，「克念」問題若導回陽明論道德上「有意義的知行」的架構下來看，實乃合理之細節陳述，也是必須注意的。如此一來，在道德上「有意義的知行觀」的視角下，「一念發動處」的「善」與「惡」將如何判斷？據此筆者暫以下列簡化之列舉作為述說導引：

1. 無意義的「知行」、不符合陽明「知行」之本意：「一念發動之惡，不去克倒。」「一念發動之善，不去實行。」
2. 有意義的「知行」、符合陽明「知行」本意：「一念發動之惡，去克倒；後去落實應有之實踐。」「一念發動之善，去實行。」

上述可知，對道德層面上「有意義的知行」，本來就該包含「惡念的克倒」（若真的有「惡念」升起的話）這一內涵。但在陽明「知行合一」教法下，並不會承認「『僅』克倒惡念」就是完成所有的實踐，對「惡念克倒」這一要求是針對「惡念存在時」來說，因此陽明在其他多處教法頗重視有關「誠意」或「心念」上的修養功夫；筆者以為，欲理解「知行合一」關於「念」之細部問題，則或許先回到陽明對道德實踐的論述核心──「心即理」來觀察：

　　愛問：「至善只求諸心，恐於天下事理有不能盡。」先生曰：「心即理也。天下又有心外之事，心外之理乎？」愛曰：「如事父之孝，事君之忠，交友之信，治民之仁，其間有許多理在，恐亦不可不察。」先生歎曰：「此說之蔽久矣，豈一語所能悟？今姑就所問者言之：且如事父，不

成去父上求個孝的理？事君，不成去君求個忠的理？交友治民，不成去友上、民上求個信與仁的理？都只在此心，心即理也。此心無私欲之蔽，即是天理，不須外面添一分。以此純乎天理之心，發之事父便是孝，發之事君便是忠，發之交友治民便是信與仁。只在此心去人欲、存天理上用功便是。」愛曰：「聞先生如此說，愛已覺有省悟處。但舊說纏於胸中，尚有未脫然者。如事父一事，其間溫凊定省之類有許多節目，不知亦須請求否？」先生曰：「如何不請求？只是有個頭腦，只是就此心去人欲、存天理上請求。就如講求冬溫，也只是要盡此心之孝，恐怕有一毫人欲間雜；講求夏凊，也只是要盡此心之孝，恐怕有一毫人欲間雜；只是請求得此心。此心若無人欲，純是天理，是個誠於孝親的心，冬時自然思量父母的寒，便自要去求個溫的道理；夏時自然思量父母的熱，便自要去求個凊的道理。這都是那誠孝的心發出來的條件。卻是須有這誠孝的心，然後有這條件發出來。譬之樹木，這誠孝的心便是根，許多條件便是枝葉，須先有根然後有枝葉，不是先尋了枝葉然後去種根。**32**

上述徐愛之問，其實也是「知行問題」的一種，所提的「理」與「節目」等，都屬「知」之層面。而陽明同樣地以他的立教模式，道出「此心無私欲之蔽，即是天理」此種「心即理」的實踐教導來回應徐愛；然而筆者更關切者，在於陽明述「此心即理」的過程時，不斷地強調「無私欲之蔽」、「去人欲」此類內涵。也就是說，「實踐道德內涵」之時，此時自我以「無私欲之蔽」、「去人欲」之狀態作為前提，故能自然得知「如何做」，而且是正確的實踐模式。

　　根據上文，陽明除了提醒徐愛對於有關道德層面的「理」或「節目」的產生與重視，事實上根源於「此心」之外，其實更凸顯實踐時的

---

32 《王陽明全集》〈語錄一〉，卷一，頁2-3。

「此心」需「毫無人欲」之純正。因此對陽明而言，行為時的「此心」或云「念」的狀態相當重要。若回到從「念」（不管善念還是惡念）發動開始到「實際實踐」的這一整個過程之中段，陽明其實更應重視「惡念克倒而轉至善」而後付諸實行的這一過程，而此類重視在陽明不斷的提醒我們的內心要如此純正、無夾雜私欲的提醒中可見之，且散殊在各類教法中：

　　黃勉叔問：「心無惡念時，此心空空蕩蕩的，不知亦須存個善念否？」先生曰：「既<u>去惡念</u>，便是善念，便復心之本體矣⋯⋯。」**33**

　　如今要正心，本體上何處用得功？必就心之發動處才可著力也。心之發動不能無不善，故須就此處著力，便是在誠意。<u>如一念發在好善上，便實實落落去好善；一念發在惡惡上，便實實落落去惡惡。</u>**34**

　　生問在坐之友：「比來工夫何似？」一友舉虛明意思。先生曰：「此是說光景。」一友敘今昔異同。先生曰：「此是說效驗。」二友惘然，請是。先生曰：「<u>吾輩今日用功，只是要為善之心真切。此心真切，見善即遷，有過即改，方是真切工夫。</u>如此則人欲日消，天理日明。若只管求光景，說效驗，卻是助長外馳病痛，不是工夫。」**35**

上述類似之教法甚多，故筆者不一一列舉之；與「知行合一」所聯繫者，在於「此心之狀態」應如何為純正、善⋯⋯等內涵而後付諸實踐。據此，若回到「有意義的知行」的觀點下，其中細部的內涵當然包含「去人欲」、「存天理」、「去惡念」⋯⋯等這些「意念層面的實踐內容」

---

33 《王陽明全集》〈語錄三〉，卷三，頁99。
34 《王陽明全集》〈語錄三〉，卷三，頁119。
35 《王陽明全集》〈語錄一〉，卷一，頁27。

（其中一項是「惡念克倒」），且讓後端的「具體實踐」產生陽明認可的「意義」。

此小節主要敘述道德上「有意義的知行」中，「對於惡念克倒」的細微要求實乃必須且當為。蓋因陽明述說「知行合一」乃針對「道德方面的知行」而發，以生理本能上的「好色、惡臭」類比僅是一種補助說明；據此筆者以下論述「知行」時，皆省略「道德上」這一強調。而此小節之解說將如何解決「一念發動處便即是行了」對「善惡兩種念」有著兩種標準的疑慮？據此筆者暫時先將問題歸結為Q2：「**有意義的知行觀，將如何處理善、惡兩念不同標準的問題？**」其實，上述諸內容已透露出些許線索。此即「有意義的知行」的細部內容中，陽明對「善惡」兩念有著不同標準述說反可呈顯出「他要的意義」；下小節即詳述之。

三、「一念發動處便即是行了」兩種判準的合理性

此小節的敘述主軸，乃回溯Q1與Q2兩問題，配合前文種種，依照陽明的思維脈絡下，對陽明而言「何種知行有意義」這一架構下來說的。且據此分析出「一念發動處便即是行了」針對「惡念」說「是行」，而針對善念則說「不是行」，反而更能凸顯陽明的「知行合一」本意以及兼顧「實踐知行」時的可能問題，茲述如下。

（一）「一念之惡」是否是「行」的述說意義

1.「一念之惡便即是行」可說，且有意義

從陽明「有意義的知行」的觀點下，「一念之惡」視為「行」當然

可說，而此「行」當然不是具體之「行」，但因「有意義的知行」本身的立教主旨絕對是勸人「知行合一」的，對於「惡念不克倒」的狀態之自我，如何達到陽明所認可的此心無私而實踐呢（知行合一）？陽明曾說：「善念發而知之，而充之；惡念發而知之，而遏之。」[36]據此，筆者認爲「一念之惡便即是行了」不但可說，且有意義，因爲此說法一方面可連結至上小節末曾提及陽明重視的「誠意」、有關意念上功夫的相關教法。另方面可延伸至陽明對「去惡念」後的「此心狀態」的形述、單純地「描述此心」之時、或說在心上做功夫的視角下（尚未涉及具體實踐時），無惡念即善：

> 教人爲學，不可執一偏：初學時心猿意馬，拴縛不定，其所思慮多是人欲一邊，故且教之靜坐、息思慮。久之，俟其心意稍定，只懸空靜守如槁木死灰，亦無用，須教他省察克治。省察克治之功，則無時而可間，如去盜賊，須有個掃除廓清之意。無事時將好色好貨好名等私逐一追究，搜尋出來，定要拔去病根，永不復起，方始爲快。[37]
> 既去惡念，便是善念，便復心之本體矣。[38]

上述，陽明把去惡念視爲一種恢復本來此心純善之狀態而說「復心之本體」；而有此種狀態時（無私）的後續具體實踐的內涵才是陽明所肯定、認爲有意義的。筆者的意思是，當陽明把惡念視爲「行」時，不僅是承認「惡念屬於行」，而且當我們把「惡念當作是行時來克倒」，方有後續之「有意義的行」；他曾提醒說：

---

[36] 《王陽明全集》〈語錄一〉，卷一，頁22。
[37] 《王陽明全集》〈語錄一〉，卷一，頁16。
[38] 《王陽明全集》〈語錄三〉，卷三，頁99。

　　蕭惠問：「己私難克，奈何？」先生曰：「將汝己私來，替汝克。」先生曰：「人須有爲己之心，方能克己；能克己，方能成己。」**39**

上述可知，「惡念克倒」的工作隨時可能出現，而且相當重要；在談論本來的「知行合一」之時，陽明認可的意義本來無此問題，但若涉及實踐之時的細部狀況，「克念」問題將是極可能須面對的，據此，陽明在其「立言宗旨」強調「克念」且視「惡念爲一種行」，則兼顧了實踐「知行」時的細部問題；據此，「一念之惡」是一種「行」當然可說，且是一種強調「意念是一種行」用法。因爲「惡念」在整個實踐過程時，將產生（負面）意義而影響後續之「行」，而此種意義本是陽明所要對峙的。

2.「一念之惡不是行」可說，但有疑慮。

　　接續上述，既然惡念的存在會影響後續的「有意義的行」，因此陽明特舉此抽象之惡念屬行自是「可說」。另一方面，「一念之惡不是行」（不是具體之行）雖「可說」，但在陽明「有意義的知行」的觀點下，存有著疑慮。當下生出某惡念雖然不去「實行」，不但已違反陽明誠意之修己功夫；甚者，此與陽明本來重視的「知行合一」立言宗旨明顯違背：

　　我今說個知行合一，正要人曉得一念發動處，便即是行了；發動處有不善，就將這不善的念克倒了。須要徹根徹底，**不使那一念不善潛伏在胸中；此是我立言宗旨。****40**

從上小節可知，「一念不善」或是「惡念」所導致的影響是陽明所重視的，因此可說陽明是強調「惡念」的影響力。雖然在理論上來說「惡念不

---

39 《王陽明全集》〈語錄一〉，卷一，頁35。
40 《王陽明全集》〈語錄三〉，卷三，頁96。

是具體之行」，但「惡念」將蒙蔽「善的發起或實行」。若把「惡念」擱置而不顧，對陽明爲善去惡的立場來說是存有疑慮的；他曾說：

> 良知原是精精明明的。如欲孝親，生知安行的，只是依此良知，實落盡孝而已；學知利行者，只是時時省覺，務要依此良知盡孝而已；至於因知勉行者，蔽錮已深，<u>雖要依此良知去孝，又爲私欲所阻，是以不能</u>……。**41**

上述可知，若將一念之私、一念之惡……等置而不管，陽明認爲將嚴重影響後續的具體實踐。據此筆者以爲，陽明的「知行」教法之下將「一念發動處之惡」視爲「行」可說之，且對陽明整體教法而言，有其重大意義。反之，將「一念發動之惡」不視爲「行」僅能是一個理論上的單純描述，對整個「知行合一」之宗旨而言頗具疑慮。

（二）「一念之善」是否是「行」的述說意義

從陽明「有意義的知行」的觀點下，「一念之善便即是行了」雖可說，但無意義；因無法滿足陽明標準下的「知行觀」。陽明雖然曾經肯定此心平穩而無私之狀態即於「天理」，**42**但這是從「形述」此（善）「念」的狀態來加以肯定的，並非說明此心無私即於天理之後可以不實踐。此外，從陽明的一貫立場可知，他不會承認純然無私的自我內心開顯後，會拋棄後續之應有的具體實踐。「一念之善」或說「克倒惡念回歸心之本體」之後，若無後續之具體落實，除了無意義之外更容易導致其他流

---

41 《王陽明全集》〈語錄三〉，卷三，頁111。

42 《王陽明全集》〈語錄一〉，卷一，頁19：「善念存時，即是天理。此念即善，更思何善？此念非惡，更去何惡？此念如樹之根芽，立志者長立此善念而已。『從心所欲，不逾矩』，只是志到熟處。」

弊；陽明雖肯定良知本體的發顯狀態，卻也曾提醒：

> 知是心之本體，心自然會知：見父自然知孝，見兄自然知弟，見孺子入井自然知惻隱，此便是良知不假外求。若良知之發，更無私意障礙，即所謂「充其惻隱之心，而仁不可勝用矣。」然在常人不能無私意障礙，所以須用致知格物之功勝私復理。即心之良知更無障礙，得以充塞流行，便是致其知……。**43**

上述陽明點出良知發用的內存性，並以「自然流露」的開展來述說各種應有實踐層面與對象時，其實也頗注意是否有「私意」之問題。若良知發露而無私欲時，其實陽明要的便是後續的「充塞流行」，此必然涉及應爲之具體實踐，否則，此種「一念之善」對陽明而言僅是「未知」。

筆者認爲，若能掌握陽明「知行合一」是論述「從『良知之發』而自然付諸『實踐』的整體過程」這一要義，當某人僅滿足於「一念之善」的狀態當然也是陽明所要對峙的。據此，「一念之善不是行」當然可說，且有其重大意義。據此筆者暫將「一念之善」簡化從兩方面來說：

1. 是屬良知所發之「善念」而言，且強烈關涉後續實踐者，例如良知「發見於事親」、「發見於事君」……這一類的「念」，皆屬「一念之善」。

2. 可指涉「克除惡念」之後，此心純然無私之「狀態」，此時的內心較無偏向目的性或是動機意圖的「一念興起於……」，而可以是一個「心的平穩狀態義」；例如「無私」、「誠」的平穩狀態。

若從陽明「知行合一」的談論要旨來說，筆者所提之「一念發動處

---

43 《王陽明全集》〈語錄一〉，卷一，頁6。

之善」明顯偏向上述1的情境，乃有著一定的目的性或對象的行善之念。至於論說「知行」的整體狀態時，則又可自然地與2連結反省之。據此筆者以為，陽明所求之功夫不但多指涉內心狀態而言，外在實踐其實是因內心功夫紮實後的自然延伸而已，此論說貫通他的所有道德實踐教法與提醒。而且從2的狀態中也可導致1的生成，而處在1的狀態中又得反思2的內容。

　　據此，從陽明「有意義的知行觀」所說的「一念之善」雖然可指涉「內心純然無私」的「善」狀態，但陽明認為純粹內心的至善狀態並非可脫離實際實踐；此外，不論是上述的1或是2的「抽象層面之善」，若僅是執著在「念」或是抽象的階段而未有具體落實，將有著同樣的疑慮：

　　利根之人，世亦難遇，本體功夫，一悟盡透。此顏子、明道所不敢承當，豈可輕易望人！人有習心，不教他在良知上<u>實用</u>為善去惡功夫，只去懸空想個本體，一切事為俱不著<u>實</u>，不過養成一個虛寂。此個病痛不是小小，不可不早說破……。**44**

上述乃陽明對汝中與德洪爭論時的提醒之語；此談論徹上徹下，且強調了「實用為善去惡」的所有內容（不論是具體或是抽象的），並提醒僅有一「本體」卻不著實、落實，僅是空談、空想將頗有病痛。另方面配合陽明對佛氏的批評方向，即可知此「不著實」的疑慮；其云：

　　吾儒養心，未嘗離卻事物，只順其天則自然，就是功夫。釋氏卻要盡絕事物，把心看做幻相，<u>漸入虛寂去了</u>。與世間若無些子交涉，所以不可

---

44 《王陽明全集》〈語錄三〉，卷三，頁118。

治天下。**45**

總括上述，「一念發動之善」僅能在陽明「對此心形述時」的狀態下被稱
許，而陽明「知行觀」中所談論的「念」事實上曾針對「惡念克倒」這
一重點來說。至於「善念」在「知行觀」的架構下，則從前文曾提及的
「知而不行，只是未知」、「在良知上實用爲善去惡功夫，只去懸空想個
本體，一切事爲俱不著實，不過養成一個虛寂。」這雙面提醒則可知其深
意了。因此可知，陽明最關切的仍是後續應有之「實踐」問題，並提醒了
「未有知而不行者」的相關深義。據此，「一念發動之善」對陽明「有意
義的知行觀」來說，「不」視爲「行」不但「可說」，且有重大意義。

（三）「念」的「影響」與「意義」

　　根據正文所陳述，筆者於此贊同陳來先生之說法，認爲陽明的「知行
觀」是有重「行」之強調的。而本文欲稍微補充的是，陽明「重視行」不
但是重視「實際實踐」的那種「具體之行」，也勢必包含了上述「意念
上克倒惡念」的這種「抽象之行」，以作爲後續具體實踐的重要前提。且
既然「知行合一」的宗旨之一是「不使那一念不善潛伏在胸中」，則表示
陽明可能放大（或說強調）「意念之惡」的影響力或效果，若分析之則可
知陽明的確有此用意：「意念之惡」的影響確如陽明所強調的，將阻止
「善念或善行」的發生。筆者認爲，從「知行合一的立教宗旨」來說，將
「惡念」視爲「行」本自「可說」，且可知其用意。據此筆者欲補充陳來
先生的看法是：針對「惡念」所說的「一念發動處即是行」不但是強調
「知行合一」的一個方面，更凸顯陽明特重「惡念」的「影響層面」。筆

---

45 《王陽明全集》〈語錄三〉，卷三，頁106。

者認為陽明整個「知行合一」所應對的情況包含了「善念善行」、「惡念惡行」……，也就是「起念至行」的種種可能狀況，在這些複雜的可能狀況下，強調「惡念」屬於「行」應不會變成僅能強調一個方面。依筆者淺見，陽明「強調惡念是行」以求「克倒之」是整個「知行觀」中，對應現實情況其中一個（極）可能之環節，且克倒惡念後的「善」（念，或說狀態）方能接續後續應有之所有實踐。

　　筆者的意思是，其實陽明本來的「知行合一」若真正落實，是不需要有所謂「克念」問題的，因為「真正從良知起」而至具體實踐，本無一毫之私而須「克之」。但此境界之達成頗難；陽明也承認真正的「知行合一」狀態難以穩定落實、持續，此從他重視「惡念須克倒」且將「惡念視為行」來加強提醒即可看出。因此筆者認為，在不否認陽明本來的「知行合一」的立說宗旨下、配合實際狀況來反省時，陽明也應對此「惡念」問題提出對峙之道，而此對峙之道在陽明重視「誠意」、「去私」……等教法中即可察覺。據此，筆者認為陽明論述「知行問題」或說「實踐問題」時，皆不能離「惡念克倒」這一議題。因此筆者認為，陽明論說「一念發動處便即是行」、「惡念克倒」等，與其說僅能適用在「惡」的方面來解釋，筆者則選擇說是適用在「所有實踐過程」上面。另外，若提及〈傳習錄拾遺〉中的特殊談論，筆者認為其談論內涵不盡相同：

　　門人有疑「知行合一」之說者。直曰：「知行自是合一。如今能行孝，方謂之知孝；能行弟，方謂之知弟。不是只曉得個『孝』字『弟』字，遽謂之知。」先生曰：「爾說固是。**但要曉得一念發動處，便是知，亦便是行。**」[46]

---

[46] 《王陽明全集》〈傳習錄拾遺〉，卷三十二，頁1172。

上述，門人的回答中可說已觸陽明論知行之精要，但陽明仍舊多提醒一
點；此即「一念發動處便是知，亦便是行。」的說法。而此處，將如何說
明「此念是行」的深層意義？於此筆者暫時將「一念發動處便是知，亦便
是行。」簡化為語句q；將之前的「已眞知孝弟（包含行）」這種前提簡
化為p；且將此問題定位為Q3：「『一念發動處便是知，亦便是行。』是
否就是『知行合一』的教旨？」

筆者認爲，q內容頗難詮釋，當然可以簡化來說；陽明上文所說乃順
著「已眞知孝弟（包含行）」這個前提p下來說，因此補充說明的q可解
釋爲「一念發動處於『孝』與『弟』」時，則便是「眞知」；乃強調屬於
「眞知」的一念發動處，不但是「知」，也必包含後續之「行」，因此說
「便是行」。據此，陽明提醒門人須留意一念發動處之後的「知行」狀
態。但此解仍有些許牽強，欲解決此問題，筆者則認爲上述的q並不需要
刻意去強調當中的「念是行」，反而，可著重在「陽明談論知行時的用
意」，也就是其「知行合一的教旨」來觀察。

解說上述的問題時，則自然地連結前言曾提李明輝先生的看法：李
先生將「行」分爲「意念上的活動」與「具體道德活動」，因此「知行合
一」也有了兩層意義，此說精闢，筆者深感贊同；而且可依此解決上述q
的詮釋問題。而筆者欲反思的是，上述陽明說的q語句是已有p前提之下
才做出「此念是知是行」之補充。據此，筆者設想，若回到單純的「一念
發動處的『善念』而『未有行』」之時，或說沒有前提p之時，陽明仍會
說出q語句嗎？當然仍可說「念屬行」，是一種「意念上的行」；但筆者
再次反思，此「單純意念上之『行』」符合陽明「知行合一」中的教學宗
旨嗎？於此則回到Q3議題了。

筆者認爲q與Q3一起思考時透露出此些許「不通暢」，此「不通暢」
乃筆者反思有關李明輝先生將陽明的「意」均視爲「行」的這一方面強調
是否合乎陽明「知行合一」的教學宗旨。筆者認爲，若將陽明「有意義的

知行」內涵理解且貫通其他教法之後，**陽明的意思應是強調：「當『善惡』產生『意義或影響、效果』時」，那就是一種「行」了，因此當然包含「意念」層面**。而上述的q之所以可說，也是因為有前提p（產生了「意義」）。

若李明輝先生認為「一念發動處是行」可適用於（意念範疇上）「為善」方面，而不考慮是否有前提p的話，則筆者欲補充的是，針對陽明「知行合一」的教法內容，**或許可說為：「就『善』方面來看，『一念發動處不是行』是『可說』的，不採取將『善念』視為『意念上之行』，似乎可更貼切於陽明教法。」**為何筆者如此說？此乃因筆者觀察陽明「知行合一」的教法下的淺見。而關於「念」方面的細部問題，筆者認為可簡化為以下幾個程序來談：

1. 產生（負面）意義或影響、效果的「惡」：
　「惡念」或「惡行」。
2. 產生（正面）意義或影響、效果的「善」：
　「善念及其落實」。

回到本文主軸談論的「有意義的知行合一」或云「有意義的知行觀」對應上述1與2時；上述的1雖無「正面意義」，但是對2的發生是「有負面影響」的；據此陽明將1的「惡念」視為一種「行」，事實上亦是取「惡念會產生意義或影響、效果」這一視角來說，即便是「負面的（意義或影響）」。同理，即便是「善念」但也需強調「行」才讓「善念產生（實質）意義或影響、效果」，此即前述的，有前提p方說q。據此，陽明針對下列3、4狀況不視為「行」亦可理解之：

3. 相對於1與2，不能確定其意義或影響效果——僅有「善念」的狀

態、「剛克倒惡念之時」的狀態：

此兩種狀態，一方面不符合「知行合一」教旨，雖可用「善念」來形述「此心的狀態」，但「人若僅有此狀態」仍有其疑慮。

4.「空念」的意義與效果：

有疑慮，但陽明未明確說明此是否是「行」。但從「知行合一」的架構來看，並不需面對此問題。

而上述3與4的「疑慮」是未能確定的，而是一種可能性。從3來說，某人「僅有善念」的狀態與維持度不一，在各種時空環境下也不一。此外，我們的「善念」可能維持而後馬上付諸實踐完成「知行合一」，但另方面可能只是空有此「善念」狀態而已。甚至，可能有「此狀態」而後消失，被私欲影響而墮入「惡念」狀態。據此來說，「一念發動處」充滿各種後續發展的可能，但陽明帶出「知行合一」的說法且將涉及「念」的內涵導引至有關「為善去惡」的範疇時，筆者認為上述的1與2的同時側重將能有效的化解3這一可能疑慮。因為，針對上述的1去反省克倒、針對2的紮實落實，3所可能產生的疑慮將可以被化消，而這也是陽明的教法路線；據此，3可以視為一種提醒或細部反省。延伸再說，上述4在陽明「知行合一」教法下明顯牴觸，因此根本不必談論此種「念」是否屬「行」，要之，只能說明其疑慮或負面意義為何，且與3的疑慮是類似的。

　　總之，陽明在「知行宗旨」中帶出「惡念是行而善念不是行」這一論點，勢必造成所謂的「詮釋上的糾葛」，但筆者認為此「糾葛」相當正常，也無消化之必要。因為，若細分之，上述的3與4，「僅有善念」、「剛克倒惡念」或是「純粹空念」究竟是否是「好或壞」，勢必也有不同的詮釋糾葛。然則筆者認為，陽明乃凸顯「惡念」的影響與效果進而將其（惡念）視為一種「行」，此教法是「可說」的，在儒者所奉行的「為善去惡」這一前提下也必然要說。同此前提之下，「『僅有善念』『不

屬行』亦是『可說』」，此與「知行合一」教法相契合並可化解上述3與4之疑慮。因此筆者針對Q3答覆，則認為無須多解釋「各種念」是否屬「行」，q只是一項有前提p時的補充說明。據此而言，筆者認為陽明應該是強調，不論我們有何種「念」，重點就是觀察此「念」所產生影響與意義，以應作操作之功夫對應，並回歸他所要的「知行的意義」。

第三節　結　論

　　筆者認爲，或許陽明忽略此「知行細節」中的「雙重標準」情形，因爲「善念」也可能會產生好的影響、效果而陽明卻不斷言爲「行」。又或許，陽明因爲先談知行本體，而後補充、進而強調「念是行」時，認爲聽者可自行理解他的講學用義，也因此讓「行」的範疇產生混淆。又或許，「念」的問題其實是陽明面對「善惡」議題時、論述「爲善去惡」的可能過程時，陽明認爲「道德實踐如何有意義」的一種判斷與補充。不論如何，筆者認爲此種「雙重標準」或說「範疇混淆」的內涵事實上是：當我們談論且眞正落實陽明認可的「知行合一」時，則本無此問題。但實踐「知行」若面臨有所謂的「去惡」問題時，而此種「去惡」若處於「念」階段者，當然「可」視爲一種「行」（產生影響的「惡念」）進而強調需要「克倒」。此過程事實上與本來的「知行本體」不相關，因爲本來的「知行合一」的狀態就是善念至善行的自然結合，無所謂「克念」問題。但，當陽明說「惡念是『行』要克倒之」是他的立言宗旨時，於此可知陽明也注意到「實踐『知行合一』」時所應注意的細部狀況。而將「惡念」視爲「行」以回歸本來的「知行合一」、將「善念」不視爲「行」而強調具體實踐才有其意義時，實貼近儒者（尤其是陽明）對「善惡」判斷時的內在考量，並自然帶入修養與實踐時的細部論述。據此，Q1、Q2、Q3之問題，筆者認爲從陽明的「述說意義下」可獲得解決。於此筆者從「知行合一」教法下總結陽明所認定的有意義、產生影響效果層面的關切內涵即：

　　「一念之惡克倒」與「一念之善」兩者，雖然內涵不完全相同，但在陽明「知行合一」架構下，都屬「具體實踐」之前的重要前提。不

論「具體實踐」之前的狀態是「一開始就是善念」還是「克倒惡念之後」，陽明強調「此前提」與「後續的實際實踐」兩者，以及兩者間的自然結合。此強調下，「善念惡念」或「念」是否屬「行」在陽明論述「知行合一」且自然結合「為善去惡」的修養與實踐下，將產生應有之意義，且自然產生不同標準之考量。

第二章　朱熹與陽明論述「知行」之對比及其可融通處[1]

---

1 此章之內容曾以〈朱熹與陽明論「知行」之對比及其可融通處〉一文發表於《哲學與文化》，第480期，2014年5月，頁77-108。

第一節　問題意識

　　「知行問題」自《僞古文尙書》〈說命〉引《左傳》〈昭公十年〉：「非知之實難，將在行之。」而書爲「非知之艱，行之惟艱。」便開始談論「知行問題」。然而，不論是《左傳》或是《僞古文尙書》之談論，乃單純談論「知」（知曉、明白）與「行」（實踐）的問題，且在此內涵中頗重視「行」的問題。

　　此「知行」內涵本是儒家所重視之要點，即便不以「知行」兩字來做談論；在整個儒家道德實踐中，均不離「知行」之相關意涵。自宋儒朱熹談論以來，大抵承襲程頤的理解方向，並曾以「兩個方向」來論說「知與行」；[2]當然，朱熹自然不是割裂「知與行」在實踐上的意義，而是對於「知」的解釋偏向「理解」、「知曉」（義理），而「行」則屬「實踐義」，且強調此兩方向的相互配合，曾云：「論先後，知爲先；論輕重，行爲重。」[3]然則，明代大儒陽明針對此「知行」議題時，對「知」的內涵談論賦予的詮釋意義不僅限於「理解」或是「知識」方面，而自有一套論述「知行本體」的深刻內涵；曾云：「此已被私欲隔斷，不是知行的本體了。未有知而不行者；知而不行，只是未知。聖賢教人知行，正是安復那本體，不是著你只恁的便罷……。」[4]此點出「重行」、「行屬眞知」，也強調「知行」的「合一」才有意義。而大體上說，「知與行的合一」當然都是朱、王所重視的；但從細部來說，朱熹的「知行合一」是一種「理解與實踐」的合一，而陽明是「強調發端至自

---

[2]　《朱子語類》〈學三‧論知行〉，卷九，（臺北：文津出版社，1986年12月初版），頁148：「致知、力行，用功不可偏。偏過一邊，則一邊受病。如程子云：『涵養須用敬，進學在致知。』分明自兩腳說，但只要分先後輕重。論先後，當以致知爲先；論輕重，當以力行爲重。」

[3]　《朱子語類》〈學三‧論知行〉，卷九，頁148。

[4]　《王陽明全集》〈語錄一〉，卷一，（杭州：江浙古籍出版社，2011年10月2刷），頁4。

然實踐」的合一，且將其中的「理解」方面的「知」（知識層面）之層面一定程度的弱化。此乃陽明側重「知行」內涵的「根源義」（良知發動）之後，自然地認定後續之實踐將「自然地合一」，且陽明將此模式視為「知行的本來意義」（知行本體），並把自身的「致良知」、「心即理」等內涵都聯繫在此「知行觀」之下。

本文針對朱、王兩人論「知行」的對比時，除點出兩人對於「知行觀」的不同側重面向外，並分析有關「知行合一」的內涵及其細微處，並依這些細微處來進一步說明兩人的「知行觀」之特色。當代前輩學者針對宋明儒者的探究頗精深且豐富，對此「知行問題」亦有多種談論，由於相關文獻甚多，故於此不一一詳述，請容許筆者將於正文中穿插引述之。

此文一方面聚焦於朱王論「知行」之對比之外，更欲精簡論述雙方論述的中的細節內涵，並依此論述雙方內容的同異問題。細部來說，所謂「知行」問題包含了儒家（道德）實踐與修養的一切內容，因此談論的範圍極廣，相關聯的牽扯頗多；也就是說，論述儒者的思想內涵皆難以脫離所謂的「知行」。本文聚焦於分析雙方論點中的同異之處，並一定程度的說明「陽明論知行」與「朱子論知行」勢必有其「同」的層面，而「異」的根源則是「發端上」以及是否「自然有行」這兩方面之強調所導致。為扣緊上述的論述重點，因此對於朱子論述「知行」的談論中，將選擇談論與陽明契合的線索為主，因此朱子論述「知」之「知識性」或「認知性」層面，筆者將不再贅述之。

第二節　問題的談論

　　陽明論述知行觀自有與朱熹不同之處，朱熹所論述的「知行」內容對陽明來說似乎不夠側重「良知發端處」（以下簡稱「發端處」），而此「發端處」的強調對朱、王而言將導致兩個重大差異（並非絕對衝突的差異）。一是陽明認為「眞正的知」乃從發端處而來，且「眞正的知」將導致後續的自然實踐──「行」，並且依「後續的實踐（行）與否」來檢閱一開始是否是「眞知」。二是，陽明將「知」的內涵，尤其是道德屬性知識之內容加以「簡化」，他認為有關道德之細部節目、節次、各種項目……等，均可在「道德發端後」產生相應的知識，而且「不必刻意學習或鑽研」這些「知識」，據此把「學習道德『知識』弱化」。此乃某種強調「道德知識發端於道德」之論述，且把「道德屬性的知識」之重點擺在「道德根源」這一核心，亦有其精闢之成分，並且一定程度針對朱熹而來。將「道德知識」與「道德實踐」延伸談論時，陽明產生了他所認定之「有意義的知行觀」，此論述模式筆者認為頗類似孟子論述「人禽之辨」的模式。也就是說，如何成為一個孟子認同下「有意義」的「人」？而此「人」的內涵自不待言，將充滿道德仁義等內涵而並非僅是生物上的外在或感官上本能的而已。同理，陽明所認定的「有意義的知行」並非論說「什麼是『知』的定義」與「什麼是『行』的定義」，而是在儒者（陽明）思維下，針對「知行」來說「如何有其意義」，否則就不算是「知行」了。據此「意義」而言，朱、王兩人雖然都是提倡「合一」的，但就細部來看，陽明幾乎只從「有意義」的層面上來「合一地」談論「知行」，其呈顯的將是：「單一的知」與「單一的行」並不具有陽明認同下的「意義」，而必須「知行合一」才可，且強調自然的合一，而這也是他回溯古人談論「知行」時所自身勾勒出的「知行本

體」。而朱子則多針對「道德知識」的內涵亦加以重視，並有一定程度的強調「知識」探究與理解的重要性，而後付諸實踐來說「知行」。此正文中將呈顯陽明與朱子的論述脈絡，並點出其中的特色，並接續筆者於結論所欲談論的「相通處」。

一、陽明的「知行觀」簡述

（一）「發端處」與「知行」

陽明論述「知行合一」的特色與其前導工作，是把論（道德方面）「知行」時的「知」，簡化在某種「道德（良知）發端之後」自然可得的內涵，他說：

愛問：「至善只求諸心，恐於天下事理有不能盡。」先生曰：「心即理也。天下又有心外之事，心外之理乎？」愛曰：「如事父之孝，事君之忠，交友之信，治民之仁，其間有許多理在，恐亦不可不察。」先生歎曰：「此說之蔽久矣，豈一語所能悟？今姑就所問者言之：且如事父，不成去父上求個孝的理？事君，不成去君求個忠的理？交友治民，不成去友上、民上求個信與仁的理？都只在此心，心即理也。此心無私欲之蔽，即是天理，不須外面添一分。以此純乎天理之心，發之事父便是孝，發之事君便是忠，發之交友治民便是信與仁。只在此心去人欲、存天理上用功便是。」愛曰：「聞先生如此說，愛已覺有省悟處。但舊說纏於胸中，尚有未脫然者。如事父一事，其間溫凊定省之類有許多節目，不知亦須請求否？」先生曰：「如何不請求？只是有個頭腦，只是就此心去人欲、存

天理上請求。就如講求冬溫，也只是要盡此心之孝，<u>恐怕有一毫人欲間</u><u>雜</u>；講求夏清，也只是要盡此心之孝，<u>恐怕有一毫人欲間雜</u>；只是請求得此心。此心若無人欲，純是天理，是個誠於孝親的心，冬時自然思量父母的寒，便自要去求個溫的道理；夏時自然思量父母的熱，便自要去求個清的道理。這都是那誠孝的心發出來的條件。卻是須有這誠孝的心，然後有這條件發出來。譬之樹木，這誠孝的心便是根，許多條件便是枝葉，須先有根然後有枝葉，不是先尋了枝葉然後去種根。**5**

故有孝親之心，即有孝之理，無孝親之心，即無孝之理矣。有忠君之心，即有忠之理，無忠君之心，即無忠之理矣。理豈外於吾心邪？**6**

上述第一引文陽明乃從「意義上來說」，強調道德實踐是「從發端至實際行為」才產生「意義」，而不是先去學著某種節目道理（知識），才來回溯自身是否有道德發端、要求自身的發心。而此種發心之後合於天理的「心即理」教法，同樣的在第二引文中出現，且把「一般認為道德『知識』之意義」特舉出「若僅有『知識』意義」將不足以形述道德。據此的相關細節問題在於，當「發端之後」（時間上的先後）的實際行為，例如上述的「孝的理」、「忠的理」、「溫的道理」、「清的道理」……等，若後僅講求「學習這些道理」時，自然屬「枝葉層面」。然則，是否學習這些「道理」之後才去實踐就無意義呢？顯然陽明沒有直接否定，其實也無法否定，因為如果有某人先「學習如何孝順的道理」之後發出「良知」去孝順父母，這當然也是陽明要的「知行合一」。陽明只是強調「本來的道德實踐」應是如此，而不是講求「理」或是「道德知識」的認知之後才來實踐；據此，筆者暫時小結上述陽明對「知行觀」的描述是

---

5 《王陽明全集》〈語錄一〉，卷一，頁2-3。
6 《王陽明全集》〈語錄二〉，卷二，頁47。

Q1：

Q1：A「發端」（良知）→B「實踐」（行）
　　　A「發端」（良知）←B「實踐」（行）

上述Q1為簡化用法，且陽明強調A包含著B。A至B是最佳模式，且可從所有的B來反省A的內涵。[7]據此，差別於徐愛的談論，實代表一般人所認知的「知識」與「實踐」的關係，則如：

C「知曉」（知曉道理）→D「實踐」（行）

上述的A-B的過程是陽明所強調的，而C-D是徐愛一開始的立場。陽明認為若有A，則自然產生一般人認為的C與D，但事實上最好的方法乃A-B過程。

　　就上述Q1而言，已可大致理解陽明的立場，至於D的內涵，陽明當然無法全然否定其中的意義，陽明在意的是當某人處於階段D時，其一開始是否是A而非僅關注於C；若是，則屬回歸A-B階段的「知行」意義，因此A-B階段可適用於所有的道德實踐，也適合於文後將談的朱子論「知行」之路線（朱子論「知行」之部分內容可視為C-D路線，文後將詳述如何回歸A-B）。陽明不希望一般人僅執著於C-D的內涵，此將有可能產生之前引文所說的「先尋了枝葉然後去種根」之弊。然則，當陽明批評朱子的「知行觀」時，同樣使用回答徐愛的這種「心即理」或「心理合一」路線來批評朱子：

---

[7] 「A←B代表『行』收攝回良知發端處的積極義。」此說實為當初投稿時審查委員的建議，筆者認為相當受用，於此由衷致謝。為簡潔行文，後文將視內容需要可自動帶入此「A←B」的內涵，筆者則不再補充說明之。

　　晦庵謂：「人之所以爲學者，心與理而已。」心雖主乎一身，而實管乎天下之理，理雖散在萬事，而實不外乎一人之心。是其一分一合之間，而__未免已啓學者心理爲二之弊__。此後世所以有專求本心，遂遺物理之患，正由不知心即理耳。夫外心以求物理，是以有暗而不達之處；此告子「義外」之說，孟子所以謂之不知義也。心，一而已。以其全體惻怛而言謂之仁，以其得宜而言謂之義，以其條理而言謂之理；不可外心以求仁，不可外心以求義，獨可外心以求理乎？外心以求理，此知行之所以二也。求理於吾心，此聖門知行合一之教，吾子又何疑乎？**8**

陽明的批評朱子僅是部分合理的，雖然他用了「未免」這一非必然之語辭；就一儒者所學，乃以內心所發以應對萬理使之適切，在實踐的「意義上」來說應該是「心理合一」，也不能不「心理合一」。然則，若說陽明批評是「完全正確無誤」的，則有待商榷；此「正確」僅能建立在朱子的談論僅有前述之C-D階段而無Q1之內涵時才能成立，然筆者認爲並非全然如此。而關於朱子的談論細節，筆者將於第二小節一併談論之。

　　此外，陽明之「知行合一」實乃針對道德實踐來說，陽明應不可能認爲所有的「知識」「只要」有所謂「發端處」就能夠擁有或俱足，尤其是現實狀況下的專業知識（政治、軍事……等）。據此，陽明談論所謂「見聞」或「講求」者，幾乎都導回道德層面來論說，其云：

　　問：「聖人應變不窮，莫亦是__預先講求__否？」先生曰：「__如何講求得許多__？聖人之心如明鏡，只是一個明，則隨感而應，無物不照；未有已往之形尚在，未照之形先具者。若後世所講，卻是如此，是以與聖人之學大背。周公制禮作樂以示天下，皆聖人所能爲，堯、舜何不盡爲之而待於周

公？孔子刪述《六經》以詔萬世，亦聖人所能爲，周公何不先爲之而有待於孔子？是知聖人遇此時，方有此事。只怕鏡不明，不怕物來不能照。講求事變，亦是照時事，然學者卻須先有個『明』的工夫。學者惟患此心之未能『明』，不患事變之不能盡。」曰：「然則所謂『沖漠無朕而萬象森然已具者』，其言如何？」曰：「是說本自好，只不善看，亦便有病痛。」**9**

上述，陽明雖然談論到某些「後人認爲的知識性內涵」，但他還是認爲「此心是否能明」才是重點。據此，「周公制禮作樂」、「孔子刪述《六經》」等作爲，雖有著一定的「知識」層面，但陽明還是強調其中的「道德」內涵之樞紐，此即文中「遇此時而有此事時的『此心』」之「明」。

從一般狀況來說，不論是「基本知識」或是「道德知識」，例如如何孝順，如何盡忠……等，的確有其知識性的傳承與內容可依循，甚至成爲某種標準或模範而可做爲學習之節次來加以參考，甚至產生更細部的知識。據此，顧東橋針對陽明簡化「知識」或說「節目時變之詳」不甚重要、忽略「學習這方面的內涵或是知識」時的批評，而陽明還是堅守一貫立場而回應：

節目時變，聖人夫豈不知？但不專以此爲學。而其所謂學者，正惟致其良知，以精察此心之天理，而與後世之學不同耳。**10**

上述陽明以「不專以此爲學」欲淡化帶過，但筆者認爲「不專以此爲

---

9 《王陽明全集》〈語錄一〉，卷一，頁13。
10 《王陽明全集》〈語錄二〉，卷二，頁54。

學」則不代表「可以不必學」，或說「知識性的學習」就是錯誤的。而有關多聞、見聞、博學……相關含意者，陽明總是導回道德內涵來說，甚至上溯孔、孟之要義來綜合說明：

> 夫子謂子貢曰：「賜也，汝以予爲多學而識之者歟？非也，予一以貫之。」使誠在於多學而識，則夫子胡乃謬爲是說以欺子貢者邪？「一以貫之」，非致其良知而何？《易》曰：「君子多識前言往行，以畜其德。」夫以畜其德爲心，則凡多識前言往行者，孰非畜德之事？此正知行合一之功矣。「好古敏求」者，好古人之學，而敏求此心之理耳。心即理也；學者，學此心也；求者，求此心也。孟子云：「學問之道無他，求其放心而已矣。」非若後世廣記博誦古人之言詞，以爲好古，而汲汲然惟以求功名利達之具於其外者也。「博學審問」，前言已盡。「溫故知新」，朱子亦以溫故屬之尊德性矣。德性豈可以外求哉？惟夫知新必由於溫故，而溫故乃所以知新，則亦可以驗知行之非兩節矣。「博學而詳說之」者，將以反說約也，若無反約之云，則博學詳說者果何事邪？舜之「好問好察」，惟以用中而致其精一於道心耳。道心者，良知之謂也。君子之學，何嘗離去事爲而廢論說？[11]

上述之談論，陽明刻意以「心」（良知）意涵的「一以貫之」的道德內在來談論「所有事」，據此，孔子、舜所曾涉及有關「學問」或「問學」此類諸事，都被陽明以「求放心」、強調內存良知的「一以貫之」來簡化其中的複雜內涵，並一定程度的導回「知行觀」要旨。而陽明這種談論路線，其實與他解《大學》的方向及其呈顯的特色是一樣的，[12]而且是相聯

---

[11] 《王陽明全集》〈語錄二〉，卷二，頁56。

[12] 例如《王陽明全集》〈續編一〉，卷三十六，頁1020曾總括論述《大學》精要而說：「蓋其工夫條理有先後次序可言，而其體之惟一，實無先後次序之可分。」此風格甚明，茲不贅述。

繫的。

　　據上述種種，筆者於此則將陽明論述「知行」時的Q1內涵再次分析，且將他論說的第一步驟方法上地視為：

　　1.他先把「知」內涵中的「知識性的學習成分」弱化（強調），當面對所謂「知識」或是「道德知識」內容時，陽明不是不承認有所謂「道德知識」，而是一致地強調「道德知識」是很簡單的，不是那種「很困難或是高專業」的那種知識，且認為只要「發端於良知」即「可知曉應作之事」。此即陽明認為有了「道德發端」則自然能實踐出符合道德內涵的作為，且當此整個行為（從發端至實踐）被我們認定獲肯定之時，且其中可自然產生所謂的「知識」之效應與結果，則可能被我們定位為所謂的「道德知識」。[13]

　　而當「道德知識」中的「學習」成分被弱化之後，陽明論「知行」的第二步驟即：

　　2.再次強調他所重視「發端處」這一關鍵。有了此「發端處」就陽明而言，一方面讓道德實踐產生意義，另方面讓道德實踐成為可能。據上述兩步驟的內容，筆者從Q1路線的視角下暫時簡化陽明的意思為：

　　Q1-1「道德發端」可產生應有的「知」：例如道德節次、細節、項目之運作，或是《大學》、《論語》、《孟子》……所論及的一些道德知

---

[13] 筆者的意思是，陽明不是忽略「道德知識」的價值，而當他面對「道德知識」的相關談論時，同樣導回發端處來論說。就陽明而言，當某一道德實踐被真切完成時，例如「孝順」，其中的「孝順過程」可能自然產生出某些知識之時，就是被我們後來理解的「道德知識」。

識層面以及聖賢教導……。而這些可被我們視爲「知」或是「知識」。

　　Q1-2：「道德發端」產生應有的「行」：也就是從「道德發端（良知）」到「實踐」的這一自然發展過程，且後續「行」產生與否被陽明用來檢證是出於「道德發端」。

　　上述的Q1-1的談論，雖然涉及「知識」，但並非「強調學習知識」，此類「知識內容」陽明雖然強調可以自然生成，然此「知識」之相關內容也是陽明不能夠否認的成分。然則陽明談論「知行」時，則屬強調Q1-2路線的重要性，且貶低若執著於Q1-1之「知識性學習」的相關論說。

　　據上述Q1-2，陽明強調「發端處」之後，其細部談論就不再是如何講求「道德知識（認知）與實踐的合一」，而是強調「知與行本來就是合一的」，亦即如何「合一」（有發端處至實踐）；而Q1-1的內容則可代表陽明對所謂「道德知識」的態度與承認何謂道德知識的內在涵義。而順此Q1-1與Q1-2之脈絡，可知陽明認爲道德知識不離道德發端，道德發端自然產生道德知識與道德實踐。至於所謂的「節目」、「學習次第」……等對陽明而言，自然不是談論重點了。而此Q1-2之細部說明了「知行合一」如何可能，而且是不能分割的「合一」，且陽明進一步認爲一旦分割此「知行」則失去本意，他說：

　　但其從事於事爲論說者，要皆知行合一之功，正所以致其本心之良知；而非若世之徒事口耳談說以爲知者，分知行爲兩事，而果有節目先後之可言也。**14**

上述可知，陽明對於「論知行」實點出所謂「致其本心之良知」及其之後

---

14 《王陽明全集》〈語錄二〉，卷二，頁56-57。

的「整個知行」，並非世俗談論「知曉」道理之事；據此他又說：

> 知者行之始，行者知之成：聖學只一個工夫，知行不可分作兩事。[15]

上述的談論，則是陽明所認同的「有意義的知行」，而這也是他所談論的「知行本體」；依此延續自下小節。

（二）強調「知行本體」與「有意義的知行」

上述，筆者認為陽明的論述模式在於強調「道德發端」的「知」而弱化「道德知識」的學習，據此脈絡下的「發端」（知）至「實踐」（行）的談論模式，陽明則視為「知行本體」，也就是「知行本來的樣態」，也是「有意義的知行」；他說：

> 愛曰：「如今人儘有知得父當孝、兄當弟者，卻不能孝、不能弟，便是知與行分明是兩件。」先生曰：「<u>此已被私欲隔斷，不是知行的本體</u><u>了</u>。未有知而不行者。知而不行，只是未知。<u>聖賢教人知行，正是安復那</u><u>本體</u>，不是著你只恁的便罷……。」[16]

上述，陽明點出有關「私欲」的層面來說明「知行時」的細微關鍵處。也就是說，「知行」本來的狀態或說本來的意義，從「意義上」來說有著發端於良知而自然實踐的這種「知行合一」，另方面從「功能上」則是讓人們知曉「知行本體」的狀態就是無私欲的「知行過程」。而不論是「意義上」或是「功能上」的知行內涵，陽明所認可的「知行」帶來的是一種無

---

[15] 《王陽明全集》〈語錄一〉，卷一，頁14。
[16] 《王陽明全集》〈語錄一〉卷一，頁4。

私欲的實踐過程，其發端處是「良知」；此符合他的Q1論述。他從本來應有的「知行」來說這些細部過程就是「知行本體」，亦即下圖：

（持續）無私欲之實踐、無私欲之實踐……

↑**整個過程P**

Q1：（良知）發端處 ────────────────▶ 實踐（行）

據此來說，陽明認爲聖人「*教人知行正是安復那本體*」，就是安復「良知本體」這一發端處而更能確保過程時的「無私」，並且也確保後續實踐（行）的可能及其意義，而這一整個實踐過程即陽明所要的「知行的本體」。據此來說，「知行的本體」一方面指涉「知行的本來意義」（如上圖Q1），另方面帶出「良知本體」在整個「知行過程」的樞紐地位，而「無私欲」則是一項很重要的補充說明或提醒；此即上圖**「整個過程P」**。此P內涵頗爲重要，乃陽明留意到在實際狀況中無法自然的「知行合一」時，補充有關「克倒惡念」、「誠」……等修養工夫以回歸「良知發端處而有後續之行」之相關述說。而此P內容實則與朱子知論說實相契合，將於後文談論之。

　　再根據上圖（知行本體），筆者認爲陽明是從他所認定的「有意義的知行」再次述說「知行的不可分割性」。也就是說，雖然「知」、「行」必然可分成兩個概念或是方向，但從「整個實踐意義上來說」是不能分離的。當他說「*知而不行，只是未知*」的時候，已將「知行的意義」納入「『知』與『行』」這兩個不可分割的概念中來評價了。

　　最後，筆者認爲陽明「論知行」則剩下一個關鍵問題，那就是在「實際的知行狀況中」，**Q1路線雖然「可」達成，卻非人人且時時必然有此Q1**。而上引文中，陽明留意到此問題，故說「*教人知行正是『安復那本體』*」，而此實際狀況乃從某人無法「無私欲」的實踐時，陽明點

出「安復」。此內容中則關聯於一項重要的修養論述，即有關「如何安復」且帶出「克念」問題，也就是筆者欲貫串陽明與朱子論知行的「整個過程P」中的細部談論。下小節則先談論陽明對此細部的強調處，以接續朱子論知行的內涵。

（三）「整個過程P」與「實際狀況」

在陽明「知行過程P」的狀況中，陽明曾經提醒細部應注意的要點：

> 今人學問，只因知行分作兩件；故有一念發動，雖是不善，然卻未曾行，便不去禁止。我今說個知行合一，正要人曉得一念發動處，便即是行了；發動處有不善，就將這不善的念克倒了。須要徹根徹底，不使那一念不善潛伏在胸中；此是我立言宗旨。[17]

當然，若用更嚴格的說法來談，我們可以說「一念發動處之後若有惡」，也屬陽明論說下的一種「未知」；但陽明畢竟得面對某人一開始確是「良知發動」，之後卻產生某些惡念或是其他導致「不行」之種種干擾，或是「行之時」的內在心理不夠「無私」、「誠」……等可能。據此，陽明對此類事實之對峙述說時，則提高「惡念」的影響效果而直接把此種「惡念」視爲「行」，且強調必須馬上「克倒之」。關於此說，陳來先生曾評論云：

> 所謂一念發動不善即是行，從「知是行之始」方面來說，是王守仁知行合一說的一個合乎邏輯的推論，既然意念、動機被看作整個行爲過程的

開始，在<u>此意義上意念之動亦屬行</u>。對於王守仁來說，他並未注意到，
雖然從整個行爲的連續過程來看，知是行之始，但如果行爲過程在意念活
動後並未展開行爲過程，<u>這種意念算不算是行？</u>曾有不少學者認爲王守仁
知行合一學説可以概括上邊説的「一念發動處即是行」，其實這是不正確
的。從「爲善」和「去惡」兩方面來看，<u>王守仁認爲，一念發動不善便是
行惡了，而一念發動爲善還不就是行善了</u>。所以，只有善的意念或對善的
瞭解還不是知善、行善，只有把善的意念落實爲爲善的行動，才是眞正的
知善、行善。而人並不是一定有明顯的惡劣行爲才是行惡，只有惡的意念
就是行惡了……。[18]

　　<u>從爲善方面來説，有行才是知；從去惡方面來説，有不善之念便是行
了</u>。王守仁的知行觀是重「行」的，把他的知行觀歸結爲「一念發動處即
是行」就抹殺了他的知行觀特點。[19]

上述筆者之引，主要點出陽明對「知行過程」的留意處，並一定程度的指
出陽明對「善念」不視爲行而將惡念視爲「行」的論説意義。據此，可簡
化爲陽明談論「知行」有其「重行」之成分，並針對「惡念克倒」做出強
調。但此方面細部的談論必然在於某人「道德發端之後」的極可能須面對
的事實了，即爲此小節標題之「實際狀況」上來説，對峙此過程，陽明時
常提醒意念上之工夫：

　　黃勉叔問：「心無惡念時，此心空空蕩蕩的，不知亦須存個善念
否？」先生曰：「既<u>去惡念</u>，便是善念，便復心之本體矣……。」[20]

---

[18] 陳來：《宋明理學》，（臺北：紅葉文化，1994年9月初版1刷），頁256。
[19] 陳來：《宋明理學》，頁256-257。
[20] 《王陽明全集》〈語錄三〉，卷三，頁109。

如今要正心，本體上何處用得功？必就心之發動處纔可著力也。心之發動不能無不善，故須就此處著力，便是在誠意。**如一念發在好善上，便實實落落去好善；一念發在惡惡上，便實實落落去惡惡。**[21]

先生問在坐之友：「比來工夫何似？」一友舉虛明意思。先生曰：「此是說光景。」一友敘今昔異同。先生曰：「此是說效驗。」二友惘然，請是。先生曰：「**吾輩今日用功，只是要爲善之心眞切。此心眞切，見善即遷，有過即改，方是眞切工夫**。如此則人欲日消，天理日明。若只管求光景，說效驗，卻是助長外馳病痛，不是工夫。」[22]

據上述諸引文可知，陽明教法中即便有著「發端處」之強調，但在面對實踐之過程P時，其實是頗戒愼恐懼的，且留意細節中此「心」的狀態應如何，以落實他所認可的「知行」。

至於朱子，除了被陽明批評其「知」乃偏向知識性而忽略發端處，雖有一定程度的對峙而說，然而，筆者認爲朱子的談論是在論述過程P以回歸Q1路線；下節即述。

二、朱熹的「知行觀」簡述

朱熹論「知行」時，明顯是談論「認知與實踐」的雙面重視，並一定程度的強調「實踐」（行）之重要性。其論「知行」時曾說：「只有兩件事：理會，踐行。」[23]明顯可知朱子的「知」與陽明「知」之「良知發

---

[21] 《王陽明全集》〈語錄三〉，卷三，頁131。
[22] 《王陽明全集》〈語錄一〉，卷一，頁29-30。
[23] 《朱子語類》〈學三·論知行〉，頁149。

端」有著不同內涵側重。對於陽明曾批評的「枝葉」之說，其實朱子也曾說：「這個事，說只消兩日說了，只是工夫難。」[24]「雖要致知，然不可恃。《書》曰：『知之非艱，行之惟艱。』工夫全在行上。」[25]據此可知朱子實重視實踐時的工夫，並非僅留意於枝葉，且上文末之「工夫全在行上」更內涵「心」的層面。然朱子將此工夫樞紐以認知、主宰之心為論述重點的現象甚明，當代前輩學者亦多留意此點，也依此定位朱子的知行觀點。[26]然而此節中，筆者欲接續之前的 Q1：A「發端」（良知）→B「實踐」（行）。以及以P：Q1的「整個過程」來陳述朱子的「知行觀」與陽明的可融通處，並陳述在朱子論述「知行」的細節中，事實上與陽明的重視處相契合。[27]曾對朱子「認知心」做出定位的牟宗三先生亦曾云：

　　朱子言格物窮理雖與陽明不同，然其所注意之理，固仍是超越之天理也。惟順朱子之說，於知識問題較易為解耳。雖是較易，而終不易，因其說統本不在知識也。於此而期容納客理之知識，則必於朱王說統外，別具手眼以論之，而又容於此大系統中（無論為朱為王），而不曲泯古哲之了義，此則今日之事也……。[28]

---

[24] 《朱子語類》〈學七‧力行〉，頁222。

[25] 《朱子語類》〈學七‧力行〉，頁223。

[26] 例如牟宗三：《王陽明致良知教》（臺北：中央文物供應社，1980年4月再版），頁20有云：「朱子學問思辨之窮理之屬於知者，很可以有助于道德實踐之行之得正果也。依此，朱子學問思辨之窮理之只屬于知，亦只多識前言往行，以期有助于『心體之明』之意耳。此及內外兼修，而此則屬于外者也。故陽明就學問思辨以言學行合一，仍不礙學問思辨之窮理與道德實踐之篤行分開說。蓋學問思辨之窮理是屬于求知者，其中之行故不同于道德實踐之行也；此事兩層之事。惟致良知中之知行合一，使真可扭轉朱子而大不同于朱子，而亦另開闢一境界矣。」而楊祖漢先生於此細部論述時亦點出朱子論知行時所言之「心」乃偏向「認知義」；可參見楊祖漢：《儒家的心學傳統》（臺北：文津出版社，民國81年6月初版），頁228-231之精闢論述。

[27] 筆者所謂「相通處」或「相契合」並非泛指朱王二人的理論與思維都是相同的，而是在論「知行」這一實踐道路中的「相通」與「契合」。若兩人有此方面之「相通」與「契合」，僅是說明在「知行」觀之下的「實踐道路」相符，朱王其他方面的「異」並不會因此解消。若簡單的說，筆者欲論述朱子的「知行觀」是相容於陽明的「知行觀」，而陽明「論知行的細部工夫」亦相融於朱子論「知行」時所重視的過程；即便兩人強調處有著不同。

[28] 牟宗三：《王陽明致良知教》，頁23-24。

　　是以每一致良知行為自身有一雙重性：一是天心天理所決定斷制知行為系統，一是天心自己決定坎陷其自己所轉化之了別心所成之知識系統。此兩者在每一致良知之行為中是凝一的……。[29]

上述，牟先生一定程度的說明天理內涵所帶出的實踐含意，並認為朱子之格物說雖與陽明不同，然卻可容於整個實踐系統中，牟先生據此補充說：

　　蓋朱子之格物窮理義，雖可以順而至於含有知識義，**而其本意實不在言知識**。其所謂格物窮理，意在當機體察，乃含於動察之中；察之於念慮之微，求之於文字之中，驗之於事物之著，索之於講論之際，皆是格物，亦皆是窮理。而此格物窮理卻是去病存體，旨在求得普遍而超越之一貫之理，**所以仍是一套道德工夫，不在成知識也**。吾之現在既順致良知教而融納知識，則朱子此一套在整個系統之關鍵上自不甚肯要，然於慮的工夫上，則亦無甚可譏議也。[30]

上述，筆者欲簡化牟先生的談論重點以接續筆者之延伸述說；亦即，在整個道德實踐過程中，本有知識性內涵，朱子格物窮理實無誤，因此乃「去病存體」之道德工夫。據此，實踐過程中的「慮」便極端重要。而此「慮」的相關涵義則與上小節論述知行的「過程P」時亦發現陽明相當重視。筆者初步認為，朱子論知行時是相當重視P，而且是欲回歸Q1路線的。從上小節的「整個過程P」來說，已顯示陽明在實際觀察或親自操作「知行」承認應注意的要點，也就在「過程P」中的「克念」等相關問

---

[29] 牟宗三：《王陽明致良知教》，頁37。
[30] 牟宗三：《王陽明致良知教》，頁42。

題。延伸來說，陽明也同意、留意到人無法時時符合Q1之路線。據此，筆者談論朱子的知行觀時，首先將他與陽明相近的內涵點出，再回歸論述他被陽明批評的「知行內容」。綜觀後，筆者將論述陽明的批評不甚正確，因朱子「知行觀」的整個論述，不但符合陽明的「**整個過程P**」，而且將自然的導入Q1的內涵。據此，關於朱熹論述「知行」中的「知識面向」之強調，將非筆者本文的談論重點了。

　　因此筆者此小節的論述模式是，先解釋朱子「論知行」時的「知」是否真的「『僅有』知識性內涵」，包含其「心」是否僅有「認知心」；也就是說，即便朱子先論「知識學習」而後「實踐」，是否仍無法符合陽明的Q1內涵，還是可能自然帶入「道德內在」的這種「認知體驗」之層面，且自覺地發端道德？亦即，在某一道德實踐的過程中，即便是朱子模式的「先知後行」，在行為時，甚至是「知之時」便無法有所謂的「道德發端處」於其中嗎？當然陽明「強調發端處」自是比朱子強烈的多，但難道不若陽明之強調，就導致朱子論「知行」便無此發端處嗎？而有陽明之強調，「知」（知識性）的問題就自然獲得解決或圓滿嗎？前文論述陽明時，可知他曾以「見聞」、「節目」來述說此「認知方向」並非「所學重點」，但在實際面來說，陽明弱化「知識性的學習」似乎略顯過於強調，甚又依此來批評朱子重視「知識」而認為「分割心理」，可謂過度批評了。針對此問題，當時學者多有意見，暫舉高攀龍與來知德所提之中肯反擊，曾云：

　　「析心與理為二之非矣……。」果若斯言也，朱子可謂天下之至愚，叛聖以亂天下者也……。**31**

　　凡人之言合者，必二物也……。**是陽明析而二之，非朱子析而**

31 《高子遺書》〈陽明說辨一〉，卷三，《文淵閣四庫全書》，（臺北：臺灣商務印書館，1983年版），頁373。

<u>二之也……</u>。而聖人不必以合一言也。故<u>有時對而言之……</u>。<u>有時互而言之……</u>。<u>有時對而互言之……</u>。<u>有時偏而言之……</u>。<u>有時分而言之……</u>。吾故曰：聖人不必合一言之也。而知行未嘗不合，爲其未嘗不合，故專言之而知而行在，專言行而知亦在。**32**

　　大抵陽明先生聰明之至，也肯與人講論，不似象山諸公，說半句留半句。但盡他聰明，說通說快了，不沉潛反復。如陽明說：「問思辨行，皆所以爲學，未有學而不行者也……。此區區心理合一之體，知行并進之功，所以異於後世之說者正在於是。」若依此說，心與理合一，知孝則說得通矣，說忠則說不通矣，所以陽明不說忠……。顏子必行夏時、乘輅、服冕、放聲、遠侫，而後謂之學乎。不然，此空談也。陽明自以爲心理合一，知行并進，而不自覺其言之不通矣。**33**

上述兩人之批評重點有二，高攀龍認爲實踐時不可能分割心理，此時自然落入道德內在而行之於外，此內涵本不需強調合一。來知德則針對陽明弱化知識層面的事實以及必要性，一定程度的聲援朱子。據上述而言，筆者先採取朱子並非「割裂心理」，也非「割裂知行」的這一視角來談論。無須避諱者，朱熹論「知行」的「強調處」自與陽明不同，例如於朱熹曾經明白的說出「知先行後」：

---

32 《高子遺書》〈陽明說辨三〉，卷三，頁374-375。

33 《王陽明全集》〈補錄二〉，卷四十，頁1643。當然陽明在他處也曾經以「忠」來說，詳見〈語錄一〉，卷一，頁2-3：「事君：不成去君上求個忠的理？交友治民：不成去友上、民上求個信與仁的理？都只在此心；心即理也。」但來知德實點出陽明立論稍過之處。此即，許多知識或是道德知識，並不是僅有「發端處」便能夠弱化這種「（道德）知識學習」的重要性。雖然陽明是對峙性的談論（反對盲目追尋知識之類），但在強化「發端處」且弱化「知識的學習」之後即可點到爲止，不應依此來批評重視「知識」的談論與實踐便是割裂「心理」或「知行」。甚者，以筆者的談論來說，陽明幾乎一概地否認「從知識學習」而後能有「發端處之知行」，因爲朱子的路線明顯乎此而遭受批評，但若結合過程P來說，「當有發端之後」賦予實踐便能滿足「知行」之意義，而且朱王路線皆曾針對過程P如何回歸本來的Q1路線；至於朱熹的此類方向內涵，將於文後詳談。

　　知、行常相須，如目無足不行，足無目不見。論先後，知爲先；論輕重，行爲重。**34**

　　上述可知朱子雖提出「知先行後」，卻也點出「實踐」之重要性；在「認知與實踐」的「意義」上來說實與陽明同等；然與陽明比較不同者，在於陽明點出「良知之發」後，其實踐將「自然完成」，否則就是「發端處有問題」。但在細部上來說，陽明也曾注意「是否會『自然的知行合一』」，故補以「克念」、「去私」等相關內涵來保證Q1之路線，此已經在上小節談論過。而筆者認爲，「是否會『自然的知行合一』」乃一重大關鍵處，此是陽明與朱子論知行可契合述說關鍵，於此簡稱X。此外，筆者更認爲朱熹一定程度的考量到X相當難，進而強調「重行」而不若陽明說「眞知即行」之類的話語。朱子的考量一方面符合了經驗事實，另一方面他的「重行」強調也讓道德產生一定的意義（因爲有落實而非空談）。因此，即便在朱子論述「知先行後」給予一時間上的述說，但隨即補充「行爲重」來滿足實踐上的意義，實則代表朱熹與陽明一樣重視「實踐或達成」的問題。據此整個道德實踐意義中僅剩下一個問題，即在於「知行時」的過程P，朱子是否毫無「發端處」之考量與「無私之實踐」之側重？

　　上述「無私之實踐」應不需多談，此對儒者而言不言而喻。而知行中的「發端處」較需談論，因爲這是朱王兩人論知行的較大差異處，此暫以上述X之相關問題來接續之。筆者即便肯定陽明之「知而不行只是未知」這一說法，雖陽明用「眞知包含行」的意義來解釋亦可得其要義，但另一方面也代表陽明知道許多人「知而不行」的這種「事實」。據此陽明也不敢強調X，而述說Q1路線且補充過程P的重要細節。此即，在實

---

34 《朱子語類》〈論知行〉，卷三，頁148。

際層面下，陽明一方面補足「眞知」之強調而點出「發端處之良知」以削減「不行」的產生可能，另一方面針對過程P來「時時」提醒人去「克念」、「誠意」……等，以回歸Q1路線。此內涵與朱、王均重視孟子的「必有事焉」之相關涵義頗切合，而且被運用在所有道德實踐內部中。**35**

　　而朱子的強調內容呢？事實上朱子的方式也是針對過程P來強調，目的也是回歸Q1路線，僅是缺少「知而不行只是未知」、「眞知即行」……這種較爲徹底的強調。若說陽明批評朱子論實踐時得補「敬」字、「誠」字，**36**則陽明論知行同樣也是「補」了「克念」、「去惡念」……等意涵，然則雙方「補」的用意與內涵卻是一致的。筆者的意思是，在實際狀況下，陽明「強調發端處」之後所遭遇「無法持續地無私實踐」之狀況，實與朱子「重視過程處」的談論是在同一路線上，且目的也上一致、欲回歸「無私之實踐」上的考量也一致。而且從陽明的知行觀來考察已可發現他亦重視過程P，提出許多工夫以回歸Q1。於此，筆者最後的工作則是論述朱子是如何論述過程P之「發端處意義」以回歸Q1路線，依此分爲兩小節論述如下。

---

35 《王陽明全集》〈語錄二〉，卷二，頁79有云：「在孟子言『必有事焉』，則君子之學終身只是『集義』一事。義者宜也。心得其宜之謂義。能致良知，則心得其宜矣，故『集義』亦只是致良知。」而〈語錄二〉，卷二，頁90有云：「區區因與說我此間講學，卻只說個『必有事焉』，不說『勿忘勿助』。『必有事焉』者，只是時時去『集義』。若時時去用『必有事』的工夫，而或有時間斷，此便是忘了，即須『勿忘』。時時去用『必有事』的工夫，而或有欲速求效，此便是助了，即須『勿助』。<u>其工夫全在『必有事焉』上用，『勿忘勿助』只就其間提撕警覺而已。</u>」於此可知，陽明強調「必有事焉」這一「集義」、「致良知」之主軸，而後續的「心勿忘勿助長」僅是一種輔助，此論其論述「知行合一」風格頗類似。但筆者認爲，陽明確實注意到「知行合一」實行狀態並非如此容易達成，因此他仍時時強調克念、除私欲等工夫細節；在這樣的過程中，其實證明一般人總是需要「其間提撕警覺」。據此來說，陽明的「知行合一」雖切合於儒家重點，但即便如孟子論述「不動心」時的談論，其「集義」過程所提點的「必有事焉而勿正心勿忘勿助長」實屬必要之工夫論述，而非僅僅論說「不動心」這一境界義、「集義」這種狀態而已。且陽明也曉曉穩定持續之困難，因此筆者認爲「勿忘勿助」雖然可說是輔助，但卻是相當重要且最常運用的工夫。而朱子的談論「知行」時，也曾用此「必有事焉」來述說「隨處省察」之重要性，對陽明而言明顯地較偏向「勿忘勿助」，但朱子亦有針對「集義」之根源性質談論；詳見後文。

36 《王陽明全集》〈語錄一〉，卷一，頁42有云：「大抵《中庸》工夫只是誠身，誠身之極便是至誠；《大學》工夫只是誠意，誠意之極便是至善。工夫總是一般。今說這裡補個敬字，那裡補個誠字，未免畫蛇添足。」

（一）朱子論述「過程P」產生的Q1'即Q1

　　筆者標題之Q1'意義與Q1幾乎等同，差別是Q1'是在無法自然有著Q1狀態時，透過「克念」、「主一」、「誠」……等工夫後，再次產生「發端處」或「去惡念」後的實踐回歸Q1，事實上也是Q1的內涵，只是「非一開始就是Q1」，此是為了區別朱子與陽明論說而暫時做的區分；整體內涵即如下圖所示：

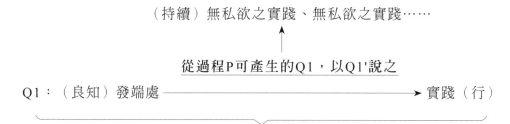

（持續）無私欲之實踐、無私欲之實踐……

從過程P可產生的Q1，以Q1'說之

Q1：（良知）發端處　————————————→　實踐（行）

X（自然的知行合一）

　　據上圖來說，筆者認為朱子是重視過程P所產生的Q1'，至於Q1本身的內涵，朱子根本不會去反對，但關鍵在於是否會自然產生Q1而符合X。朱子認為，X非常困難，事實上陽明也是承認此點的。據此而言，朱熹不強調X也就是不強調Q1的順利產生，而選擇重視過程P並以如何回歸Q1'為述說主軸，實為一種論述X的細部談論，當然是可說的，此乃朱子論「知行」的述說重點。至於「知曉卻不實踐」屬一種「未真切的知」，其實朱子也曾強調過，如：

　　　　只爭箇知與不知，爭箇知得切與不切。且如人要做好事，到得見不好事，也似乎可做。方要做好事，又似乎有箇做不好事底心從後面牽轉

去，這只是知不切。**37**

上述可知，其實朱子對於「知之切」的內涵也曾扣緊於是否有後續應有之實踐來說；而這種「應有之實踐」本自預設「無私之實踐」。另外，針對朱子論述「認知」的內涵是否可帶出「道德內在」或是「發端」意義者，其實亦有：

　　任道弟問：「『致知』章，前說窮理處云：『因其已知之理而益窮之。』且經文『物格，而后知至』，卻是知至在後。今乃云『因其已知而益窮之』，則又在格物前。」曰：「知先自有。才要去理會，便是這些知萌露。若懵然全不向著，便是知之端未曾通。才思量著，便這箇骨子透出來。且如做些事錯，才知道錯，便是向好門路，卻不是方始去理會箇知。只是如今須著因其端而推致之，使四方八面，千頭萬緒，無有些不知，無有毫髮窒礙。孟子所謂：『知皆擴而充之，若火之始然，泉之始達。』『擴而充之』，便是『致』字意思。」**38**

上述引文的談論，一開始雖可理解朱子談論「知」或許偏向「認知」這一層面，但至引文最後時，朱子所談論的「知皆擴而充之」乃孟子擴充「四端之心」的談論。據此而言，即便朱子看似僅談論「認知」的內容，但若扣緊道德實踐，則自然可解為「認知我四端之內在」以擴充道德內在之心而付諸具體實踐，此當然有所謂的道德發端義。此外，朱子也不是不強調尊德性或是道德發端，曾云：

37　《朱子語類》〈學三‧論知行〉卷九，頁154。
38　《朱子語類》〈大學三〉，卷十六，頁324。

問：「往前承誨，只就窮理說較多。此來如『尊德性、致廣大、極高明』上一截，數數蒙提警，此意是如何？」曰：「已前也說了，只是夾雜說；如《大學》中亦自說。但覺得近日諸公去理會窮理工夫多，又自漸漸不著身己。」**39**

上述可知，有關德性內在或是依此前提（德性內在）去實踐，朱子並無忽略，且也無法否認此重要性。針對上述之語，鍾彩鈞先生則評述云：

朱子以往也說尊德性等上一截的話，但只是夾雜說，而窮理工夫則專門提出來說，可見朱子原來以為尊德性是立基礎，是存心之事，不必費許多話。窮理則是旋旋去下的工夫，故專門提出來說。但是基礎中不可不立，故當學者只窮理而不切己時，他還是要專門提出尊德性來提醒他們的。**40**

筆者頗認同上述之精闢提點，實說出「立本」或是「論道德發端」並不是「非強調即無」，而是一旦曾經強調之後，朱子重視的是實踐時的工夫，也就是上述曾談論的「持敬」、「慮」……等在過程P時的論說重點。據此筆者認為，朱子最重視的是「即便我們有此發端」或是「已發端」卻為何無法「持續」的問題，因為他關心的重點總是：

蓋義理人心之固有，苟得其養，而無物欲之昏，則自然發見明著，不待別求，格物致知，亦因其明而明之爾……。「敬」自貫通動靜，但未發實則渾然事敬之體，非是知其未發，方下敬底工夫也。既發則隨事

---

39 《朱子語類》〈訓門人二〉，卷一百一十四，頁2760。
40 鍾彩鈞：《王陽明思想之進展》，（臺北：文史哲出版社，1993年3月出版2刷），頁104。

省察，而敬之用行焉，然非其體素立，則省察之功，亦無自而施也。故敬、義非兩截事，必有事焉而勿正、心勿忘、勿助長，則此心卓然貫通動靜⋯⋯。**41**

上述朱子認為義理心人固有，**42**而且可「養」之而避免物欲之「昏」，如此則可「自然發見明著」、「不待別求」；此內涵很難說出與陽明的良知內在有何不同。而文中的「隨事省察」、「敬」之工夫若實用於過程P時，則如同陽明之「克念」之強調。從這脈絡下可知雙方在論述實踐過程P時，本就是強調自我主宰以帶出實踐時的應有之內涵。於此，筆者則接續此節談論重點：朱子重視的「知道要實踐」、「知道實踐時要敬」的「知」是否會排除「發端義」，或者說，是否有（會導致）「發端義」？

　　不諱言者，朱子在論實踐或知行時，偏重此心之認知義與主宰義，然身處此過程P時，陽明所重視（其實朱子也重視）的「發端義」將可為朱子的論說之何處？筆者認為，朱子雖側重此心之主宰意義，如論實踐時工夫的「持敬」、「無私」⋯⋯等強調，但在實踐之前的「前提」實早已有此「發端義」，而以他所強調的「主宰義」來輔助說明整個「知行」（實踐）；如：

　　四端皆是自人心發出：惻隱本是說愛，愛則是說仁。如見孺子將

---

41 《朱子文集》〈答林擇之二十一〉，卷四十三，（臺北：德富文教基金會，2000年2月初版），頁1902。

42 牟先生針對朱子內存義理之說的論斷並非本文的談論重點，因此僅於此註稍作提及。牟先生基本上認為朱子的「具理」是一種「當具」而非「本具」，據此疏別了與孟子的論述核心。於其《心體與性體（三）》（臺北：正中書局，2008年1月臺初版），頁243曾論及朱子「具」之定位：「⋯⋯是認知地靜攝地具，而不是本心直貫之自發律地具，此顯非孟子言本心之骨架⋯⋯。」然此部分內涵在朱子其他層面的論說下，似乎可具有「本具」之可能，而或許朱子過於強調此心之認知義、主宰義、操存等動態收攝功能義，故牟先生以「認知地具」來詮釋朱子「具理」之說。

入井而救之，此心只是愛這孺子。惻隱元在這心裏面，被外面事觸起。羞惡、辭遜、是非亦然。格物便是從此四者推將去，要見裏面是甚底物事。**43**

　　言乍見之時，便有此心，隨見而發，非有此三者而然也。程子曰：「滿腔子是惻隱之心。」謝氏曰：「人須是識其真心。方乍見孺子入井之時，其心怵惕，乃真心也。非思而得，非勉而中，天理之自然也……。」**44**

上述可知，朱子僅稍提及所謂「惻隱」本內存，遇事而發；但又引述上蔡之語說是自覺地發──「非思而得、非勉而中」。當落入「格物」之論述時，朱子談論「認知此四端」之推擴意義。且回到道德實踐上來說，「認知我們有此四端」之後去實踐，並非「實踐時無此四者之發端」，因為我們可以「知道」「四端」之內存同時發端而付諸實踐的；此即如朱子註解「由仁義行」之時所說：

　　「由仁義行，非行仁義」，則仁義已根於心，而所行皆從此出……。**45**

據此，朱子當然承認內存仁義發心去實踐的重要性，此與陽明「從良知發端去實踐」的論述當然一致。但朱子鮮少強調此「發端至實踐」的如此順暢，因此即便我們「認知」甚至是「紮實體驗到」我們有此四端，或是真的「發出四端」去實踐時，也時時遇到「人欲」等諸多問題而難以穩定

43　《朱子語類》〈孟子三・公孫丑上之下〉，卷五十三，頁1287。
44　《四書集注》〈孟子集注〉，卷三，（臺北縣：頂淵文化，2005年3月初版1刷），頁237。
45　《四書集注》〈孟子集注〉，卷三，頁294。

且持續落實。據此，朱熹強調的是「實踐時的工夫」而非強調「發端」
了，此相關內涵自不待言；如「主一」、「持敬」、「喚醒」、「提
撕」……等用語。若統整朱子論述的點醒，其實是環繞於過程P的工夫論
說，當然可包含發端與認知，以及後續的實踐：

> 學者爲學，未問眞知與力行，**且要收拾此心，令有簡頓放處。若收
> 斂都在義理上安頓**，無許多胡思亂想，則久久自於物欲上輕，於義理上
> 重。須是教義理心重於物欲，如秤令有低昂，**即見得義理自端的，自有欲
> 罷不能之意，其於物欲，自無暇及之矣**。苟操舍存亡之間無所主宰，縱說
> 得，亦何益！**46**

> 曰：「患不省察爾。覺得間斷，便已接續，何難之有！『操則存，舍
> 則亡』，只在操舍兩字之間。要之，只消一箇『操』字。到緊要處，全不
> 消許多文字言語。若此意成熟，雖『操』字亦不須用……。」**47**

上述第一引文的「收拾此心」似乎已經追溯回「實踐時的發動處」，然
則朱熹又強調收斂此心在「義理上安頓」，總沒有陽明直接談論「良知
發動下的知行」那樣的「自然地合一」。但筆者認爲，「安頓於義理」
的「心」當付諸實踐時，雖然沒有陽明強調「良知發動至實踐」來針對
「發端處」強調，但卻不能說「安頓於義理的心所發動的實踐『不是』來
自於『良知』」。雖然朱子認爲「道德義理」內存且可遇事而發，但涉及
「行」的問題時，還是不敢輕易地說「了解義理（例如本心內存、四端皆
俱）之後的自我將自然會知行合一」，頂多如上引文所說之「自有欲罷不
能之意」。而第二引文中，朱子除提及實踐時的「操存」之重要性，亦承

---

46 《朱子語類》〈學六‧持守〉，卷十二，頁201-202。
47 《朱子語類》〈學六‧持守〉，卷十二，頁215。

認有所謂的「此意成熟」時，連「操」都不需強調之。因此朱子一方面承認安頓於義理、據此發端而實踐純熟之可能，另方面則強調實踐過程時應注意的工夫問題。然筆者認為，此雙面皆說的「知行過程」事實上已部份的貼近陽明了。

　　總括上述之論，筆者認為「從過程P」產生Q1'而回歸Q1，在朱子的論說系統中是可以成立的。於此則剩下最後一細部問題，此即強調過程P的工夫中，若以「心」做主宰來產生Q1'以回歸Q1，此時的「心之主宰義」是否可包含「發端義」之問題。其實上述種種應已透露出此端倪；筆者的立場是，此「心之主宰義」雖不能必然說是直接促成所謂的「發端」，但是此「發端」「可」在「主宰後產生」。在過程P時，此「主宰」不是說可以絕對主宰「發端」，而是有兩方向的重要功能。一是「主宰此心不流於惡」，也就是「排除不發端」的可能條件；另一是排除「實踐時的私欲心態」，此即克除私欲等相關涵義。兩者配合來論說「知行」時，實與陽明之論述幾乎等同了，下小節即述。

（二）「發端義」是否可融入「主宰義」

　　此小節欲說明朱子在述說過程P產生Q1'的細部內容時，實符合陽明所說的「發端處」以及他所補充的「克念」、「誠」……等問題，且欲補充一關鍵處，此即朱子不論使用「主宰」或是「主一」、「求」、「統」……等涉及所謂「認知」或是「心之意志操作」之時，這種「心之主宰義」是否「無關於發端處」？若有，此實踐路線自與陽明論「知行時」重視過程P以回歸Q1並無二致。首先朱子曾說：

　　仁言惻隱之端，如水之動處。蓋水平靜而流，則不見其動。流到灘石之地，有以觸之，則其勢必動，動則有可見之端。如仁之體存之於心，若

愛親敬兄，皆是此心本然，初無可見。<u>及其發而接物，有所感動，此心惻然，所以可見，</u>如怵惕於孺子入井之類是也。[48]

上述則表達出行善之根源本具，仁之體存之於心，若有外在事物可觸發之、感動之，進而落實之。而此類之「觸發」、「感動」並非僅是「認知成分」而已，也非強調「認知主宰之心」，實有孟子的本心與強調道德自覺之內涵。若回到「知行」脈絡來一併思考，朱子乃側重論說我們有此根源去實踐時，此過程中應注意何種工夫；就筆者此文的語言使用來說明朱王之相通處，則是「應如何產生Q1'回歸Q1」。朱子曾說：

蓋赤子入井，人所共見，<u>能於此發端處推明，便是明。</u>蓋人心至靈，有什麼事不知，有什麼事不曉，有什麼道理不具在這裏。何緣有不明？爲是氣稟之偏，又爲物欲所亂。如目之於色，耳之於聲。口之於味，鼻之於臭，四肢之於安佚，所以不明。<u>然而其德本是至明物事，終是遮不得，必有時發見。便教至惡之人，亦時乎有善念之發。學者便當因其明處下工夫，</u>一向明將去。<u>致知、格物，皆是事也。</u>[49]

據上述「此發端處推明」、「人心至靈」、「必有時發現」、「當因其明處下工夫」……而言，朱子對於「發端處」之說已可確定，雖不若陽明強調的多，但一旦有此立場或前提，則不需多說了。甚至，朱子被陽明批評過於重視的「講學」內涵，或涉及單純「認知」道德知識的內容，其實朱子也非僅執著於此處。朱子實專注「眞心發端」、「當因其明處下工夫」之後的持續與否問題，故此實踐過程P的工夫相當重要，而非所謂的

---

[48] 《朱子語類》〈孟子三・公孫丑上之下〉，卷五十三，頁1287。
[49] 《朱子語類》〈大學上一・經上〉，卷十四，頁263-264。

「知識」或是「認知心」而已；他曾說：

　　講學固不可無，須是更去自己分上做工夫。**若只管說，不過一兩日都說盡了。只是工夫難。**且如人雖知此事不是，不可爲，忽然無事又自起此念。又如臨事時雖知其不義，不要做，卻又不知不覺自去做了，是如何？又如好事，初心本自要做，又卻終不肯做，是如何？**蓋人心本善，方其見善欲爲之時，此是眞心發見之端。**然纔發，便被氣稟物欲隨即蔽錮之，不教它發。此須自去體察存養，看得此最是一件大工夫。**50**

上述的「蓋人心本善，方其見善欲爲之時，此是眞心發見之端。」可見朱子對道德實踐的論述與陽明相通之處。而後文之「被氣稟物欲隨即蔽錮之」則屬實踐過程P的工夫問題。據此，把「知行問題」導向儒者最重視的道德實踐領域時，在朱熹的側重層面則在於所有的實踐過程P中，如何將此「眞心發現之端」、「發端善念」持續、喚醒、維持……等問題，此可說明朱子之「主宰義」實關切「發端義」之持續，且強調的工夫與陽明論知行時的「克念」相通了。朱子論述此內涵時涉及許多用詞，如「喚醒」、「主」……等，如：

　　「學者工夫只在**喚醒**上。」或問：「人放縱時，自去收斂，便是喚醒否？」曰：「放縱只爲昏昧之故。能喚醒，則自不昏昧；不昏昧，則自不放縱矣。」**51**

　　人惟有一心是主，要常常喚醒。**52**

50　《朱子語類》〈學七・力行〉，卷十三，頁228-229。
51　《朱子語類》〈學六・持守〉，卷十二，頁200。
52　《朱子語類》〈學六・持守〉，卷十二，頁201。

今說求放心，說來說去，卻似釋老僧入定一般。但彼到此便死了；吾輩卻要得**此心主宰得定**，方賴此做事業，所以不同也。如《中庸》說「天命之謂性」，即此心也；「率性之謂道」，亦此心也；「修道之謂教」，亦此心也；以至於「致中和」，「贊化育」，亦只此心也。**致知，即心知也；格物，即心格也；克己，即心克也。**非禮勿視聽言動，勿與不勿，只爭毫髮地爾。所以明道說：「聖賢千言萬語，只是欲人將已放之心收拾入身來，自能尋向上去。」今且須就心上做得主定，方驗得聖賢之言有歸著，自然有契。如《中庸》所謂「尊德性」、「致廣大」、「極高明」，蓋此心本自如此廣大，但爲物欲隔塞，故其廣大有虧；本自高明，但爲物欲係累，故於高明有蔽。若能常**自省察警覺**，則高明廣大者常自若，非有所增損之也。其「道問學」、「盡精微」、「道中庸」等工夫，皆自此做，儘有商量也。若此心上工夫，則不待商量賭當，即今見得如此，則更無閒時。行時，坐時，讀書時，應事接物時，皆有著力處。大抵只要見得，收之甚易而不難也。**53**

而上述之談論頗符合陽明論述知行過程時的工夫論述：

問：「聖人生知安行，是自然的，如何有甚工夫？」先生曰：「知行二字即是工夫，但有淺深難易之殊耳。良知原是精精明明的。如欲孝親，生知安行的，只是依此良知，實落盡孝而已；學知利行者，**只是時時省覺**，務要依此良知盡孝而已；至於困知勉行者，蔽錮已深，雖要依此良知去孝，又爲私欲所阻，是以不能，必須加人一己百、人十己千之功，方能依此良知以盡其孝。聖人雖是生知安行，然其心不敢自是，肯做困知勉

行的工夫。因知勉行的，卻要思量做生知安行的事，怎生成得！」**54**

最後，在整個道德實踐過程（知行）時，朱熹強調過程P產生Q1'而回歸Q1，是否眞的貼近於Q1內涵，或僅是目標一致而已？筆者認爲不僅如此，在細部上也是完全貼合於Q1的；因從上述諸多引文可之朱子「心作主宰」後的實踐實可包含「發端義」，此論說雖是細微，但可依此來說明Q1'實符合Q1內涵。而此爲朱王論知行的可融通關鍵，於下小節詳述。

三、朱王論知行的異同概括

朱熹與陽明論知行之說已如前述，若涉及雙方內容是否可融通、有何相異之處，筆者則回到儒者（或說朱王）最關心的事實：「日常生活的實踐上」來舉例陳述，如：

1. 某A撿到錢，自然發端還給失主。（Q1）
2. 某A撿到錢，心做主宰讓自己不貪，還給失主。（可產生Q1'）
3. 某A撿到錢，心做主宰讓自己不貪。之後，產生發端後落實之；還給失主。（完成Q1'）

上述的1、2、3乃是配合生活方向上的陳述舉例，其實可配合傳統儒者論說道德實踐的所有事情。爲避免誤會筆者談論「融通處」時忽略雙方的差異處，筆者於此處先談論雙方細節處之差異，然後再論雙方的可融通

處：

1. 某A撿到錢，自然發端還給失主。（Q1）

　　陽明：強調擴充發端處的自然完成，自然合一。朱熹：此心之擴
　　　　　充自然如此，但不強調人人皆可如此自然合一。

2. 某A撿到錢，心做主宰讓自己不貪，還給失主。（可產生Q1'）

　　陽明：此爲克念、提撕之輔助而達成的「知行」，然已非原初之
　　　　　Q1，代表發端處（曾有）不足。

　　朱熹：此狀況頗常見，但不強調這種情況的發端處之不足（雖然
　　　　　朱子也知曉），同樣強調心之主宰義，而後實踐應有之作
　　　　　爲。

3. 某A撿到錢，心做主宰讓自己不貪。之後，產生發端後落實之；還
　　給失主。（完成Q1'）

　　陽明：此爲一開始發端處不足的狀況，輔以功夫之後的知行合
　　　　　一。

　　朱熹：此爲實踐時的常見狀況，強調操作功夫之後的完成。

上述在知行過程P中，雙方所持的功夫相通、注重的目的相同，且朱子強
調的主宰義發動之前，亦可含有陽明的發端義於其中。然則，就筆者前文
以來的種種觀察而言，朱王對同樣的情境有著不同的側重與延伸解讀。例
如朱子的強調中，可多出「擴充本心」、「重視功夫」這類的「體驗」與
「認知」方向之提醒，而此種的「認知」方向顯然非陽明所論知行時所
側重的。也就是說，陽明論「知行」即扣緊擴充自我之「本心」或「良
知」，不以朱子曾以「格物」模式作爲提醒要點之一，此可在陽明的諸多
談論中發覺。

　　也就是說，陽明總是一貫的使用「良知開顯」這種「良知不斷的擴

充」來談論「所有的認知與體驗」。而朱子談論的「知行」既然「曾經分為兩階段」來論述，其實已經與陽明的「合一」這一前提不同。即便朱子的「知」仍可包含本心義或是良知義，但不若陽明說法之純粹易簡。若以朱子之「知」包含著「良知義」的狀況下來說，則朱子時常以「你要知道你有這良知」，「知曉」此要義去「擴充」、去「行」為是。而陽明則是強調「你有此良知必然可行，否則就是未知」。且陽明不認為「知行可以分為兩段來談」，否則就失去他的教法與主軸。而朱子認為「可以分兩階段來談」，只要人「有發端、有主宰、有功夫、有認知、有實踐……」即可。於此可顯見雙方差異處了；此即，陽明之所以認為不應分開來說（雖然有時還是會），是把「知行內容」的所有問題全繫在「良知」上，即便有後來的「認知」層面或是「分而言之」之相關內容而得重視功夫之配合時，也是自然產生的對峙性說法，他的立論教旨並非強調此類細節。反之，朱熹重視「知行內容」的各個細節來宣說「知曉」與「實踐」不應分離。而陽明所重視的那種「良知」（本心、性善）意義對朱子而言雖始終內存，但朱子不認為這種「內存」因後續的實踐不足而說「未知」；他轉而談論如何主宰此心回到應有之實踐，並配合「認知」這種「良知內存」的方式雙面導引，不斷的強調如何認知其中的細節功夫與累積擴充。如此，展現出朱熹總是留意哪些細節需要「心」做主宰、需要「格物」配合、補充哪些「功夫」……等。

　　若回到融通處來說，筆者認為，儒者本身最為重視的內涵乃實踐路線。此實踐當然包含內外合一之一致性強調。朱王二人「『論』知行」，在理論上雖有不同，但是在「（有意義的）實踐時」不可能不同，且結果之強調也相同。例如，從前述1至3的內容來看。3乃筆者所欲論說的「相通」之思路（於1、2），因為即便朱子論說似多屬於2，我們也無法否認2會產生3的情況，甚至從前文曾論述朱子的知行過程P來看時，則可以直接說2是為了產生3；且朱子不可能僅強調「心」的主宰意

義而無道德發端的實踐，也不可能肯定強迫性的實踐。也就是說，雖然陽明側重道德發端與自覺，也就是非強調意志操作的1之情境。但實際上來說，狀況3並非陽明能否定，且1之穩定出現頗為困難。甚者，陽明在論述整個知行過程P時，所提出的「克念」之相關問題即符合上述2或3。

　　此外，上述3從「主宰」至「發端」這一抽象情境，筆者並非強調後續之「發端」全由「主宰」而產生，反而是如同陽明與朱子都認同的：若無類似陽明所說之「克念」、朱子所說之「提撕」等涵義，即便有「發端」在前，仍難以符合一個道德實踐者所應對的所有情境（有「發端」之後，真有那麼順利嗎？）。而有此「克念」、「提撕」等相關工夫涉入實踐過程，也將讓整個「知行」論述更加完備了（符合較多情境）。也就是說，在某一「知行過程」中，當一開始無法符合筆者所說的X（自然的知行合一）時，「主宰」、「克念」、「提撕」這類工夫便可以是重新促成「發端」的重要因素了。朱子雖容易被誤解為僅有上述2情境，事實上卻是導向3。而3之內涵在朱子的論說中時常曾出現，此類說明前文已說不再贅述。而這種細節，事實上全落在「實踐時」來說，因此「理論上」的細微差異並無法使得朱王「『行』知行」之時不一樣，頂多是「『論』知行」之不同。<u>據此而言，筆者認為朱王論知行的「可融通處」即以上述的3之方向來做為總結：3所代表的「完成Q1'」實貼合於1所代表的Q1路線了，而且全然符合「知行」這一「實踐面向」</u>。即便朱王對1與2及其細部內涵之論說確有其不同之處。據此，鍾彩鈞先生曾云：

　　　朱王都講知行並進，於是朱子論知行<u>關係處</u>，有許多地方很像陽明。朱子講學最重大學格物之教，因此很容易給人以重知輕行的印象……。**55**

---

55 鍾彩鈞：《王陽明思想之進展》，頁104。

上述，筆者認為鍾先生所論實道出關鍵，其中的「關係處」，即之前引文曾提及的「存心之事」。[56]朱子雖然很強調「認知」，但是在實踐之時，絕對不是認知意義實踐，必包含了發端處。最後，筆者回歸到本文的重點「過程P」的內涵時，且扣緊上述的「可融通處」，則以陳來先生針對陽明論述「知行」是「一個工夫」之評論來作結：

　　所謂「一個工夫」，就是指人在任何時候都要不間斷地進行意識道德修養和從事倫理活動的實踐……。由此可知，所謂「一個工夫」，就是不論有事無事，常存天理，克除私欲……。在不間斷地存天理去人欲中知行實現了合一，這個工夫就是聖賢工夫。[57]

上述實針對「知行」之過程P所得出的重要內涵，是一種不斷存天理去人欲的實踐過程。且配合上述3之陳述，其實就是「『行』知行」中最常涉及的過程與結果。行文至此，應可回歸筆者的論說要義了：以過程P之「行知行」細節來說明朱王「論知行」的這一融通處，應是可行的。

---

[56] 詳見註38。

[57] 陳來：《有無之境》，（北京：人民出版社，1997年2月3刷），頁113-114。

第三節　結　論

　　據前文種種敍述，筆者認爲朱熹與陽明「論述」「知行」雖然各有「不同」之強調處，但陽明的「知行」內涵明顯包含朱熹的「知行」，而朱熹論「知行」的細部內容與目標也是回到陽明的「知行」主軸。「發端處」之強調以及「有此發端即是知行合一」，此自是陽明的立場。然而，陽明也曾注意實踐細節而採取「克念」等工夫來補足此「知行」之過程。而朱熹則是直接面對「知行過程」，且承認「知行」可以分開來說，雖不若陽明強調「發端」卻早已預設之，且朱熹轉專注在此過程的「心上工夫」，實可融通於陽明論知行「過程時」的工夫義。

　　最後筆者認爲，其實最重大的相異在於陽明把「知」緊連良知來說，朱熹曾單純地談論「認知」之重要性。然而，當細探朱、王論「知行」，可知儒者論「實踐」必有其「發端義」，「強調與否」或說「知是否緊扣良知」僅是一種理論上的側重或對峙。「知行合一」實涉及最重要的道德實踐問題，朱熹必然不贊成「無道德發端、無本心開顯的實踐」，此已預設道德實踐必然先有道德發端或道德內存，故朱子專注在「實踐過程中」的工夫上（主宰）做出強調，並帶出他頗側重的「認知」之「知」。同樣的，陽明也不贊成「單純認知而無道德發端、無道德內存的實踐」，故強調「發端」且認爲有此（強烈的、穩定的）「發端」便可自然無私的「行」。但，當陽明也注意過程P無法順遂時，他所補充的內涵（例如：「克念」），即自然符合朱子之強調處了。據此，筆者總結此文則是：在實踐上來說，朱王的「知行」自然可融通；在理論宣說上來說，朱王的「知行」雖有不同，然自然實有可互補之處。

第三章　陽明「心即理」的適用範圍[1]

[1] 此章之內容曾發表於以〈王陽明「理」的內容與「心即理」的適用範圍〉一文發表於《國立臺灣大學哲學論評》，第四十一期，2011年3月。

第一節　問題意識

　　陽明思想中之「心即理」儼然爲其論說代表，對於「理」概念的談論與運用，在陽明思維下有時論及德性之「理」，且此「德性之理」又涉及形上形下層面；有時論及「事物之理」且從「心」上說；有時論及事物之存有狀態、有時論及形上天道、天理……等諸多內容。依筆者淺見，其諸多「理」概念在陽明自身思想體系中雖無大問題，但陽明將「心即理」運用至多方面講學時，卻無說明清楚該「心即理」的適用範圍；而本文之談論主軸，在於「心即理」是否可以用來詮釋所有之「理」概念？詮釋時，是否有某種困難？

　　首先，筆者初步探究陽明之「理」概念時，發覺陽明至少將「理」運用在兩個方面、兩個層次上。一層次是形而上，另一是形而下，或有兼論者，然皆屬此兩層次。此兩層次中的「理」內容甚多，難以分類一一說明清楚，而且陽明本身也時常混著談。筆者於本文欲將此「兩層次」之「理」取代以「兩個方面」來談，認爲可較清楚地理解明陽明論「理」時的面向；即A：「**此心收攝下，有德性意義的理**」，另一是B：「**僅能試著以『心』體驗之，或試著在『心』上說，難以與『德性之理連結**」。[2]A、B兩者之內涵於正文中亦有詳述。從層次上來說，陽明談論之「理」有形上形下兩層，從「方面」上來說有上述A與B。A方面筆者從陽明自身的思維系統來考察認爲有其合理的述說方式，而後者B的內容則屬陽明較少談論或較不願意談論的「理」。B之內涵可簡說爲：純粹形

---

[2]　本文刻意區分此兩種方面的「理」，並非「割裂」兩方面之，也不是反對陽明學說中「德性層面」與「非德性層面」的「理」被他使用「心即理」來貫串；而是筆者反思此議題發覺陽明若以「心即理」談論或解釋有關「非德性層面」之理時，是有其難度存在的。而宋明哲學家刻意地將存有關係帶入倫理體系，此種說法筆者亦贊成之。本文僅是突顯陽明「心即理」若單純使用在「德行層面」其功效斐然，然另一層面（非德行之理）則較難清楚解釋；因此筆者的「區分」是方法上、反省上的區分，並非依此來框陽明論「理」時有此「德行意義」或「非德性意義」之割裂，亦非反對陽明以「心」來涵攝所有之「理」。

而上、抽象之「理」，或於吾心收攝之下時與「德性」無甚關聯者。且B之內容似無法納入陽明「心即理」的論說，因此陽明的「心即理」的談論範圍多屬「非B」方面；但筆者發現「B方面」之理陽明曾試圖以「心即理」說之，但頂多只能指稱是「從心上去體會」或是說明某種「關係」，若是將「B方面」硬是以「心即理」來用心收攝之則較為不通。

上述的分類架構乃筆者對陽明「理」概念的分構層次與方面，就筆者的探究內容來說，此差別之關鍵乃「有德性意義的理」才是陽明「心即理」的主要意義，至於什麼是陽明認為「有德性意義的理」、而何種方面之「理」對陽明而言卻鮮少述說，以及他將「心即理」運用至何種層次方為妥當，於本文中將一一探究之。筆者認為對陽明之「理」概念清處理解之後，其龐大的「心即理」系統論說內容應可收較清楚的理解效果。

第二節　問題的談論

　　陽明十二歲時即自述其人生旨趣，有云：「登第孔未爲第一等事，或讀書學聖賢耳。」[3]可知其早年即重視讀書與聖賢之德行實踐。後因「格竹」失敗，三十七歲龍場悟道改以新的「格物致知」體會所得的內求模式來解決其思維困境。[4]之後配合「良知」、「心即理」之說法爲其論理核心，於其《全集》中可見陽明扣緊「德性」說「心即理」自不待言，然而針對「心」這一代表主體自我之關鍵時，筆者認爲陽明擴大使用此「心」之收攝與能力，不僅在德性方面以「心」貫串，連論及「存有」或「他者」等涉及規律義、自然意義之「理」時亦欲以此「心」作爲關鍵；然而此情況下的「心之收攝」顯得與談論「德性方面之理時的『心』」頗有不同。亦即，有關「德性方面」之理，不論涉及何種層次陽明皆可以「心」來主動收攝之，如以「良知」等意義作爲發動根源，不但此根源是「理」，發動後的實踐亦是「理」。但另方面，若論及「存有」或其非扣緊「德性方面之理」時，陽明僅能被動地以「心」來體驗他者，此時之「心」無法作爲使他者產生意義之主導，頂多能說「他者在吾心中產生關係的意義」，可說是一種接受性或是體驗關係而已。而上述即前言中A、B兩方面之「理」的內容，筆者欲於下文中論述清楚。

---

[3]　《王陽明全集》〈年譜一〉（上海：上海古籍出版社，1992，第次5印刷），卷卅三，頁1221。

[4]　《王陽明全集》〈年譜一〉，卷卅三：頁1228有云：「忽中夜大悟格物致知之旨……。始知聖人之道，吾性自足，向之求理於事物者誤也……。」於此可知陽明對於「理」的體驗往內心、自性中求，此後則多以「良知」或「心」的論述方式解讀「格物致知」。

一、何謂A：「此心收攝下，有德性意義之理」

找尋陽明認爲之A、B方面時，A——「此心收攝下，有德性意義之理」可從他鮮少談論、或是不好談論的內容來反向考察；然而，此考察或許容易造受誤解，即「不好談論」是否就是他認爲的「無德性意義」？事實上，筆者並非依此意思來述說；而是從涉及「不好談論」或「鮮少談論」之「理」來整理出「此方面之理」所涉及的內涵，而此方面內涵之「理」則屬筆者所歸類之B：「僅能試著以心體驗之，或試著在『心』上說，難以與『德性之理連結』」。而此B的內容並非德性意義的「心即理」可明確解釋或論證清楚，甚至僅能表達「心與理」的某種「關係」而已。也就是說，筆者是在方法上、反思的角度來談論陽明所論之「所有理」，進而從中分類出A：「此心收攝下，有德性意義之理」；此外則屬B範圍。

再來，稍微解釋陽明「心即理」以及筆者所謂之「以心『收攝』」義。「心即理」簡言之可從兩方面來述說，一是實踐上的「心理合一」來說「心理相即」，例如陽明強調實踐時因爲從良知（或心）出發，故發展於各種實踐時便自然得其「理」，依此脈絡說「心理合一」。另一是從根本上說，陽明認爲此「心」（或云良知）在根源上乃「性」，而「性」內存於人本身；這樣的「性之存有狀態」本是天理，故根源上亦是「心即性」、「性即理」的關係。綜觀陽明的「心即理」的談論運用至多方面（下可涉及事物之理的談論、上可涉及萬物一體觀），也都不離這種關於「實踐」與「根源」兩方面的「心即理」教法。另外，筆者深入探究陽明論「德性方面之理」時，他必從「心」（或云「良知」、「誠」……等語辭）上說，且涉及本體與工夫，說法與用詞甚多且雜；若論及德行方面之「理」，陽明則將此理納入吾心中表達此「理之意義」，並同時解讀

了「心理之關係」：此又有三方面，一是A1：「『心』收納『此德行方面之理』之後並實踐展現之，此陽明從「心理合一」或是「心即理」、『心外無理』……等來述說。」此涵義在陽明的論說中最常出現。另一是A2：「『心』可以收納此種德性方面之理的行為能力本身就是『理』，而此『理』早已內存在己身，端看有無發顯而已。」此涵義偏向說明「心」本身具有收納或早已內存「理」的這種能力，（例如「『良知』之內存與發用即『理』」等相關談法）。第三是A3：「對『理』的描述且從心上說，例如『心』應如『天理』那樣的展現、『此心體即天理』等談論。」此方向雖較為抽象，但筆者觀陽明的談論用意仍有著德性方面的考量。因此筆者所謂的「收攝」，從陽明自己的理論上說是以「心」收納「理」且展現「理」或「如理」的「過程」，且陽明認為「這樣的過程本身」亦是「理」，又代表天理的「良知」內存於己身。然而，這樣的「收攝」筆者認為僅在於「德行方面之理」這A方面可通順說之。以下先以A1之內容為例：

　　A1-1：吾心之良知，即所謂天理也。致吾心良知之天理於事事物物，則事事物物皆得其理矣。致吾心之良知者，致知也。事事物物皆得其理者，格物也，是合心與理而為一者也。[5]

　　A1-2：天下寧有心外之性？寧有性外之理乎？……理也者，心之條理也。[6]

　　A1-3：都只在此心，心即理也；此心無私欲之蔽，即是天理，不須外面添一分。以此純乎天理之心，發之事父便是孝……。此心若無人欲，純是天理，是個誠於孝親的心，冬時自然思量父母的寒，便自要去求

---

[5] 《王陽明全集》〈語錄二〉，卷二，頁45。

[6] 《王陽明全集》〈文錄五〉，卷八，頁277。

個溫的道理……。**7**

    A1-4：如意在於事親，即事親便是一物；意在於事君，即事君便是一物；意在於仁民愛物，即仁民愛物便是一物；意在於視聽言動，即視聽言動便是一物。所以某說無心外之理，無心外之物。**8**

    A1-5：「明德、親民，一乎？」曰：「一也。明德者，天命之性，靈昭不昧，而萬理之所從出也。人之於其父也，而莫不知孝焉；於其兄也，而莫不知弟焉；於凡事物之感，莫不有自然之明焉；是其靈昭之在人心，互萬古而無不同，無或昧者也，是故謂之明德。其或蔽焉，物欲也。明之者，去其物欲之蔽，以全其本體之明焉耳，非能有以增益之也。」**9**

    A1-6：不可外心求仁，不可外心求義，獨可外心求理乎？**10**

陽明談論「德性方面之理」（即A方面）甚多，然上述6條引文應可囊括陽明論述A1方面之重點，其中充滿德性意義下的「良知即天理」、「心外無物」、「心外無理」、「明明德」、「不可外心求仁、義、理」，皆可「心即理」的涵義下來談。另方面，涉及A2方面的談論例如：

    A2-1：良知者，心之本體……。心之本體，無起無不起，雖妄念之發，而良知本體未嘗不在……。**11**

    A2-2：良知即是未發之中，即是廓然大公、寂然不動之本體，人人之所同具者也……。**12**

---

7 《王陽明全集》〈語錄一〉，卷一，頁2-3。
8 《王陽明全集》〈語錄一〉，卷一，頁6。
9 《王陽明全集》〈文錄四・親民堂記〉，卷七，頁250-251。
10 《王陽明全集》〈語錄二〉，卷二，頁43。
11 《王陽明全集》〈語錄二〉，卷二，頁61。
12 《王陽明全集》〈語錄二〉，卷二，頁62-63。

A2-3：心也，性也，命也，一也……。《六經》者非他，吾心之常道也。[13]

A2-4：道無方體，不可執著……。如今人只說天，其實何嘗見天？……。若解向裡尋求，見得自己心體，即無時無處不是此道。[14]

A2-5：彼頑空虛靜之徒，正惟不能隨事隨物精察此心之天理，以致其本然之良知，而遺棄倫理……。心者身之主也，而心之虛靈明覺，即所謂本然之良知也。[15]

上述A2方面，則屬陽明論述「心」或「心」內存「本有之理」，當此心之展現這種本來就內化在自身之「理」則屬所謂「即理」。也就是說「心」一方面內存「理」，在此種內存「理」且展現「理」的狀況下來說「心即理」。因此不論陽明用何種語辭來說（例如：心、良知、虛靈明覺），當此心作為主導時，此時心內必存天理。而且不論在形上層面的「根源上心理相即」上來說，或是在形下的實踐層面說「心理合一」，其側重點在於人是否能發顯此本已內存於心之「理」。

另外，宋明儒者對「理」有著某種崇敬之形述，且將「理」或「天理」等視為究極之崇高，此涉及德性義又兼論形上層面；陽明雖然時時「在心上說理」，但也無法避免當此「理」在「心上說時」，反說此「心」應當符合「理」的哪些狀態。因此陽明亦曾用「理」的內容來說明「心與理」的關係，此種內容並非直接在「實踐上」說「心與理」的關係，而是從「心」上論述形上層面之「理」的境界或狀態，亦即「心應該相即於理的何種內容」，類似從「根源上說心理關係」，故陽明亦從

---

[13] 《王陽明全集》〈文錄四・稽山書院尊經閣記〉，卷七，頁254。

[14] 《王陽明全集》〈語錄一〉，卷一，頁21。

[15] 《王陽明全集》〈語錄二〉，卷二，頁47。

「心即理」的概念來貫串，其云：

　　A3-1：定者心之本體，天理也，動靜所遇之時也。[16]

　　A3-2：中只有天理，只是易。隨時變易……須是因時制宜，難預先定一個規矩在……。[17]

　　A3-3：心，無動靜者也。其靜也者，以言其體也；其動也，以言其用也。[18]

　　A3-4：無善無惡者理之靜，有善有惡者氣之動。不動於氣，即無善無惡，是謂至善……。聖人無善無惡，只是無有作好，無有作惡，不動於氣。然遵王之道，會其有極，便自一循天理，便有個裁成輔相。[19]

　　A3-5：心之體性也，性即理也。窮仁之理，真要仁極仁，窮義之理，真要義極義：仁義只是吾性，故窮理即是盡性。[20]

　　A3-6：知是理之靈處。就其主宰處說，便謂之心，就其稟賦處說，便謂之性。[21]

上述A3-1至A3-3，陽明明顯即便從「心上說理」，但實質內容則是從「天理」的意涵上來說「心」或「心體」應當如何「如天理一般」，因此不論從「定」還是從「中」或「易」、「動靜」等內涵上來談，都是說明此「心」應如「理」的多種內涵（中、易、動靜……等）來展現。而這樣的論述內容，亦可用「心即理」從根源上說的內涵來解讀，並無勉強之處。而A3-4的內容來看，則亦屬從「心」上來展現「理」的描述，其

---

[16] 《王陽明全集》〈語錄一〉，卷一，頁16。
[17] 《王陽明全集》〈語錄一〉，卷一，頁19。
[18] 《王陽明全集》〈文錄二‧答倫彥式〉，卷五，頁182。
[19] 《王陽明全集》〈語錄一〉，卷一，頁29。
[20] 《王陽明全集》〈語錄一〉，卷一，頁33-34。
[21] 《王陽明全集》〈語錄一〉，卷一，頁34。

中的「理之靜」可從「心與理相即，故理之靜即心之靜」來詮釋；「動於氣」可從「動於心之意念」來解讀，因此「聖人無善無惡，只是無有作好，無有作惡，不動於氣」等內容皆是在「心上說」；不動於氣即不動於心，無有作好、惡亦是在「心上說」，且後文之「自一循天理」亦屬在「心上說」。至於A3-5、A3-6則屬陽明從「心」或「良知」等語辭上來說其根源與「性」或「理」的相即關係。

　　總括來說，筆者列舉陽明「從心上說理」的諸多內容，即便他的論述涉及形上形下、靜態地描述根源上的心理關係，或是動態地從德性實踐上來說「理」，筆者認為這些內涵下的「理」皆可從陽明自身的「心即理」來詮釋之。因此，在A方面的「理」，不論陽明以何種語辭或何種層次來說，在他的思維脈絡中不論是「天理」、「良知」或是「心」，都可總攝在陽明的德性義的論述下；此點即唐君毅先生曾論及之：「陽明之通『天理』、『良知』與『心』之語，皆可總攝在陽明所謂『心之本體，即天理也；天理之昭明靈覺，即良知也』一語中。」[22]然而筆者發現上述之言僅可在A方面之理下通順說之，某些「理」若是以「心即理」的涵義來收攝或談論時則有些許困難，此即下節論述的B方面之「理」。

二、何謂B：「非德性方面之理」

　　陽明論學重點多偏向德行方面，因此許多談論皆可以德性義來加以貫串或解讀之，甚至「格物」或是「事物之理」在陽明的談論下總是充滿德性意義，並以「心」或「良知」作為內在主導，此不啻是他的思想主軸之

---

[22] 唐君毅：《中國哲學原論・原教篇》（臺北：臺灣學生書局，2004年），頁327。

一，且欲以此說法貫穿所有「理」。然而他於「非德性方面之理」（即B方面）的談論相對較少，其中亦涉及兩個層次（形上形下兩層次）。然總括來說，理之A與B兩方面陽明皆曾談論之，只是A方面乃陽明論述主軸，但兩方面之「理」是否皆可以「心即理」來通順貫通之？筆者上小節談論的是A方面的「心、理」的三種方向（即A1至A3），並認為可用不同層面的德性意義來理解貫通，且以「心即理」來加以理解亦無問題。而勞思光先生曾對陽明論此複雜之「理」時提出所謂「價值規範義」的解讀，其云：

> 陽明說「心即理也」，並非謂事物規律皆先驗地存於心中，而只是斷定價值規範由此心生出。而此種價值規範，就其整全言之，及陽明所謂「天理」；若分化後，則成為孝、忠、信、仁等等德目。總之，說「心即理」時，陽明用「理」字，是取規範義，非取「規律義」……。[23]

上述勞先生之談論頗精深，道出陽明「從心上說理」的旨要。而筆者認為，主張以「價值義」、「規律義」為陽明論「理」之內涵，事實上可說是以「德性義」加上「規範義」為「理」之內涵方是陽明的談論重點。因為筆者探究陽明論「心與理」的內涵時，發覺陽明對「價值義」與「規範義」並無嚴格區分。延伸來說，對於某種「理」的談論後取其「規範義」是一回事，是否認定其有「價值」更是另一回事，而這樣的談論是否都能在此「心」上收攝更是另一回事；即使強加收攝之，與「德性意義」是否緊扣？再者，筆者認為陽明談論「理」的少數方面卻有著「非規範義」的關係，而僅能表達「心」與「理」（或「心與他者」）的「關係」而已，甚至也說不上是「價值義」卻仍試著以「心」說之，其解釋的

---

[23] 勞思光：《新編中國哲學史（三上）》（臺北：三民書局，1997年），頁412。

內容筆者認為有其困難之處。因此勞先生在「『心即理』的架構下」談論陽明的「理」時，認為取「規範義」乃陽明之所欲談論者，此是否透露出「心即理的架構」只能在「規範義之理」的範圍下來談？

　　筆者進一步認為，「非規範義」或「非德性義」的「理」是無法在「心即理」的架構下談論的很清楚。筆者從陽明的思想上考察，發現他並沒有一個明確談論「心即理」標準或範圍，顯得在某種談論情境之下，其論述的「理」即便在「心」上說有其「價值」，但卻與「德性義」有所距離，甚至只能道出「心」與「理」或「心」與「事物」之「關係」而已。而談論此類型之理多出現於〈傳習錄〉第三卷，或零星於陽明之書信中；針對此種「非德性意義的理」（即B方面），陽明亦使用「心」欲貫串之，但其中多有困難之處。黃宗羲曾質疑〈傳習後錄〉（即今〈傳習錄〉第三卷）記載陽明之言「失眞」，[24]今筆者從其內容檢閱之，此所謂「失眞」內容應屬以「心」論述抽象層面之理、或涉及存有、宇宙論意味者等「非德性方面之理」。而恰巧這些方向的談論內容筆者認為難以與「心即理」貫串論之，且與〈傳習錄〉前二卷所論之「理」的內容方向較為不相契，無怪乎宗羲質疑這些內容「失眞」。根據B方面論述之種種，筆者於此小節分別列舉相關引文論述如下：

　　B1：先生游南鎭，一友指巖中花樹問曰：「天下無心外之物，如此花樹，在深山中自開自落，於我心亦何相關？」先生曰：「你未看此花時，此花與汝心同歸於寂。你來看此花時，則此花顏色一時明白起來。便知此花不在你的心外。」[25]

---

[24] 黃宗羲：《明儒學案》〈泰州學案四〉（臺北：里仁書局，1987），卷卅五，頁816。
[25] 《王陽明全集》〈語錄三〉，卷三，頁107-108。

針對上述，牟宗三先生曾談論云：

> 陽明從良知（明覺）之感應說萬物一體，與明道從仁心之感通萬物
> 一體完全相同，是儒家共同承認的，無人能有議論……。從明覺感應說
> 物，這個「物」同時是道德實踐的，同時也是存有論的……。[26]
>
> 這不是認識論的「存在即被知」，不是柏克萊的獨斷的觀念
> 論……。這是「存在依於心」，但卻不是有限心認知的層次……。[27]

牟先生認為陽明以「心」論「道德」（即筆者所謂之「德性方面之
理」）與「存有」自無問題，筆者認為相當正確。然而本文稍微不同
者，在於認為「以『心』論『道德』與『存有』兩方面」以及「『道
德』與『存有』兩方面是否都可以『心即理』通順解釋」是不一樣的。筆
者同意陽明以「心」論「德性」與「存有」，亦贊成牟先生所說之「儒
家共同承認的萬物一體」，這是陽明也無法擺脫儒家所肯定的形上內涵
（甚至筆者亦認同此種內涵），但牟先生所談及的內容則又涉及「仁心
感通萬物一體」的這種「德性義」。因此細微差別處在於，前述曾以A
方面之「理」來陳述陽明的談論時，可用「心即理」貫串述說之，而此
處之B方面（僅涉及存有而非涉及德性方面）若以「心即理」來陳述如何
可能？筆者意思是，上述B1則表明陽明試圖以「心」談論外物，認為外
物之「存有」是在汝心中發生感通方有「意義」或是產生「關係」。然
而這種論說，只能說是陽明提高自我主體之「心」對外物的決定義；但
決定了什麼？此方面雖論及「存有」，然而如何以「心即理」之涵義貫
串？筆者認為，此狀態無法以「心即理」之涵義通順地說之；因筆者分析

---

[26] 牟宗三：《從陸象山到劉蕺山》（臺北：臺灣學生書局，1993年），頁225。
[27] 牟宗三：《從陸象山到劉蕺山》，頁228。

B1之「未看花時，此花與汝心歸於寂……看此花時，花顏色一時明白起來。便知此花不在你的心外。」發覺陽明只能說出此「花」與「心」透過「觀」時產生某種「關係」或是「聯繫」，而其中涉及「意識」對於外在世界的聯繫。文中所說的「未看花時，此花與汝心歸於寂」乃說「花」未入我們的心或是精神中，故以「歸於寂」來解釋此時人與花的「關係」。而若看花時，此時的「一時明白」則因人的意識上與花聯繫，而可以產生許多意義上的判準。然而筆者認為，這樣的說法僅能說明「人與花『關係連結』」的這種從意識層面上說的現象而已，與文末的「此花不在你心外」所涉及的「存有層面談論」有著差距。即便替陽明解釋，說此「存有層面的談論」是屬於「意識上的範疇」來談，但這種「關係、連繫下的作用」與「心即理」聯繫亦較不明確，頂多能說外界之感通關係來自於心、人與外界的「關係」可以如此聯繫。因此，筆者認為在B1所談論的「存有」層面關係是無法直接以「心即理」的意義來貫通清楚的。

此外，牟先生所說的「存在依於心」在筆者看來，陽明只說出某種「感」，而這種「感通」並非一定談論外物（花）之「存在」是依於心，而是「外物與你有『感通』是因為『心』」。若從常識來判斷，外物之「存在」與否，並非吾心感知其與否；對某物而言，我們「有無感知」或「觀之與否」無法影響某物是否存在的事實。因此，B1的內容陽明只能解釋出人與物之間的「感通關係」是透過「心」，也只能在這樣的意義下說「不在你的心外」，並非可用此種說法來決定他者之「存有與否」；因此，陽明頂多只能說外物的「『存有狀況』與人的『關係』」是建立在「心」上。

另外，在陽明與弟子談論「去花間草」的內容時，一開始先從「善惡」之判斷談起，而後加上所謂「心循理」的內涵之後，才能與「心即理」的意涵相扣。此部分的內容雖然並非B範圍（筆者於之前列舉A3-4時曾提及此引文之部分內容），但其內容的反思卻可反證B內涵的特性，且

與B1內容部分相關；其云：

> B2：侃去花間草，因曰：「天地間何善難培，惡難去？」先生
> 曰：「未培未去耳。」少間，曰：「此等看善惡，皆從軀殼起念，便會
> 錯。」侃未達。曰：「天地生意，花草一般，何曾有善惡之分？子欲觀
> 花，則以花爲善，以草爲惡；如欲用草時，復以草爲善矣。此等善惡，
> 皆由汝心好惡所生，故知是錯。」……。曰：「然則善惡全不在物？」
> 曰：「只在汝心循理便是善，動氣便是惡。」**28**

上述B2可明顯看出陽明先以「善惡非在軀殼上而在心上」來說「善
惡」，因此即便如「去草」之小動作，亦端看「循理與否」才是。從筆
者的區分來說，上述引文應屬A範圍，但何以在B範圍下談論呢？因爲
筆者反思一個問題：在此心尚未循理時、尚未去草與否時，吾人此時與
「花草」之間的「關係」是什麼？筆者認爲，若以陽明的脈絡來說此
「關係」即如前述B1的內涵：「人與花草的『關係』是在『心』上」。
然而，在陽明將「善惡」與「循理」這種「規範層面」或涉及「德性方
面」納入此談論時，「人與物」的關係則又可以以「心循理」而延伸至
「心即理」的方式談論人與「花草」之間的種種內容了。而針對此談論中
的「只在汝心循理便是善，動氣便是惡。」錢穆先生亦曾云：

> 若此處理字作公字，氣字改作私字，則可無病……。**29**

錢先生將文中之「理氣」論爲「公私」，頗爲正確；因爲陽明談論此議題

---

28 《王陽明全集》〈語錄一〉，卷一，頁29。
29 錢穆：《中國學術思想史論叢（七）》（臺北：東大書局，1993年三版），頁82。

時除了在「心上說」且涉及「善惡層面」的談論，因此可導出「端看此心是否循理」的這種「規範義」甚至是「德性意義」，此種意義即如錢先生所說之「公私」問題，因此此議題轉向德性方面是明顯的。於此可見，B2的內容中雖然談論A範圍的內容，然而B2與B1配合來反思時，則透露出有著「心即理」涵意的通順談論必定涉入「規範」或是「德性義」等相關層面，單純論述人與物且非涉及「規範」或「德性義」層面時，較難直接以「心即理」作為主軸論說。

若說B1乃陽明論述「人與他者存有之關係」，而「人對他者之價值的判準」又如何以心說之（即下文B3之內容）？此又稍不同於B2之「善惡判準」，下文B3的內容亦非涉及德性方面，頂多是在「心上」來成立某種「價值認定」，筆者認為此又與「德性方面」稍有不同，因此筆者將此部分內涵納入B範圍來談，而且此種內容以「心即理」來說之亦不甚通暢，有云：

B3：問：「人心與物同體，如吾身原是血氣流通的，所以謂之同體。若於人便異體了。禽獸草木益遠矣，而何謂之同體？」先生曰：「你只在感應之幾上看，豈但禽獸草木，雖天地也與我同體的，鬼神也與我同體的。」請問。先生曰：「你看這個天地中間，什麼是天地的心？」對曰：「嘗聞人是天地的心。」曰：「人又什麼教做心？」對曰：「只是一個靈明。」「可知充天塞地中間，只有這個靈明，人只為形體自間隔了。我的靈明，便是天地鬼神的主宰。天沒有我的靈明，誰去仰他高？地沒有我的靈明，誰去俯他深？鬼神沒有我的靈明，誰去辨他吉凶災祥？天地鬼神萬物離去我的靈明，便沒有天地鬼神萬物了。我的靈明離卻天地鬼神萬物，亦沒有我的靈明。如此，便是一氣流通的，如何與他間隔得！」又問：「天地鬼神萬物，千古見在，何沒了我的靈明，便俱無了？」曰：「今看死的人，他這些精靈游散了，他的天地萬物尚在何

處？」**30**

上述陽明將「靈明」（心）作為主體自我的最高決定，且是決定他者意義或價值的關鍵。「天地」、「鬼神」、「萬物」等「他者」對自身而言，其價值判準在於吾心之「靈明」；也就是說，若離開吾心上談論「天地、鬼神、萬物」則無意義，因為就沒有屬於吾心上的「高深、吉凶災祥」可言。而文末問者雖然提出一個相當好的問題，質疑陽明此種說法「何沒了我的靈明，便俱無了？」但陽明卻回答：「今看死的人，他這些精靈游散了，他的天地萬物尚在何處？」

此部分至少有兩個疑問，一是問者認為「天地鬼神萬物」之「存在」非依於「人之靈明」，但陽明從「天地、鬼神、萬物」對「某人的意義上」來說是依於「某人之靈明」，因此兩人談論的前提不同。第二是，陽明從「心」或云「人之靈明」來作為「天地、鬼神、萬物」等對象的關鍵時，只能說明「他者與某人『某時』」的「關係或意義」，因此陽明才會回答「死的人……『他的』天地萬物尚在何處？」但陽明至少忽略了一個重點，此乃問者的立場問題。對某人來說有意義的對象如「天地萬物鬼神」可在「心上說」，然則，「天地、鬼神、萬物」不在吾心之靈明上說時，其中的意義或價值真的了無？於此可見，陽明認定所有「理」（不論是德性意義還是非德性意義）或是「對象」只在「心」上說方有意義，因為此時萬物與汝心有所作用或交感，進而對某人來說方有其意義或價值判準（高、深、吉凶災祥……等）。然則，這樣的論說內容只能說是一種「某時某人的心與他者關係」，雖然陽明將此「關係」的內容用在對他者的「意義或價值決定」，但終究僅是「某時之關係」，並非能夠明確說明他者之意義或價值脫離某人之「心」時便無所謂「意義或價值」。此

種論述即是欲以「心」收攝「非德性方面之理」所產生的困難之處，故筆者認爲在此範圍內的「理」較難以「心」來作爲主導而明確地解讀之。

就B1來說，陽明以「心」論「存有」略顯勉強之處，上述B3更透露出陽明頂多只能論述「心」與「他者」「某時之關係」；甚者，陽明曾云：

B4：良知是造化的精靈。這些精靈，生天生地，成鬼成帝，皆從此出，眞是與物無對。人若復得他完完全全，無少虧欠，自不覺手舞足蹈，不知天地間更有何樂可代。**31**

B5：人的良知，就是草木瓦石的良知。若草木瓦石無人的良知，不可以爲草木瓦石矣。豈惟草木瓦石爲然，天地無人的良知，亦不可爲天地矣。蓋天地萬物與人原是一體，其發竅之最精處，是人心一點靈明。風、雨、露、雷、日、月、星、辰、禽、獸、草、木、山、川、土、石，與人原只一體。故五穀禽獸之類，皆可以養人；藥石之類，皆可以療疾：只爲同此一氣，故能相通耳。**32**

上述B4與B5的內容中將「良知」視爲最高本體，從「生天生地」、「成鬼成帝」乃至論述「人的良知，就是草木的良知」等等⋯⋯。而此種已將「良知」的德性義跨越至存有層面論述，卻頗爲玄妙難解。若從之前B3的內涵下來談，將「心」作爲人與萬物感通或連結關係的關鍵亦可，然這樣的談論已有些許不妥，因爲陽明在B3的談論中表達出他者對我們的意義或價值判準只在於吾心（靈明），而此處B4又將他者之「生」建立在「良知」上，B5則將「物我」之「同」的內容完全建立在「良知」上，

---

31 《王陽明全集》〈語錄三〉，卷三，頁104。
32 《王陽明全集》〈語錄三〉，卷三，頁107。

更爲抽象難解了，且有周子之「太極義」與朱子之「理氣說」、「統體是一太極、一物各具一太極」[33]等韻味，甚至難免被批評猶如佛家論「佛性」。然則筆者探究陽明論學時，其對此種「理」的談論似乎鮮少興趣，至少在他的教學要旨中並非關切此種方面之「理」，故「心即理」之意涵是否適用於此範圍陽明亦未曾明確解釋；然則，陽明卻如此的使用了。在他建構「心即理」或「良知」作爲核心思想欲論述一切時，似乎忽略某種「理」本身就難以說明清楚，若加上「良知」或欲以「心來收攝」、「心即理」等意義來貫串之，筆者認爲又更加勉強了。

筆者再延伸觀察，若有某種「理」介於A、B之間者（筆者下文中以AB表示），則端看陽明談論的方向是否往A方面偏，若有，以「心說之」或「以心收攝」的論述模式則能顯得通順許多，而德性意義下的「心即理」的內涵就可部分地運用在該內容中；如：

AB-1：大人者，以天地萬物爲一體者也……。大人之能以天地萬物爲一體也，非意之也，其心之仁本若是，其與天地萬物而爲一也……。是故見孺子之入井，而必有怵惕惻隱之心焉，是其仁之與孺子而爲一體也；孺子猶同類者也，見鳥獸之哀鳴觳觫，而必有不忍之心焉，是其仁之與鳥獸而爲一體也……。[34]

AB-2：澄問：「有人夜怕鬼者，奈何？」先生曰：「只是平時不能集義，而心有所慊，故怕。若素行合於神明，何怕之有？」子莘曰：「正直之鬼，不須怕；恐邪鬼不管人善惡，故未免怕。」先生曰：「豈有邪鬼能迷正人乎？只此一怕，即是心邪，故有迷之者，非鬼迷也，心自迷耳。如人好色，即是色鬼迷；好貨，即是貨鬼迷；怒所不當怒，是怒鬼

---

[33] 朱熹：《朱子語類》〈周子之書·通書〉（臺北：文津出版社，1986年），卷九四，頁2409。

[34] 《王陽明全集》〈續編一·大學問〉，卷二六，頁968。

迷；懼所不當懼，是懼鬼迷也。」**35**

　　AB-3：爲善之人，非獨其宗族親戚愛之，朋友鄉黨敬之，雖鬼神亦陰相之。爲惡之人，非獨其宗族親戚惡之，朋友鄉黨怨之，雖鬼神亦陰殛之。**36**

　　上述之談論原屬AB之間者，且看陽明以何種方向談論則決定偏向A或偏向B。AB-1乃論述「萬物同體」；筆者之前談論B範圍時，亦曾論述僅涉及「存有」與「萬物一體」且非德性義範圍下，其中的「理」概念無法以「心即理」貫串或以「心」來收攝之。而此處之AB-1則加入了「仁」之德性義概念，似明道之「仁者渾然與物同體」的德性義觀照，故偏向A方面，可從「心」之相關內容來收攝之而無問題。至於AB-2原屬弟子詢問何以懼鬼，然陽明則往「德性方面」（是否集義）上談時，則「心」又可位於談論之主導樞紐，此種主導作用乃依心「集義」而自然無懼，因此德性方面的意涵濃厚。當此種德性方面的意涵位於主導時，面臨的問題即便是「鬼神」這種對象之談論，陽明則因「此心集義」而自然合理故無懼來回答之。而AB-3則更明顯地以「德性」意義（爲善）爲主導時，涉及抽象或難言之層面者除了無所畏懼，甚至「雖鬼神亦陰相之」。

　　就上述諸論，筆者欲說明B方面之理的談論若無涉入德性方面者，則難以「心即理」的相關涵義貫串，而有些「理」的內容論述乃因「德性義」的涉入而可用「心即理」通順貫串之；如上述之AB1至AB3。於此舉出陽明純粹論述B內容的理概念作爲B方面論述之總結：

　　B6：太極之生生，即陰陽之生生。就其生生之中，指其妙用無息者

35　《王陽明全集》〈語錄一〉卷一，頁16。
36　《王陽明全集》〈外集六・論俗四條〉，卷二四，頁917。

而謂之動，謂之陽之生，非謂動而後生陽也。就其生生之中，指其常體不易者而謂之靜，謂之陰之生，非謂靜而從生陰也。若果靜而後生陰，動而後生陰，則是陰陽動靜截然各自爲一物矣。陰陽一氣也，一氣屈伸而爲陰陽；動靜一理也，一理隱顯而爲動靜。春夏可以爲陽爲動，而未嘗無陰與靜也；秋冬可以爲陰爲靜，而未嘗無陽與動也。春夏此不息，秋冬此不息，皆可謂之陽、謂之動也；春夏此常體，秋冬此常體，皆可謂之陰、謂之靜也。自元會運世歲月日時，以至刻杪忽微，莫不皆然，所謂動靜無端，陰陽無始，在知道者默而識之，非可以言語窮也。**37**

上述，陽明單純論述「太極」、「陰陽」與「生生」之理，其中涉及「妙用」、「動靜」、「氣」、「隱顯」等形述狀態之語。然這些談論內容純屬形上層面，且單純地談論其中運行內涵而非強加以「心」收攝時，則顯得如同朱子、周子論述宇宙生成一般。而這種B方面之理雖然不似陽明學說之韻味，然則，若硬是以「心即理」之概念強加收攝，筆者則認爲大可不必，因陽明的「心即理」論說在A方面使用可收其學說特色，若B方面的內容，則應屬於傳統儒者形上旨趣的內涵，也非陽明「心即理」可通順說之者。關於此點，牟先生曾云：

　　象山與陽明只是一心之朗現，一心之申展，一心之遍潤，故對於客觀地自「於穆不已」之體言道體性者無甚興趣，對於客觀面根據「於穆不已」之體而有本體宇宙論的展示者無多大興趣。**38**

---

37 《王陽明全集》〈語錄二〉，卷二，頁64。
38 牟宗三：《心體與性體（一）》（臺北：正中書局，2008年），頁47。

筆者認同牟先生之看法，陽明雖偶論及B方面之理且涉及宇宙論或存有論，然則其教學旨趣顯然非在此處，故其「心即理」的適用範圍在筆者的考察下則認為僅能適用在他的立教重點，即A方面的「理」概念中。

第三節　結　論

　　陽明立教關切所論之「理」，事實上乃論「心所能收攝者」，本文認爲在A方面（德性方面之理）可通順說之。亦即「事物之理」與「天理」等概念，在陽明的立教特色下「這些層面的理」都賦於了德性意義之解讀過程，並且是在「心上說」。然而陽明對B方面（非德性方面之理）較少談論，亦非其立教宗旨，此B方面筆者認爲若強加以「心」收攝之將產生些許問題，至少在正文敘述中可看出許多內容是不通暢的。例如論及「存有」之理而非涉入德性義時，其實僅能說出人與他者是在「心」上產生某種「關係」，無法以「心即理」的意涵來收攝或明確地說明他者之存有。相關文中筆者又說明陽明談及「物之存有」或「價值判準」等「非德性意義之理」，欲以「心」作爲主導來含攝時，曾產生一些難以解釋清楚的狀況。

　　另外，就「心即理」的意義上來談時，「即」的意義：不能馬上說是「心是理」，卻有時候可說是「心是理」，甚至是「心理合一」的。因爲陽明的「心」在「某意義」之下與「理」貫通或「相即」，不論是實踐還是根源上皆可，此即限定在「德性意義」下的相即方可說「心是理」（例如良知的發用）。因此，不論是「心即理」還是「心理合一」，在陽明的立教宗旨下的主要含義是：「德性意義下心與理合而不分，不論是根源還是實踐時。而此心之根源是天理，天理的展現又在此心的發用上，且這樣的『根源與展現關係』亦是『理』」。因此，可發覺陽明此方向的內容總是充滿德性意義的內涵。

　　因此總括陽明的「理」時，筆者在方法上將其分爲「德性意義」與「非德性意義」，主要是因爲陽明兩者皆曾談論，但適用於「心即理」的談論者筆者認爲僅有在「德性意義」方面較爲通暢。因此在陽明的立教重

點中，他所關切的「德性意義之理」與他的「心即理」相交配合論說自無問題；而「非德性意義之理」於本文的考察之下，筆者認爲較不適用於陽明的「心即理」教法。

參考文獻

一、原典

王陽明：《王陽明全集》，杭州：江浙古籍出版社，2011年10月2刷。

周敦頤：《周敦頤集》，北京：中華書局，2010年第3刷。

程頤、程顥：《二程集》，北京：中華書局，2011年1月第6刷。

張載：《張載集》臺北縣土城市：頂淵，2004年3月初版1刷。

陸九淵：《陸九淵集》，北京：中華書局，2012年2月4刷。

朱熹：《朱子文集》，臺北：德富文教基金會，民國89年2月。

朱熹：《朱子語類》，臺北：文津出版社，民國75年2月。

朱熹：《朱子遺書》，臺北：藝文印書館，民國58年5月初版。

朱熹：《四書集註》，臺北：頂淵文化，民國94年3月初版1刷。

張栻：《張栻全集》，長春市：長春出版社，1999年第1版。

羅欽順：《困知記》《文淵閣四庫全書》，子部，儒家類。

許衡：《許衡集》，北京：東方出版社，2007年5月第1版1刷。

黃宗羲：《宋元學案》，臺北：河洛出版社，國民65年3月初版。

黃宗羲：《明儒學案》，臺北：里仁書局，民國76年4月。

顧憲成：《小心齋剳記》，臺北：廣文書局，民國64年版。

顧憲成：《涇皋藏搞》《文淵閣四庫全書》，臺北：臺灣商務，民國75年初版。

高攀龍：《高子遺書》《文淵閣四庫全書》，集部，別集類，臺北：臺灣商務印書館，民國72年。

錢明編教：《徐愛、錢德洪、董澐集》，南京：鳳凰出版社，2007年3月初版。

吳震編教：《王畿集》，南京：鳳凰出版社，2007年3月第一版。

李學勤主編：《禮記正義》，臺北：臺灣古籍，2001年10月出版1刷。

《明史》，臺北：鼎文書局，民國64年6月臺一版。

二、近人專著（按姓氏筆畫排列）

余英時：《朱熹的歷史世界》，北京：生活‧讀書‧新知三聯書店，2004年11月重印版。

束景南：《朱熹年譜長編》，上海：華東師範大學出版社，2001年9月1版1刷。

束景南：《朱子大傳》，北京：商務印書館，2003年4月1版。

束景南：《陽明佚文輯考編年》，上海：上海古籍出版社，2012年12月1版1刷。

束景南：《陽明年譜長編》，上海：華東師範大學出版社，2001年9月1版1刷。

牟宗三：《從陸象山到劉蕺山》，臺北：臺灣學生書局，民國82年3月再版3刷。

牟宗三：《心體與性體（一）》，臺北：正中書局，民國97年1月。

牟宗三：《心體與性體（二）》，臺北：正中書局，民國97年1月。

牟宗三：《心體與性體（三）》，臺北：正中書局，民國97年1月。

牟宗三：《宋明哲學的問題與發展》，臺北：聯經出版社，民國九十二年七月初版。

牟宗三：《心體與性體（一）》《牟宗三先生全集5》，臺北：聯合報系文化基金會出版，民國92年初版。

牟宗三：《心體與性體（二）》《牟宗三先生全集6》，臺北：聯合報系文化基金會出版，民國92年初版。

牟宗三：《從陸象山到劉蕺山》《牟宗三先生全集8》，臺北：聯合報系文化基金會出版，民國92年初版。

牟宗三：《智的直覺與中國哲學》《牟宗三先生全集20》，臺北：聯合報系文化基金會出版，民國92年初版。

牟宗三：《王陽明致良知教》，臺北：中央文物供應社，民國69年4月再版。

杜保瑞：《北宋儒學》，臺北：臺灣商務，2005年4月初版1刷。

唐君毅：《中國哲學原論·原教篇》，香港：新亞研究所，民國64年1月初版。

唐君毅：《中國哲學原論·原性篇》，臺北：臺灣學生書局，民國80年。

徐復觀：《中國思想史論集》，臺北：臺灣學生書局，民國64年5月4版。

袁冀：《元吳草蘆評述》，臺北：文史哲出版社，民國77年1月初版。

陳榮捷：《朱學論集》，臺北：臺灣學生書局，民國77年4月再版。

陳榮捷：《朱子新探索》，臺北：臺灣學生書局，民國77年4月初版。

陳來：《朱子書信編年考証》，上海：上海人民出版社，1989年4月1版。

陳來：《朱熹哲學研究》，臺北：文津出版社，民國79年12月初版。

陳來：《宋明理學》，臺北：紅葉文化，1994年9月初版1刷。

陳立勝：《王陽明「萬物一體」論：從「身──體」的立場看》，臺北市：國立臺灣
　　大學出版中心，2005年5月初版。

梁啓超、王恩洋：《歷朝學案拾遺》，北京：北京圖書館，2004年。

秦家懿：《王陽明》，臺北：東大圖書，2002年初版3刷。

勞思光：《新編中國哲學史（一）》，臺北：三民書局，民國。

勞思光：《新編中國哲學史（二）》，臺北：三民書局，民國年月版。

勞思光：《新編中國哲學史（三上）》，臺北：三民書局，民國86年6月8版。

勞思光：《新編中國哲學史（三下）》，臺北：三民書局，民國93年10月2版2刷。

陳榮捷：《王陽明與禪》，臺北市：臺灣學生書局，民國73年11月初版。

楊祖漢：《儒家的心學傳統》，臺北市：文津出版社，民國81年6月初版。

蔡仁厚：《王陽明哲學》，臺北市：三民書局，2007年1月2版1刷。

蔡仁厚等著，李明輝主編：《牟宗三先生與中國哲學之重建》，臺北：文津出版社，
　　民國85年12月初版。

蔡龍九：《《朱子晚年定論》與朱陸異同》，新北市：花木蘭文化，2011年3月初
　　版。

鄧克銘：《王陽明思想觀念研究》，臺北市：國立臺灣大學出版中心，2010年7月初
　　版。

閻韜：《困知記全譯》，成都：巴蜀書社出版，2000年3月1版。

劉述先：《朱子哲學思想的發展與完成》，臺北：臺灣學生書局，民國73年8月增訂
　　再版。

錢穆：《陽明學術要》，臺北市：蘭臺出版社，民國90年2月。

錢穆：《中國學術思想始論叢（五）》，臺北：東大書局，民國80年8月初版2刷。

錢穆：《中國學術思想始論叢（六）》，臺北：東大書局，民國82年12月3版。

錢穆：《中國學術思想始論叢（七）》，臺北：東大書局，民國82年12月3版。

錢穆：《朱子新學案（一）》《錢賓四先生全集》，臺北：聯經出版社，民國84年。

錢穆：《朱子新學案（二）》《錢賓四先生全集》，臺北：聯經出版社，民國84年。

錢穆：《朱子新學案（三）》《錢賓四先生全集》，臺北：聯經出版社，民國84年。

錢穆：《中國近三百年學術史（一）》《錢賓四先生全集》，臺北：聯經出版社，民

國84。

錢穆：《中國近三百年學術史（二）》《錢賓四先生全集》，臺北：聯經出版社，民
　　國84年。

錢明：《王陽明及其學派論考》，北京：人民出版社，2009年4月1版1刷。

鍾彩鈞：《王陽明思想之進展》，臺北市：民國82年3月初版二刷。

三、期刊論文

李明輝：〈從康德的實踐哲學論王陽明的「知行合一」說〉《中國文哲研究集刊》，
　　第4期，1994年3月，頁415-440。

黃敏浩：〈王龍溪〈天泉證道紀〉所衍生的問題〉《臺灣東亞文明研究學刊》，第8卷
　　第2期，2011年12月，頁237-270。

蔡龍九：〈王陽明「理」的內容與「心即理」的適用範圍〉《國立臺灣大學哲學論
　　評》，第四十一期，2011年3月，頁87-112。

蔡龍九：〈王陽明「知行合一」的再研議〉《國立臺灣大學哲學論評》，第四十六
　　期，2013年10月，頁121-156。

蔡龍九：〈朱熹與王陽明論「知行」之對比及其可融通處〉《哲學與文化》，第480
　　期，2014年5月，頁77-108。

鍾彩鈞：〈王龍溪的本體論與工夫論〉《東海中文學報》，第22期，2010年7月，頁
　　93-124。

國家圖書館出版品預行編目資料

王陽明哲學／蔡龍九著. －－初版. －－臺北
市：五南，2015.01
　面；　公分
ISBN 978-957-11-7968-1（平裝）
1.(明)王守仁　2.學術思想　3.陽明學
126.4　　　　　　　　　103026856

1BAX

王陽明哲學

作　　者 — 蔡龍九

發 行 人 — 楊榮川

總 編 輯 — 王翠華

主　　編 — 陳姿穎

責任編輯 — 邱紫綾

封面設計 — 童安安

出 版 者 — 五南圖書出版股份有限公司

地　　址：106台北市大安區和平東路二段339號4樓

電　　話：(02)2705-5066　　傳　　真：(02)2706-6100

網　　址：http://www.wunan.com.tw

電子郵件：wunan@wunan.com.tw

劃撥帳號：01068953

戶　　名：五南圖書出版股份有限公司

台中市駐區辦公室／台中市中區中山路6號

電　　話：(04)2223-0891　　傳　　真：(04)2223-3549

高雄市駐區辦公室／高雄市新興區中山一路290號

電　　話：(07)2358-702　　傳　　真：(07)2350-236

法律顧問　林勝安律師事務所　林勝安律師

出版日期　2015年1月初版一刷

定　　價　新臺幣320元